汉译世界学术名著丛书

伦理学原理

〔英〕G.E.摩尔 著

陈德中 译

2017年·北京

George Edward Moore
PRINCIPIA ETHICA
Cambridge University Press, 1993
本书根据剑桥大学出版社 1993 年版译出

汉译世界学术名著丛书
（120 年纪念版·珍藏本）
出版说明

2017 年 2 月 11 日，商务印书馆迎来 120 岁的生日。120 年前，商务印书馆前贤怀揣文化救国的理想，抱持"昌明教育，开启民智"的使命，立足本土，放眼寰宇，以出版为津梁，沟通中西，为中国、为世界提供最富智慧的思想文化成果。无论世事白云苍狗，潮流左右激荡，甚至战火硝烟弥漫，始终践行学术报国之志，无改初心。

迻译世界各国学术名著，即其一端。早在 20 世纪初年便出版《原富》《天演论》等影响至今的代表性著作，1950 年代后更致力于外国哲学和社会科学经典的译介，及至 1980 年代，辑为"汉译世界学术名著丛书"，汇涓为流，蔚为大观。丛书自 1981 年开始出版，历时三十余年，迄今已推出七百种，是我国现代出版史上规模最大、最为重要的学术翻译工程。

丛书所选之书，立场观点不囿于一派，学科领域不限于一门，皆为文明开启以来，各时代、各国家、各民族的思想与文化精粹，代表着人类已经到达过的精神境界。丛书系统译介世界学术经典，引领时代思想，为本土原创学术的发展提供丰富的文化滋养，为推动中国现代学术和现代化进程做出了突出的贡献。

为纪念商务印书馆成立120周年，我们整体推出“汉译世界学术名著丛书”120年纪念版的珍藏本，寄望既利于文化积累，又便于研读查考，同时向长期支持丛书出版的译者、编者和读者致以敬意。

两甲子后的今天，商务印书馆又站在了一个新的历史时间节点上。我们不仅要铭记先辈的身影和足迹，更须让我们的步伐充满新的时代精神。这是商务人代代相传的事业，更是与国家和民族的命运始终紧密相连的事业。我们责无旁贷，必须做好我们这代人的传承与创造，让我们的努力和成果不仅凝聚成民族文化的记忆，还能成为后来人可以接续的事业。唯此，才能不负前贤，无愧来者。

商务印书馆编辑部

2017年10月

万物皆是其所是，非其所非。

——巴特勒主教

序　　言 33

在我看来，和所有其它的哲学研究一样，伦理学研究的困难和分歧充满了其整个历史。困难和分歧的存在可主要归于一个非常简单的原因：人们总是在试图回答这样一些问题，但是却没有能够首先确切地弄清想回答的到底是什么问题。即便是哲学家们在着手回答问题之前，已经尽力去发现问题之所是，我也并不确定这种错误的根源在多大程度上可以被清除。因为分析和区分的工作经常很艰难，即便我们确定要去这么做，我们也可能往往不能够完成必需的发现。不过我倾向于认为，在许多情况下，果敢的努力足以确保成功。因此，只要做出了这种努力，哲学中许多醒目的困难与分歧就会消失。不管怎么说，哲学家们似乎通常并没有做出这样的努力。而且，不管是否是由于这种疏忽，他们都经常试图去证明“是”或“否”就足以回答各种问题。事实上任何一种回答可能都是不正确的，因为他们心里想的不止一个问题，而是几个问题，有些问题回答“否”是对的，而另外一些问题回答“是”才是对的。

在本书中，我尝试去清楚地区分道德哲学家们总是声称要回答的两类问题。正如我努力去证明的那样，哲学家们几乎总是将这两类问题彼此混淆，并且将它们与其它问题相混淆。第一个问题可以这种形式来表达：什么样的事物应当因其自身而存在？第 34

二个问题可以这种形式来表达:我们应当采取什么样的行为?我已经努力去证明,当我们追问一个事物是否应当因其自身而存在时,我们就是在追问一个自身为善或具有内在价值的事物是什么;而当我们追问我们应当做什么时,我们就是在追问一个行为是否是正当的,或者是否是一种责任。

由于清楚地洞见到了这两类问题的性质,在我看来就有了第二个最为重要的结果:即唯一能够证明或反驳,确证或怀疑一个伦理命题的证据,其性质是什么?一旦我们认识到了这两个问题的确切含义,我认为就能够很清楚地看到,到底是什么样的理由适合用来支持或反对对于它们的任一特殊回答。非常明显,对于第一个问题,无法给出任何合适的证据。除了它们自身,无法从任何其它真理推导出它们到底是对的还是错的。为了避免犯错,我们只能小心,当我们回答这类问题时,我们心里只能有这样一个问题,而不能有另外一个或另外一些问题。我一直努力证明,存在着会犯这种相互混淆的错误的极大危险,并且表明应该采用什么样的预防错误才能够防止这种危险。而对于第二个问题来说,也同样明显,对于这一问题的任何回答也都是既能被证明又能被反驳的。因为,的确,有那么多的考虑关联于其真或假,因而获得一种对它的可能性的回答是非常困难的,而获得一种对它的确定性的回答则是不可能的。不过,对于这种证明或反证来说既有必要又有关联的证据,其种类则是可以加以准确界定的。这种证据必须包括两类并且仅仅包括两类命题:首先,它必须是由与讨论的行为结果有关的因果真理组成的,但它也必须是包含着我们第一类的和自明的伦理真理。这两类命题的许多真理对于证明应当实施某个行

为都是必需的，而任何其它的证据则都是完全不相干的。随之而来的结论就是，如果某个伦理哲学家为第一类命题提出了不论什么样的证据，而从第二类命题那里，他既不能得出因果真理，又不 35
能得出伦理真理，且不能得出二者之外的其它任何真理，那么他的推理就绝不可能建立其结论。而且，不仅其结论完全没有分量，而且我们还有理由怀疑他犯下了混淆的错误。因为给出不相干的证据通常表明，给出证据的这位哲学家，他心里边所想的问题不是他声称要回答的问题，而是另外一个完全不同的问题。迄今为止，伦理学的讨论可能主要都是这样一种全然不相干的论证。

因此，对康德的那个著名的书名略加修改，也许就可以用来表达本书的主要目标。我正在努力写一本《任何能够作为科学出现的未来伦理学导论》。换句话说，我在努力发现伦理学论证的基本原则是什么；确立这些原则，而不是通过运用这些原则确立任何结论，也许可被看作是我的主要目标。不过，我在第六章中也试图得出某些结论，以确切地回答"什么是善自身?"这些结论与哲学家们通常所支持的任何结论都非常不同。我尝试确定一切大善大恶的类别，并且主张：许多不同的事物本身就是善的或就是恶的；这两类事物中的任何一类都不拥有既为所有其成员共有，又为其自身所特有的其它属性。

为了表明我所提出的第一类伦理学命题既不能确证又不能否证，我有时会沿袭西季威克的用法，称其为"直觉"。但是我提请注意，我不是这一术语通常意义上的一个"直觉主义者"。西季威克自己似乎从来都没有清楚地意识到这种差异的巨大重要性，他没有能够区分他的直觉主义与通常以此之名所称的一般学说。严格

的直觉主义者以坚持这样一种主张著称：他们认为我所说的第二类命题，即断定某个行为是正当的或是一种责任的命题，是不能够
36 通过追问这种行为的结果来加以证明或否证的。与其相反，我急欲主张这类命题不是“直觉”，就跟我急欲主张我所提出的第一类命题不是直觉那样。

另外，我还希望人们能够注意到，当我称这样的命题是“直觉”时，我只是在断定它们不能够被证明的；我完全没有隐含我们认知它们的方式或关于它们的知识的来源，更没有（像大多数直觉主义者那样）隐含，由于我们通过运用特殊的能力或以一种特殊的方式认识一个命题，因而它是真命题，相反，我主张，任何一种方式都有可能认识一个真命题，有可能认识一个假命题。

本书杀青之时，我发现布伦塔诺的《正确知识与错误知识的起源》[①]一书，也要比我所熟悉的任何其他伦理作者都要更与我的看法相近。布伦塔诺似乎完全同意我的观点：(1)所有的伦理学命题都为这样的一个事实所规定，它们都陈述了一个单一独特的对象概念；(2)可以将这样的命题明确地区分为相同的两类；(3)主张第一类命题不能被证明；以及(4)必需的，与证明第二类命题的相关的证据的种类。但是他认为基本的伦理概念不是我用“善”来表示的单一概念，而是我用来定义“美”的那种复合概念。他不承认，甚至隐含地否认我称之为**有机统一体原则**的原则。由于在这两个方面上的差异，关于什么事物自身是善的，他的结论也与我的结论实

① F. 布伦塔诺：《正确知识与错误知识的起源》，塞西尔·黑格·康斯特布尔1902年英译。我已经为本书写了写了一个评论，有望发表于1903年10月号的《国际伦理学期刊》上。在该书评中，我将充分说明我与布伦塔诺意见分歧的理由。

质上很不相同。不过，他也同意存在着很多的善，对善和美的对象的爱是其中很重要的一类。

我希望提及本书的一个疏漏，当我意识到这个疏漏时，已经来不及对其进行改正了。我担心它会给某些读者造成不必要的麻烦。37
我没有能够直接讨论用“目的”一词所表达的几种不同含义之间的相互关系。参阅我为鲍德温《哲学与心理学辞典》一书所写的关于“目的论”的条目，也许可以部分地避免这一疏漏所带来的影响。

如果我现在重写这本书，我一定会写得完全不一样，我也相信我可以写得更好。但是在试图满足我自己的时候，我是否有可能只会让我急于传达的观念变得更加晦涩，却不能收获相应的完满性和准确性，这一点也许值得怀疑。不管怎么说，我相信这本书依照其现有面貌出版，这可能是我所能够做的最好的事情了，但是这并不妨碍我痛苦地意识到，这本书满是纰漏。

剑桥，三一学院

1903 年 8 月

除了改正少数印刷错误和语法错误外，本书再版未做任何更动。之所以再版，是因为我仍赞成其主要倾向和结论。之所以未做更动，是因为我发现，一旦我改动在我看来需要改正的地方，我就一刻也不停地想重写本书。

G. E. 摩尔

剑桥，1922

目　　录

复，就是把它简化为关于语词意义的一种陈述。

12. 这种谬误的性质很容易识别。

13. 要想避免这种谬误，非常明显，除了承认“善”是不可定义的，其它可能的备选就只有：要么它是复合的，要么根本不存在为伦理学所特有的观念。这两种可能备选只能诉诸考察来驳斥，但也是可以这样来驳倒的。

14. 以边沁为例来说明“自然主义的谬误”，并且指出避免这种谬误的重要性。

15. 各种伦理判断断定，普遍存在于“善性”与其它事物之间的关系有两种：一个事物要么被断定为自身是善的，要么被断定为因果地关联于其自身是善的事物——即“作为手段的善”。

16. 我们对于后一种关系的考察至多能够期望确立：某种行为通常会产生最好的结果。

17. 但是前一种关系，只要完全正确，就会在一切情况下都正确。所有的日常伦理判断都断定不同的因果关系，但是它们通常被视为并未断定这种关系，因为人们没有区分这两类关系。

18. 一个整体的价值可能不同于其不同部分的价值之和，这一事实使得内在价值的考察复杂化。

19. 在这种情况中，部分与整体之间的关系跟手段与目的之间的关系呈现出同等重要的、既有差异又有相似的特点。

20. “有机整体”这一术语也许可以绝好地用来表示整体具有这一属性，因为，这一术语通常还被用来表示整体还有另外两种属性。

21. 一种性质，即部分之间相互因果依赖这种性质，与这一属性之间没有必然关系。

22. 而另外一种为人们所最为强调的性质，在任何整体中都不可能是真实的，它是由于混淆而导致的一个自相矛盾的概念。

23. 本章总结。

24. 本章和以下两章将考察人们针对第二类伦理学问题，即“什么是善自身?”所做出的某些回答。这些回答典型地表现为(1)他们宣称某一类事物本身就是善自身；以及(2)他们之所以这么宣称，是因为他们假定这一事物解释了“善”的含义。

25. 这些理论或可分作两种(1)形而上学的，(2)自然主义的。第二种或可再细分为二，(a)宣称不同于快乐的某种自然对象是唯一善的理论，和(b)快乐主义。本章将讨论(a)。

26. 解释“自然主义”的含义。

27. 事物是善的，因为它们是“自然的”。这种常见的论证可能包括或者错误的命题(1)：“正常的”事物，因其正常，因而是善的。

28. 或者错误的命题(2)：“必然的”事物，因其必然，因而是善的。

29. 而系统地诉诸于自然，当前最为流行地与术语“进化”联系在了一起。考察赫伯特·斯宾塞的伦理学可以说明这种形式的自然主义。

30. 达尔文关于“自然选择”的科学理论是导致“进化”这一术语在现代流行的主要原因，但是要小心地将其与通常关联于后者的某些观念区别开来。

31. 斯宾塞先生将进化论与伦理学联系起来，似乎表明他受到了自然主义谬误的影响。

32. 但是关于“快乐”与“进化”的伦理关系，斯宾塞先生是模糊的。他的自然主义可能主要是一种自然主义的快乐主义。

33. 讨论《伦理学的论据》第三章以说明这两点，并且表明，关于伦理学的基本原则，斯宾塞先生是完全混乱的。

34. 关于进化论与伦理学的关系，有三种可能的观点，要将它们与被建议用来定义“进化论伦理学”的自然主义观点区别开来。根据这三种观点中的任意一种，这种关系都是不重要的。而使其显得重要的“自然主义的”观点包括了双重的谬误。

35. 本章总结。

36. 快乐主义的流行主要是由于自然主义的谬误。

37. 快乐主义可被定义为"快乐是唯一的善"这样一种学说。这一学说为快乐主义者所主张，并被他们当作一项基本的伦理原则，尽管它通常与其它学说混淆。

38. 本章所采用的方法是，通过批评密尔与西季威克，来揭露人们通常为证明快乐主义的真理性而提出的各种理由，并提供足以证明其不真实的理由。

39. 密尔宣称"幸福是唯一作为目的值得欲求的事物"，并且坚称："终极目的的问题不容有直接证明"。

40. 而他却为第一个命题提供了一个证明。这个证明在于(1)错误地混淆了"值得欲求的"与"被欲求的"。

41. (2)试图表明：被欲求的唯有快乐。

42. 这一被欲求的唯有快乐的理论主要是由于混淆了欲望的原因和欲望的对象。快乐当然不是欲望的唯一对象，并且，即便它总是欲望的原因之一，也并不能致使任何人认为它是一种善。

43. 密尔一方面宣称快乐是唯一的善，另一方面又承认其它事物也是被欲求的。他为了调和这两种不同的学说，就荒谬地声称，作为获得幸福的手段的东西也是幸福的"一部分"。

44. 总结密尔的论证与我的批评。

45. 我们现在要来考察作为一种"直觉"的快乐主义原则，过去只有西季威克教授清楚地认识到了这一点。作为一种直觉，快乐主义因而是不能证明的，这一点本身并非导致我们不满的理由。

46. 当我们来考量什么事物是善自身时，我们就把对于自然主义的驳斥撇到了一边，进入到了对于第二类伦理学问题的讨论。

47. 密尔的某些快乐"在质上"优于另外一些快乐的学说蕴涵着(1)目的判断必定是"直觉"。

48. 以及(2)快乐不是唯一的善。

49. 西季威克教授避免了密尔所犯下的这种混淆。因而，对其论证的考察，我们将只考虑“快乐是唯一的善吗?”这一问题。

50. 西季威克教授首先想证明，除了人的存在，没有什么可以是善的。给出怀疑该主张的理由。

51. 他进而提出更为重要的命题:在人的存在的各部分中，只有快乐是值得欲求的。

52. 但是，必须将**快乐**与**对于快乐的意识**区别开来。而且(1)很明显，当这么区别时，快乐不是唯一善。

53. 以及(2)同样明显的是，对于快乐的意识也不是唯一的善，如果我们同样细心地将其与其通常的伴随物加以区分的话。

54. 在西季威克教授为相反观点所做的两种论证中，第二种论证同样相容于这样一个假定:快乐只是正当行为的一个**标准**。

55. 而在其第一种论证中，他诉诸反思直觉，没有能够清楚地表明问题(1)他不承认**有机统一体**原则。

56. 以及(2)没有能够强调，他所极力证明的快乐主义判断与常识判断之间的一致，仅仅对于**手段的判断**来说才能成立。快乐主义的**目的判断**是一种明显的悖谬。

57. 因此，我的结论是，如果抱有适当的警惕，反思直觉会赞成常识，认识到只单纯地把对于快乐的意识看作是唯一的善是荒谬的。

58. 剩下的是要考察利己主义与快乐主义。重要的是要区分前者与后者。前者:“我自己的快乐是唯一的善”的学说;后者:作为利他主义的对立面，主张追求我自己的快乐只有在**作为手段**时才是正当的学说。

59. 真正的利己主义彻底无疑地自相矛盾:它没有能够察觉到，当我宣称某物是我自己的善时，我必须主张它是**绝对的善**，否则就根本不是善。

60. 分析西季威克教授的相反观点，就可进一步展示这一混淆。

61. 由于这一混淆，可以证明，他的“合理利己主义与合理仁爱的关系”“是最深奥的伦理学问题”的表述，以及“要使伦理学合理化”就需要做出某种假定的观点，都是非常错误的。

62. 像人们(如密尔)通常所主张的从心理快乐主义推导出功利主义的努力，也包含了同样的混淆。

63. 真正的利己主义貌似合理，同样是由于将其与作为手段学说的利己主义混淆了。

64. 注意到了功利主义观念中的某些含混；并指出(1)把功利主义看作是所追求的目的的学说，最终通过驳斥快乐主义被驳倒了；以及(2)最为常见的对其有利的论证，至多只是证明了它提供了正当行为的正确标准，它们还远不足以完成这一目标。

65. 本章总结。

66. 术语“形而上学的”一词的定义，主要是指其知识对象并非自然的一部分——即不作为一个知觉对象在时间中存在。但是由于形而上学家们不满足于揭示这种实体的真理，总是假定在自然中并不存在的那个东西至少应该是存在的，这一术语因而也指假定的“超感实在”。

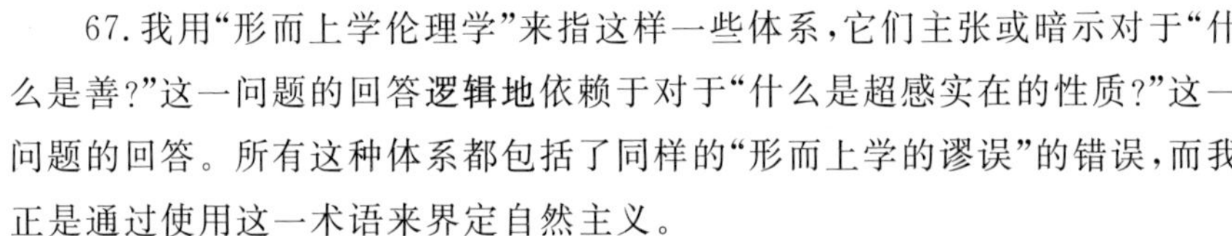

67. 我用“形而上学伦理学”来指这样一些体系，它们主张或暗示对于“什么是善？”这一问题的回答**逻辑地**依赖于对于“什么是超感实在的性质？”这一问题的回答。所有这种体系都包括了同样的“形而上学的谬误”的错误，而我正是通过使用这一术语来界定自然主义。

68. 研究“超感实在”的形而上学，在下述条件下可能与实践伦理学有关系：(1)如果其超感实在被看作是我们行为能够影响的某种未来的事物；以及(2)如果它能证明永恒实在要么是唯一实在的事物，要么是唯一善的事物，那它就可以证明实践伦理学的每一个命题都是错的。大部分形而上学作者相信后一种实在，因而暗示每一种实践命题都是完全错误的。只是他们没有能够看到他们的形而上学因而与他们的伦理学相矛盾。

69. 但是我据以解释形而上学伦理学的理论不是认为形而上学与实践伦理学中涉及到的“我的行为将产生什么后果？”这一问题有逻辑关系，而是认为它与“什么是善自身？”这一基本的伦理学问题有关。这一理论已由第一章中的证明“自然主义的谬误是一种错误”所驳倒。剩下的就只是讨论导致人们认为其似乎合理的某些混淆。

70. 导致混淆的原因之一似乎就是因为没有能够区分“这是善的”这一命

题的两种含义:它有时意指“这一存在物是善的”,有时则意指“这类事物的存在会是善的”。

71. 导致混淆的另一原因则在于没有能够区分暗示一个真理的东西(或者说作为我们知道一个真理的原因的东西)与一个真理**逻辑地**依赖的东西(或者说作为使人信仰一个真理的理由的东西)。在前一种意义上,虚构要比形而上学与伦理学有着更为重要的关系。

72. 而导致混淆的一个更为重要的原因就在于,假定“是善的”等同于同样包含在“实在”定义中的某些超感属性。

73. 做出这种假定的原因之一似乎在于一种逻辑偏见,即认为所有的命题都是最为熟悉的类型,其中的主词与谓词全都存在。

74. 但是伦理命题不能够还原为这一类型,尤其是,它们明显地与下述类型有别。

75. (1)它们有别于自然法。康德最为著名的学说之一就是混淆了这二者。

76. 以及(2)它们有别于命令。康德和其他哲学家全都混淆了这二者。

77. 后一种混淆是导致“是善的”被等同于“被意愿的”这一现代学说流行的原因之一。不过这一学说的流行似乎还主要是由于其它一些原因,与此有关,我将尝试证明(1)导致人们采纳这一主张的主要错误是什么;以及(2)除此之外,很难说关于意志的形而上学与伦理学有丝毫的逻辑关系。

78. (1)自康德以来,人们通常认为“善性”与意志或情感的关系和“真理”或“实在”与认识的关系是一样的,因而认为伦理学的正确方法就是去发现意志或情感包含着什么,就像照康德的看法,形而上学的正确方法就是去发现认识包含着什么。

79. “善性”与意志或情感的实际关系(这种错误的学说就是从其中推导出来的)似乎主要是(a)一种因果关系:只有通过反思意志或情感的经验,我们才开始意识到各种伦理区别;(b)一些事实:对于善性的认识可能总是包含在某些种类的意志或情感中,并一般为其所伴随。

80. 但是从这些心理事实中的任何一个都不能得出结论说“是善的”同一于以某种方式被意愿或被感受。而认为可以得出这种结论的假定是现代认识论基本矛盾的一个例证:这种矛盾既区别又同一地看待思想对象与思想行为，既区别又同一地看待“真理”本身与其所假定的标准。

81. 而且，一旦承认了意志与认识之间的这种相似，认为伦理命题实质性地涉及意志或情感的观点，就会被与认识性质有关的另外一个错误所强化——这个错误假定“知觉”只是指认识一个对象的某种方式，而其事实上也包括断定这个对象也是真实的。

82. 扼要复述上述三节论证。其中指出(1)意志和情感不与认识类似，(2)即便类似，“是善的”也并不意味着以某种方式被意愿或被感受。

83. (2)如果“是善的”与“被意愿的”并不同一，那么后者就只能是前者的一个标准。同时，为了表明后者是这样，我们需要独立地确立许多事物都是善的——也就是说，我们需要首先确立诸多伦理结论，然后关于意志的形而上学才有可能给予我们些许帮助。

84. 像格林这样的伦理作者试图将伦理学建基于意志之上，但是却没有能够作出这种独立的考察。这一事实表明他们是从错误地假定善性跟被意愿同一开始的，因而他们的伦理推理没有任何价值。

85. 本章总结。

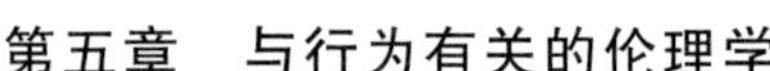

86. 应该清楚地将本章所讨论的问题与迄今为止所讨论到的下述问题区分开来：(1)“这是善自身”，这一命题的性质是什么？

87. 以及(2)什么事物是善自身？我们对其给出一种回答，以判定快乐不是唯一作为善自身的事物。

88. 在本章中，我们将讨论伦理考察的第三种对象，即回答“什么行为是善结果的一种手段？”或者说“我们应该做什么？”这是一个实践伦理学的问题，对其回答包括了断定一种因果关联。

89. 可以看到，断定“这一行为是正当的”或“是我的责任”，等于是断定所讨论的行为总结果是最有可能的。

90. 本章其余部分将会讨论因此阐明的某些结论。其中第一个结论就是(1)直觉主义是错的，因为关于责任没有命题可以是自明的。

91.(2)很明显,我们不可能期望证明,在每一种情况下我们可能施行的所有行为中,哪一种行为会产生最好的总结果,要想在此严格意义上发现什么是我们的“责任”,那是不可能的。不过却有可能表明,在我们有可能施行的所有这些行为中,哪种行为会产生最好结果。

92.进一步解释上一节所做的区分,并坚持:伦理学所做的和能做的,不是决定绝对的责任,而是指出,在某些条件下可能做出的少数选择中,哪一种会有更好的结果。

93.(3)即使是后一任务也有巨大的困难,并且没有充分的证据表明一行为的总结果优于另外一些行为的总结果。因为(a)我们只能计算一个比较近的未来范围内的实际结果,因而,我们必须假定同一行为在无限遥远未来的结果不会根本改变这种盈余——也许可以做出这种假设,但是这种假设当然一直没有得到证明。

94.而且(b)即便是去判定,在任意两种行为中,其中一种行为在有限的未来要比另外一种行为有更好的总结果,这也是很困难的。因而的确不大可能,甚至完全不可能证明,任一单个的行为在任何情况下作为手段都要好于可能的其它选择。即使是这种严格意义上的责任规则也至多是一种一般真理。

95.但是,(c)也许可以根据下述原则证明,为常识所普遍赞成的大部分行为作为手段一般要好于任何其它可能的选择。(1)关于某些规则,也许可以证明,在任何社会状态中一般地遵守这些规则都是有益的,因为自保与繁衍生命以及拥有财产的冲动,似乎都如此强烈,如此普遍;而且,这一效用可以独立于“什么是善自身”这样的正确见解而得到证明。因为遵守是取得某些事物的手段,而这些事物又是获得任何可观数量的善的必要条件。

96.(2)另外的一些规则是这样的,对它们的普遍遵守只能被证明只是在或多或少临时性的条件下作为维持社会的手段是有益的。如果要证明其中某些法则在所有社会中都是有益的,那也只能通过表明它们与自身是善或恶的事物具有某种因果关系来完成,但是通常都还没有认识到是这样。

97.很明显,正像可以用这种暂时性条件的存在来为第二类规则的存在辩护一样,也同样可以以其存在来为第一类规则辩护。同时,必须把所谓的惩罚算进这样的暂时性条件中。

98.以此方式,有可能可以暂且证明既通常为我们社会视为责任又通常为其所实践的那些行为具有一般效用。但是如果不独立考察什么事物本身是善的或是恶的问题,能否就所提出的社会习惯的变化做出确定性结论,这一点非常可疑。

99.而且(d)如果我们考虑在下述情况下单独的个人如何决定去行动这一特别的问题,(α)在所讨论的行动的一般效用是确定的情况下,(β)在其它情况下;似乎有理由认为,关于(α),如果一般效用规则总是一般被察知,个体也应该总是遵守它;但是这些理由也并不是确凿无疑的,如果既缺乏一般察知又缺乏一般效用的话。

100.以及(β)在所有其它情况下,行为规则完全不会被遵守,但是个体却会考虑,在其特殊条件下,他可能会实现什么样积极的善,避免什么样的恶。

101.(4)进一步可得出结论,术语"责任"与"权宜"所指涉的区分根本不是伦理学上的区分。当我们问"这真的是权宜的吗?"这一问题时,这与我们问"这是我的责任吗?"即问"这是达到最佳可能的手段吗?"完全是同一个问题。"责任"主要显示出下述非伦理特征(1)许多人经常极力避免它们;(2)它们最突出的影响是针对他人的而不是针对行动者的;(3)它们激发了道德情感。就它们被认为具有一种伦理特点而言,这不是因为它们特别有益于施行,而是因为它们特别有益于惩罚。

102."责任"和"利益"之间的区分也主要是同一种非伦理学的区分。但是"有利害关系的"这一术语则的确也指一种明确的伦理属性—— 一个行为是为了"我的利益",只是断定了它有某种特别的最佳后果,而不是断定其全部后果都是可能最佳的。

103.(5)我们或许还要进一步看到,"德性"不可被定义为就其本身是善的那些性情,它们必定只不过是施行行为之性情,这些行为通常是作为手段的善,而且其中只有一部分依照(4)可归类为"责任"。因此,要确定一种性情是否是"德性的",就需要进行(3)中所讨论到的艰巨的因果考察。而且,在一种社会状态下是德性的东西,在另一种社会状态下未必还是。

104.同时也可以得出结论,我们没有理由像人们通常所做的那样去假定,在履行责任中运用德性其本身总是善的——更不能够假定这是唯一的善。

105. 而且，如果我们考察这种运用的内在价值，将会表明(1)在大部分情况中，这种运用没有价值；而且(2)即便是其有一些价值的情况，也远不能够构成唯一的善。就算是对后一命题的真理性持否定态度的人，也通常会自相矛盾地暗含着对这种真理的承认。

106. 不过，为了公正地判定德性的内在价值，我们需要区分三种不同的性情。其中任何一种通常都会被人们称作性情，并且被人们主张是唯一有资格被这样称呼的。因而(a)履行责任的纯粹无意识的"习惯"是最为常见的一种类型，它本身没有任何内在价值。基督教道德学家正确地暗示，纯粹的"外在正当性"没有内在价值，不过他们错误地认为它因而不是"德性的"，因为这意味着即便是作为手段它也是没有价值的。

107. (b)当德性就是这样一种性情，它有着一种对于真正善的行为结果的热爱的情感，和对于真正恶的行为结果的憎恨的情感，并为它所打动时，它有某些内在价值，不过其内在价值在程度上有极大差别。

108. 最后(c)当德性就是"良心"，也就是在某些情况下，除非我们相信并感觉到我们的行为是正确的，否则我们就不去行动的那种性情，它似乎有某些内在价值。这种情感的价值特别地为基督教伦理学所强调，但是当然不会像康德会诱导我们去认为的那样，它既非唯一有价值的事物，也非作为手段总是善的。

109. 本章总结。

110. "理想的"事物状态或者是意指(1)最高善或绝对善；或者是意指(2)自然法则允许在这个世间存在的最好事物；或者是意指(3)任何就其本身而言最好的事物。本章主要讨论什么是(3)意义上的理想之物，以回答基本的伦理学问题。

111. 而正确地回答这一问题，是正确地回答什么是(1)和(2)意义上"理想的"事物的关键一步。

112. 为了正确地回答"什么就其本身而言是善的?"这一问题，我们必须考虑，如果事物绝对地自身存在，它会有什么价值？

113. 而如果我们运用这一方法，那就很明显，个人钟爱和审美享受包括了到目前为止我们所熟知的最伟大的善。

114. 而如果我们开始考虑一，**审美享受**，那么很明显(1)在各种各样不同情感中，总有某种情感对于这种享受来说是必不可少的，尽管这些情感其自身鲜有价值。

115. 以及(2)对于真正美的特质的认识同样是必不可少的，尽管这些美的特质自身同样是鲜有价值的。

116. 但是(3)尽管上述这两种因素合适的结合总是一种相当大的善，而且还有可能是一种非常大的善，我们仍然可以问，如果此外再加上一个对于认识对象存在的真信念，那么由此形成的整体是否仍不更具有价值？

117. 我认为应该肯定地回答这一问题：这一整体有更大的价值。但为了确保这一判断是正确的，我们必须谨慎地将其加以区分。

118. 它有别于这样两种判断：(a)知识作为手段是有价值的；(b)当认知的对象自身是一个善的事物时，其存在当然会增加整个事物状态的价值。

119. 不过，如果我们力图避免因这两个事实而产生偏见，纯粹的真信念似乎仍然是巨大价值必不可少的一个条件。

120. 因此，我们把握到了许多大善的**第三种**关键要素。以此方式我们能够证明(1)除了作为手段的价值之外，我们应将价值归于**知识**；以及(2)对于一个**真实**对象的真正欣赏要内在地优越于对于同样有价值的纯粹想象物的欣赏；因此，可以主张对于真实对象的情感与最高级的想象的快乐同等，即便这个对象是更低一级的。

121. 最后(4)对于这些善整体来说至关重要的认知对象，对其本性的分析乃是美学的任务。这里只需要指出(1)我们称其为“美的”，意思是说它们与某一善整体具有这种关系；以及(2)它们大部分自身都是复合整体，对这种整体的赞美欣赏，在价值上远远超过对其各部分赞美欣赏的价值之和。

122. 至于二，**个人钟爱**，这里的对象其自身不仅仅是美的，而且是善的。然而对这种本身善的东西的欣赏，即对一个人精神特质的欣赏，其自身似乎当然不是一个比这种欣赏和对身体美的欣赏结合所构成的整体还要大的善。甚至，这种欣赏本身是否是与对单纯的身体美的欣赏一样大的善，这一点也是可疑的。但是可以肯定的是，二者的结合是比二者中的任何一个都要远为大的善。

123. 我们已经说过，我们有充分的理由假定，对于物质特质的认识，甚至包括物质特质的存在，都是理想之物或最高善的必要构成要素，它们不包含在理想之中是几无可能的。

124. 剩下就是要考量积极的恶与混合的善。不同的恶或许可分为以下三类。

125. (1)钟爱、赞美或欣赏恶或丑的事物之恶。

126. (2)憎恨或蔑视善或美的事物之恶。

127. 以及(3)对于强烈的痛苦的意识；这种意识似乎是唯一一种要么非常善要么非常恶的事物。它并不同时包括对于对象的认识与情感，因而在内在价值方面不同于快乐。而且，在它与其它恶的事物结合时，它似乎也并不增加一个整体作为整体的恶性；而快乐在与另外一个善的事物结合时，则的确增加了整体的善性。

128. 而快乐和痛苦在这一点上是完全相似的，快乐永远绝不增加它包含于其中的总体的价值，而痛苦也永远绝不减少它包含于其中的总体的价值。其反面通常是对的。

129. 为考察二，混合善，我们必须首先区别(1)一个总体作为总体的价值，和(2)从整体上看其价值或其全部价值。(1)等于(2)与其各部分之差。根据这种区别，非常明显：

130. (1)两个或两个以上的恶的单纯结合从整体上看绝对不是积极的善，尽管其作为一个整体可能具有极大的内在价值。

131. 但是(2)包括了对于某种恶或丑的事物的认知的一个整体从整体来看可能还不是极大的积极的善，大部分的德性，不管其具有什么样的内在价值，似乎都属于这一类，例如(a)勇气和怜悯，以及(b)道德善性，这些都是憎恨或蔑视恶的或丑的事物的例子。

132. 但是似乎没有理由认为，当恶的对象存在时，事物的总体状态从整体上看始终是积极的善，尽管这种恶的存在会增加其作为整体的价值。

133. 因而(1)任何实际存在的恶都并非为理想之物所必需；(2)对于想象的恶之思考为理想之物所必需；以及(3)在恶已经存在时，混合德性的存在具

第一章　伦理学的主题

1. 不难发现，我们的某些日常判断，其真理性无疑是伦理学所 53
关心的。有时我们会说："这样的人是一个好人"，或者说："那家伙是一个恶棍"；有时我们会问："我应该做什么？"或者问："我这样做错了吗？"有时我们还会斗胆评价说："节制为德，酗酒为恶"——毫无疑问，伦理学的任务，就是要讨论这样一些问题和这样一些陈述。伦理学就是要去证明，当我们追问何为正确的行为时，什么是正确的答案；就是要对为什么认为我们关于人之品格或行为之道德的表述是对的或错的给出理由。多数情况下，当我们的陈述涉及到诸如"德性"、"恶习"、"责任"、"正确"、"应当"、"善"、"恶"这样的语词时，我们就是在做出一个伦理判断。当我们想去讨论这些陈述的真理性时，我们就是在讨论伦理学。

到此为止，并无争议；但是这样的讨论远还没有框定伦理学的范围。伦理学的范围也许的确可以被界定为人们所讨论到的所有判断之真，这些判断对于人们来说既很常见也很特别。不过我们还会继续追问：如此既常见又特别的到底是什么？对于这个问题，不同的著名伦理哲学家给出的答案不尽相同，但是可能没有一个答案能够让人完全满意。

2. 例若上举，我们就可以大致不差地说，这些例子都牵涉到

54 “行为”(conduct)问题—— 牵涉到在我们人类行为中什么是善的，什么是恶的，什么是对的，什么是错的问题。因为，当我们说一个人是善的时，我们通常是说他做得对。当我们说酗酒为恶时，我们通常是说让自己酩酊大醉是错误的或邪恶的行为。事实上，对于人类行为的这种讨论，正是与“伦理学”一词关联最为密切的。正是由于这样一种关联，行为毫无疑问就成了伦理判断最为常见最为一般的关注对象。

相应地，我们会发现，许多伦理哲学家倾向于接受这样一个表述是对“伦理学”一词的一个充分定义：伦理学意在处理人类行为善恶的问题。他们主张，所追问的对象可以被恰当地限定在“行为”或“实践”。他们主张，“实践哲学”一名包括了伦理学所处理的所有对象。在这里，我并不准备去讨论这个词的具体含义(语词问题最好留给词典编纂家以及其他关注这些文字的人；我们会看到，哲学并不关注这些)，我要说，我想用“伦理学”这个词来包括更广的含义——我想说，这样一种使用具有非常充分的理由。我用它来指涉对于“什么是善?”这样的问题的一般性探究；考虑到这种探究的一般情况，没有什么词比它更恰当的了。

伦理学毫无疑问会关注何为善行为的问题；但是它并不一上来就关注到这个问题，除非它是准备告诉我们何为善，以及何为行为。因为，“善行为”是一个复合概念，并不是所有行为都是善的；因为有些行为当然是恶的，而另外一些可能是中性的。另一方面，除了行为之外，另外一些事情可能是善的；而且如果它们是善的，那么“善”就是这些事情和这些行为共有的某种属性。如果我们撇开全部善的事情单独考察善的行为，那么我们就可能有错解该属性之危险，把它当作某些并不为这些其它事物所分享的属性。因此，即便是在如此狭隘的意义上，我们也有可能因此误解伦理学：我们不会明白什么是真正的善行为。将其探究仅仅局限于行为，这正是许多作者实际上经常犯的一个错误。因此，我将首先通过 55
考量何为一般意义上的善，来避免犯下这样的错误；同时期望，一旦我们能够对此达到某种确定性，解决善行为的问题就更容易了：因为，我们都很清楚什么是"行为"。因而，我们的首要问题就是：什么是善，什么是恶？并且，我们把对于这一问题（或者这一类问题）的讨论称作伦理学，因为这门科学无论如何必须包括该问题。

3.但是这一问题可能包括着多重含义。比如说，假定我们每个人都可能会说"我这会儿正做好事呢"，或者说"昨天我好好吃了一顿"，这些陈述中的每一种都有可能是对我们的问题的某种回答，尽管有可能是一种错误的回答。所以，同样地，当A问B他该把他儿子送到何种学校时，B的回答当然有可能是一种伦理判断。类似地，对任何既有的，现有的或将有的人或事物的毁誉评判，的确对"什么是善"这一问题给出了某种回答。在所有这些例子中，某些特殊的事物被判定为是善的或恶的：问题中的"什么？"被回答为"这"（This）。但是这并非一门科学的伦理学所问问题的含义之所在。对成千上万的这类问题的回答，尽管它们一定是真的，却没有一个能够成为一门伦理体系的一部分；尽管，一门科学必须包括足以决定上述回答的真理的各种理由与原则。过去、现在和将来，这个世界上有着太多其各自价值可被放进任一科学之中加以讨论的人、物、事。所以说，伦理学完全不处理这类性质的事实，这类事实是唯一的、个体的，绝对特殊的。这类事实起码部分地是应该由

历史学、地理学、天文学去研究的。正因为如此，伦理学家的任务不是给出具体的建议与劝诫。

4. 不过，对于“什么是善?”这一问题，还另有含义可以赋予之。“书是善的”是对该问题的一种回答，尽管这种回答明显是错误的，因为有些书的确是很坏的。这样一种伦理判断的确属于伦理学，不过我不会过多处理这类问题。“快乐是善的”是这样一类判断，伦理学需要讨论这类判断之真，尽管它不及另外一类判断来
56 说更重要。我们目前要花费更多时间来关注另外这类判断：“快乐本身就是善的”。它是这样一类判断，这类判断出现在一些详尽讨论不同“德性”的伦理学著作中——例如亚里士多德的《伦理学》。然而正是这同一类的判断，构成了普遍被认为是一类不同于伦理学研究的，名望稍逊的研究学科——即决疑论(Casuistry)研究学科——的内容。人们也许会告诉我们说，决疑论不同于伦理学，前者研究的问题更加具体而特殊，而伦理学的问题更加普遍。但是最为关紧的是要注意，决疑论并不处理任何绝对特殊的东西——这仅仅是这样意义上的特殊：在它与普遍之间能够画出一条确定的界线。这不是在刚才提到的意义上的，诸如这是一本特殊的书，A的友人忠告是一种特殊的忠告这种意义上的特殊。也许决疑论的确是更特殊，而伦理学是更普遍，但是这种区别只是程度上的而非类别上的。当我们在这样一种一般的、不那么准确的意义上来使用“特殊”与“普遍”时，一般来说都是对的。仅就伦理学容许自身列举各种德性，乃至命名理想的构成要素而言，它与决疑论是没有区别的。两者也都是在处理普遍性的东西，就跟物理与化学是在处理普遍性的东西一样。正如化学试图发现无论在何处出现

的氧气的属性，而不仅仅是这个或那个特定的氧气的属性那样，决疑论也试图发现什么样的行为是好的，无论这种行为何时出现。在这一点上，伦理学与决疑论都被划归到与物理学、化学与生理学一类的科学中，绝对不同于诸如历史学或地理学这样的学科。需要注意的是，由于其详尽性特征，决疑论研究事实上更接近于物理学或化学的研究而非通常被安排给伦理学的那样一类研究。正如物理学不能够满足于发现光是通过以太波进行传播的，而必须继续去发现对应于不同颜色的以太波的特殊属性那样，决疑论也不能够仅仅满足于发现仁慈是一种德性这样的普遍法则，它必须努力去发现每种不同仁慈属性的相对价值。因此，决疑论成了伦理科学理想之一部分：没有决疑论，伦理学就是不完备的。决疑论的 57
缺陷不是原则的缺陷，不能够反对其要旨与目标。它之所以一直不成功，仅仅是因为它处理的是一类太有难度的主题，我们目前的知识状态还不足以充分处理之。决疑论者一直没有能够成功分清他所处理的情况中这些情况的价值所依赖的要素。因此他经常会把两种只是在其它方面相似的情况看作是在价值上相似的。正是由于这类错误，导致了这种研究注定会产生有害影响。因为决疑论是伦理研究的目标，它不可能是在我们的研究之初就可安全地欲求的，只能够在我们的研究之后才能欲求之。

5. 我们的问题“什么是善？”可能还有另外一层含义。在第三种情况中，我们可能不是在问哪个事物或哪些事物是好的，而是在问该如何定义“好”。这种追问仅属于伦理学，而不是属于决疑论的。而且这正是我们首先要从事的探究。

应该给予这种探究特别的关注。因为如何定义“善”的问题，是所有伦理学中最为基本的问题。事实上，除了其反面“恶”之外，善所意味的东西乃是伦理学所特有的唯一单纯的思想对象。因此，定义善对于定义伦理学来说至关重要。而且，对于善的错误理解将会招致一大堆错误的伦理判断，这要远比错误理解了其它概念为甚。除非充分理解了这一首要问题，并且清楚地认识到其正确答案，否则，从系统知识的观点看，伦理学其它部分的问题就会同样是无用的。前边讨论过的两类正确的伦理判断，可能的确既由那些不知道这一问题答案的人做出，也由那些知道这一问题答案的人做出。而且不用说，这两类人有可能都过着同样的好生活。但绝对不大可能认为：在缺少对于这一问题的正确答案的情况下，最为普遍的伦理判断是同等有效的。我在这里将表明，一些最为严重的错误主要是由于相信了一个错误答案。而且，除非知晓了这一问题的答案，否则，在任何情况下都不可能说一个人知晓了何
6
58 为任何一个伦理判断的证据。作为一门系统科学，伦理学的主要任务是给出认为这个是善的或那个是善的正确理由；而在知晓这一问题的答案之前，这样的理由无法给出。因此，目前的探究是伦理科学最为必需和最为重要的部分。况且，事实上错误的答案也会导致错误的结论。

6.那么，什么是善呢？该如何来定义善呢？现在，有人或许会认为这只是一个语词问题。一个定义的确经常意味着用一个语词的含义来表达另一个语词的含义。但这不是我想要的定义。除了词典学，这种定义在任何的研究中都绝对不可能具有终极的重要性。如果我想要的是那样的一种定义，我本应该一上来就考量人们通常是如何使用“善”一词的。但是我的任务不是考察由风俗所

确立的该词的准确用法。如果我试图用它来代表它通常并不指涉的某些东西，比如说，如果我声称，每当我用到“善”一词时，我应该被理解为指的就是“桌子”一词通常所指涉的对象，那的确是不明智的。因而，我应该在我认为它通常被使用的意义上使用这个词，同时并不急于讨论在认为它应该这样用时我是否正确。我的任务仅仅关系到(不管对错)我所坚持的该词所通常使用或代表的对象与观念。我要讨论的是该对象与观念的本性，并且极力想就此达成某种一致。

不过，如果我们在这一意义上理解该问题，那么我对该问题的回答就似乎是一个让人非常失望的回答了。如果我被问到“什么是善?”我的回答是:善就是善，答案到此为止。或者如果我被问到“如何定义善?”我的回答是:善不可定义，关于善我只能说这些。

不过这些回答虽然看起来让人失望，但却是非常重要的。对于那 7
些熟悉哲学术语的读者来说，我可以通过下面的说法表达这些回答的重要性，这些回答相当于是说:关于善的命题全都是综合的，而绝不可能是分析的。这可不是琐屑小事。可以用更通俗的方式表达这一件事情:我们可以说，如果我是对的，那么谁也不能够借 59
口“善这个词的真正意义”正是唯一的善或是被欲求的，而把诸如“快乐是唯一的善”或者“善是被欲求的”这样的公理强加给我们。

7.那么，我们就来考察一下这一主张。我的观点是，就和“黄”是一个简单概念一样，“善”也是一个简单概念，也即，正如你不管用什么办法都没法儿向一个事先并不知道什么是黄的人解释什么是黄一样，你也不能解释什么是善。我想要的这类定义描述的是一个词所意指的对象或概念的真实性质，而不是仅仅是告诉我们这个词的常用含义。只有当所讨论的对象或概念是复合的东西时，这类定义才是可能的。你可以定义一匹马，因为马具有许多不同的属性或特质，你可以悉数列举之。当你悉数列举出其属性或特质后，当你已经把一匹马还原为其最简单的项时，你就不能够再定义这些项了。它们仅仅是你所想象到或知觉到的某些东西，对于任何一个不能够想象到或知觉到它们的人，你都绝不可能通过任何定义让他们知道它们的性质。有人也许会反对说，我们可以向别人描述他们从来没有想到或看到的那些对象。比如说，我们可以让某个人理解何为吐火兽，尽管他从来没有听到过，也从来没有见到过吐火兽。你可以告诉他说，吐火兽是这样的一种动物：雌狮的头、雌狮的身子，背脊的中间长着山羊头，尾巴的位置则是一条蛇。但是这里，你所描述的是一个复合对象，它完全是由各个部分组成的。其各个组成部分——蛇、雌狮、山羊——我们都非常熟悉，我们也都很熟悉各个部分组合起来的方式，因为我们知道何为雌狮背脊中间，尾巴可能从哪里长出。所以，我们能定义我们事先不知道的所有对象：它们全都是复合的，它们都是由部分组成的，而这些部分乍看起来，也都可被类似地的定义，不过，它们最终都可以还原为不能被定义的最为简单的部分。而我们说，黄与善则
60 不是复合的，它们是那种最为简单的概念，定义由其所构成，而对其再加定义的能力就终结了。

8. 当我们像韦伯斯特字典那样说，“马的定义就是‘马属四足有蹄类动物’”时，事实上我们可能意味三类不同的事情。(1)我们可能仅仅意味：“当我说‘马’时，你理解我正在谈论一种马属四足有蹄类动物。”这可以被称作是一种主观的语词定义。我并不是在

这个意义上说善是不可定义的。(2)正如韦伯斯特字典应当意味的那样，我们还可能意味："当大部分英国人说'马'时，他们说的是一种马属四足有蹄类动物。"这可以被称作语词定义。我也不是在这个意义上说善是不可定义的。因为，确实有可能知道人们是如何使用一个单词的，否则，我们就永远不可能知道英语的"good"(善)可以被翻译成德语的"gut"和法语的"bon"。不过，(3)当我们定义马时，我们可能意味某些更为重要的东西。我们可能意味，我们大家都知道的某一确定的对象，是以一种确定的方式组成的。也即，它有四条腿、一个头、一个心脏、一个肝脏，等等，所有这些部分都以一种彼此确定的关系组织在一起。正是在这个意义上，我否认说善是可以定义的。我要说，它不是由这样的部分构成的，当我们想到它时我们可以在心里用这些部分来替代它。如果我们想到的只是马的所有部分及其安排方式而不是其整体，我们或许依然可以同样清楚正确地想到一匹马。我是说，我们还可以像我们现在所做的那样，同样正确地想象到一匹马如何不同于一头驴，只是没有刚才那样容易一些罢了。然而我们却不能用任何这样的东西来代替善。当我说善是不可定义的时，我说的正是这个意思。

9.不过我担心我们仍然没有能够消除阻碍人们接受"善是不可定义的"这一命题的主要困难。我的意思并不是说，**具体的善物**(the good)，即善的东西(that which is good)是这样不可定义的。如果我真这样想的话，我就不会来写伦理学著作了，因为我写作的主要目的就是促使人们发现那一定义。正是因为我认为我们在寻求定义"具体的善物"时并不那么容易出错，我现在才坚持说善(good)是不可定义的。我得努力解释一下这两者的区别。我假

61 定,可以承认"善"(good)是一个形容词。而具体的善物(the good),即善的东西因而就必定是形容词"善"所应用到的名词。这个形容词所应用到的,必须是这个名词的整体,而且这个形容词必须总是能够真正应用到这个名词。但是,既然这个名词是这个形容词所应用到的,这个名词就必定是某种不同于这个形容词的事物;而且这个有所不同的事物的整体,不管它是什么,就会是我们对于具体的善物的定义。而且有可能除了"善",还有另外的形容词也可应用于这个事物。比如说,它可以是充满了快乐的,也可以是睿智的:如果这两个形容词真的都是其定义的一部分,那么说快乐与睿智都是善,那当然也都是对的。而且许多人似乎认为,如果我们说"快乐和睿智是善",或者,如果我们说"只有快乐和睿智才是善的",我们就是在定义"善"。是的,我不能否认这类性质的某些命题有时也可以被称作定义。我还不是特别清楚该词是如何在一般意义上用到这一含义上的。我只希望人们能够理解,这并不是当我说不可能有善的定义时善所意味的。如果我后面再用到这个词,我也不是在这个意义上使用的。我的确完全相信,可以找到诸如"睿智是善的,而且唯有睿智是善的"这种形式的真命题。如果居然找不到,我们定义具体的善物就是不可能的。如上所述,我相信具体的善物是可以定义的。但我同时仍认为,善自身是不可定义的。

10.因此,当我们说某事物是善的,如果我们用善意味的是我们断定属于某事物的特质,那么,就"定义"这个词的最为重要的含义而言,"善"是不能被定义的。"定义"最为重要的含义就是:一个定义陈述了总是构成某一整体的各个部分到底是什么。在这个意义上，“善”是没有定义的，因为它是简单的，没有部分。它是思想中无数不可定义的对象中的一种，因为这些不可定义的对象是根本的项，所有可被定义的，都可参照它们而被定义。再细想想，显然有无数个这样的项。除了给出对于它们的分析，我们不能再作任何定义。只要分析得足够深入，这些项就可以让我们注意到完 62
全不同于其它任何东西的事物，这种根本差异解释了我们所定义的整体的特性：因为，每一个整体都包含了某些部分，其它整体亦复如是。因此，主张“善”意指一个简单而不可定义的特质，并不存在什么内在困难。另有很多具有这种特质的例子。

比如说，我们可以来想一想黄色。我们或许试图通过描述其物理等价物来定义它。我们或许会陈述，为使我们知觉到它，我们正常的眼睛需要什么样的光振的刺激。但是稍加反思就可以发现，这些光振本身并不是我们所说的黄色。它们不是我们所知觉到的东西。的确，要不是我们先看到不同颜色明显的特质差异，我们本来一直不会知道它们存在的。我们之所以能够说那些光振存在，最重要的是因为它们是我们实际知觉到的黄色的空间对应物。

而关于“善”，通常就会发生这类简单错误。就跟所有黄色的事物真的都在眼中产生了某种光振一样，所有善的事物真的也都是某种事物。而且，伦理学也意在发现什么是那些具有善属性的事物所拥有的其它属性。但是有太多的哲学家一直认为当他们命名那些其它属性时，他们事实上已经在定义善。他们认为这些属性事实上压根就不是“别的”，而是绝对完全地与善相同的东西。我提议把这种观点称作“自然主义的谬误”，我现在就来尝试处理这种观点。

11.我们来考察一下这类哲学家都讲了什么。首先要注意,他们自己本身的意见并不一致。当谈到什么是善时,他们不仅说他们是对的,而且试图证明那些说善是另外某些东西的人是错的。比如说,某个哲学家会断定善即快乐,另外一个哲学家则可能会断定善是被欲求的。而且每个哲学家都会热切地想证明别的哲学家是错的。但这怎么可能?其中一位哲学家说善不可能是别的,只
63 能是被欲求的对象,与此同时他又想证明善不是快乐。但是根据他的第一个断言,善恰恰意味着欲求对象,因而其证明结果就必定是下列二者之一:

(1)他或许试图证明欲求对象不是快乐。但是如果就到此为止,那么他的伦理学又在哪里呢?他所坚持的不过是一个心理学的立场。欲望不过是出现在我们心中的某个事物,而快乐是出现在我们心中的另外某个事物。而我们所谓的伦理哲学家只是主张后者不是前者的对象。但这与我们争论的问题有什么关系呢?其对手主张快乐即善这样的伦理命题,尽管他多次证明快乐不是欲望的对象这个心理学命题,他也并没有在证明其对手为错上多走半步。他们的立场就好比是这样的。一个人说三角形就是圆形。另一个人回答说:“三角形是直线,我会向你证明我是对的。因为”(这是唯一的论证),“直线不是圆。”“当然没错,”另一位回答说,“但是不过,三角形毕竟还是一个圆。你没有说出任何可以证明反面主张的东西。已证明的是,我们其中一个是错的,因为我们都同意三角形不可能既是直线又是圆。但是到底是谁错了,不存在一个可能的证明手段,因为你把三角形定义为直线,而我则定义其为圆。”是的,这就是任意一位自然主义伦理学家所面临的一个两难。

如果善被定义为另外的事物，那就既不可能去证明任何其它定义是错的，也甚至不可能去否定这样一个定义。

(2)另一种选择也绝非更受欢迎。这是认为争论只不过是语词上的。当A说“善意味着快乐”，而B说“善意味着被欲求的”，他们可能只不过是想断定，大部分人用这个词指“愉快的”或“被欲求的”。这的确是一个有趣的讨论主题，但是它丝毫也不比前一个主题更像伦理讨论。我也绝不相信有任何一位自然主义伦理学家愿意承认说这就是他的全部意思。他们全都急于说服我们，想让我们相信，他们称作是善的东西就是我们真的应当去做的。“请你务必这么做，因为‘善’一词一般都用来意指这类性质的行为。”按 64
照这种观点，这就是其学说的实质。就他们告诉我们应该怎么行动而言，他们的学说真的是伦理的，就像他们意味的那样。但是他们所给出的理由却是何等不折不扣地荒谬啊！“你应该做这个，因为大部分人都用一固定的语词意指这样的行为。”“你应该说不存在这事儿，因为(否则)大部分人会称其为撒谎。”这和上面的论证如出一辙！——我亲爱的先生们，我们想从你们这些伦理学教员那里知道的，不是人们如何使用一个语词，甚至也不是他们赞成哪类行为，使用“善”这一语词一定隐含的行为；我们想知道的只是“什么是善?”。我们或许的确同意大部分人真的就是这样思考善的，无论怎样，我们也的确乐意知道他们的主张。但是当我们谈及他们关于何为善的主张时，我们的意思的确就是我们所说的。我们并不介意他们称呼那一事物时他们意味着“马”、“桌子”或“椅子”，“gut”、“bon”，“ἀγαθός”。我们只是想知道，他们这么称呼时到底称呼的是什么。当他们说“快乐就是善”时，我们不大会相信

他们仅仅意味着“快乐就是快乐”，除此之外不再意味着其它任何东西。

12.假定某个人说“我是快乐的”，并进一步假定这不是一个谎言，不是一个错误，而是一句真话。那么，如果这是真的，这意味着什么？这意味着他的心中，他的以某些确定无疑的标志与他人区别开来的确定无疑的心中，此刻有某种确定无疑的快乐感受。“快乐的”不过是意味拥有快乐，尽管我们可以更快乐或不那么快乐，我们现在可以承认，甚至就有这样一种或那样一种快乐；而且就我们拥有的是快乐而言，不论它是多是少，是这样的还是那样的，我们拥有的都是一种确定的事物，是绝对不可定义的一种事物，是在各种可能程度与各种可能种类上都同一的某种事物。我们或许能够说它是怎样与其它事物关联的：比如说，它在心中，它导致欲望，我们可以意识到它等等。我是说，我们可以描述它与其它事物的关系，但是我们却不能够定义它。如果哪个人试图把快乐定义为任何其它自然对象，比如说，如果哪个人想说快乐就意味红的感
65 受，并且进而推导说快乐就是一种颜色，那么我们就有权利笑话他，并且不再相信他关于快乐的进一步陈述。好了，被我称作自然主义谬误的，犯的就是同样的错误。“快乐的”并不意味着“有红的感受”，或任何其它什么感受，这一点并不妨碍我们理解它意味着什么。对于我们来说，知道“快乐的”的确意味着“有快乐的感受”就可以了，而且，尽管快乐是绝对不可定义的，尽管快乐就是快乐，而不是其它任何东西，但我们仍可没有困难地说我们是快乐的。当然，原因在于，当我说“我是快乐的”时，我并不是说“我”和“有快乐”是同样的东西。类似地，不难发现，当我说，“快乐是善”时，我

并不意味着“快乐”和“善”是同样的东西，不意味着快乐意味着善，善意味着快乐。如果我想象，当我说“我是快乐的”时我意味着和“快乐的”是完全同样的东西，那我的确不应该称其为一个自然主义的谬误，尽管它应该和我谈论伦理学时所称的自然主义谬误是同样的。理由足够明显，当一个人把两种客观对象彼此混淆，用一种客观对象来定义另外一种客观对象时，例如说，他把作为自然对象的自己，与另外的客观对象“快乐的”或“快乐”混淆起来了，那是没有理由称这种混淆为自然主义谬误的。但是如果他把“善”（它不是这种意义的自然对象）与不管什么样的自然对象混淆起来了，那就有理由称这种混淆为自然主义谬误了。他对“善”的处理，使得“善”看起来像是某种非常特殊的东西，而这种特定的错误应该有一个名称，因为它非常普遍。至于说为什么善不应该被看作是某种自然对象，这个问题留待别处讨论。不过目前为止，注意到如下这一点就已经够了：即便它是自然对象，那也丝毫不改变这种错误的性质，不减错误的重大。我就其所说的一切，依然是完全同样真实的，只是我给它所起的名字并不像我所认为的那样合适罢了。我并不关心它的名字，我所关心的是这一谬误。我们怎么称呼它并不重要，只要我们一见到它就能够认出它来就可以了。在几乎
任何一本讨论伦理学的著作中我们都可以遇到这一问题，但是它 66
却一直没有能够被人们认识到，所以我们才反复举例来说明它，出于方便来给它一个名称。它确实是一个非常简单的谬误。当我们说橘子是黄色的时，我们并不认为我们的陈述一定会使我们主张“橘子”仅仅只意味着“黄色”，或者仅仅只有橘子才是黄色。假定比如说橘子也是甜的！难道这一定会使我们说“甜”和“黄色”完全

是同一个东西，“甜”必须被定义为“黄色”？假定我们认识到“黄色”仅仅意味着“黄色”，不意味着其它任何东西，这会对我们主张橘子是黄色的增加任何困难吗？完全可以肯定不会。相反，除非黄最终仅仅意味着“黄”，不意味着其它任何东西，除非黄是绝对不可定义的，否则说橘子是黄色就是绝对无意义的。如果我们一定要坚持说，任何是黄色的东西意味的恰恰与黄意味的是同一个东西，我们就无法得到关于任何是黄色的事物的非常清晰的概念，我们也就不会把我们的科学推进得很远。我们也就会发现，我们只好坚持说橘子和一张凳子、一片纸、一个柠檬，以及你随便说的任何东西是同一样的东西了。我们这么做可以证明很多的荒谬，但是我们因此就更接近真理了吗？那么，“善”为什么就应该是不同的了呢？如果善就是善，不可定义，为什么我应该主张否定快乐即善的说法呢？同时坚持两种说法都是对的，这里存在着什么困难吗？相反，除非善是某种与快乐不同的东西，否则说快乐即善就是没有意义的。就伦理学而言，除非善意味着某种既不同于生活也不同于快乐的某种东西，否则，像斯宾塞先生极力所做的那样去证明快乐的增进与生命的增进是一致的，就绝对是无效的。他还不如通过去展示橘子永远包在纸里，来证明橘子就是黄本身呢。

13. 事实上，如果善不是意指某种简单而又不可定义的东西，那就只有两种可能的选择了：要么它是一个复合物，一个给定的整体，对于如何正确地分析这个整体也许存在不同看法；要么它不意味任何东西，不存在这样一种伦理学的对象。不过，总体说来，伦理哲学家们一直都在试图定义善，但是却一直都没有认识到这样
67 一种努力意味着什么。他们实际使用的论证，或者包含了第11节

所考察的两种荒谬之一，或者同时包含了那样两种荒谬。因此，我们有理由得出结论说，试图定义善主要是由于没有清楚地认识到定义的可能性质。事实上，要想得出结论，说“善”的确是一种简单而不可定义的概念，只有两种严肃的备用选择可以考虑。善或者意指像“马”一样的复合物，或者完全没有意义。然而这两种可能却一直没有被那些想定义善的人们清楚地设想过，也没有被他们严肃地主张过。但是只要简单地诉诸事实，这两种可能也都可以被驳倒。

(1)有一种假设认为：关于善的意义的分歧是与如何正确地分析给定的整体有关的分歧；不过，只要考虑下述事实，也许就可以非常明显地看出这一假设是不正确的。这一事实就是，不管给出什么样的定义，总是有可能有意义地再问被如此定义的复合物自身是否是善的。比如，以被这样提出的各种定义中比较复杂的，因而也似乎比较有理的一种定义为例，乍看起来，或许很容易认为，“是善的”或许意味着“是我们想去欲求的东西”。因而，如果我们将这一定义应用于一个具体的例子，说“当我们认为A是善的时，我们就认为A是我们想去欲求的东西中的一种。”我们的命题听起来似乎非常有道理。但是，如果我们深入探究，并问我们自己“想去欲求A这一点是善的吗？”稍加反思，就会清楚地看出，这个问题和原来的“A是善的吗？”的问题一样是可理解的。就会清楚地看出，事实上，我们现在想要的是与想欲求A完全同样的信息，而这些信息，我们之前追问A时已经要求过了。但是，我们可同样清楚地看出，第二个问题的意义并不能够正确地被分析为：“想欲求A是我们想去欲求的东西中的一种吗？”因为我们心里没有

像“我们想去欲求想欲求 A 吗?”这样复杂的东西。而且,任何人通过考察都会很容易明白,这一命题的谓词“善”确实不同于成为了它的主词的概念“想欲求”。“我们应该欲求欲求 A 是善的”不
68 能仅仅等同于“‘A 应该是善的’是善的”。我们想去欲求的东西也总是善的,这的确有可能是对的。或许,甚至其逆反命题也是对的。但是事实是否真的如此,这一点非常可疑。我们清楚地知道我们通过怀疑这一点所意味的是什么。而仅凭这一事实,就已经清楚地表明,我们心中有两种不同的概念。

(2)同样的考察也足以驳倒善没有任何意义的假设。人们会很自然地做错误的假定,普遍为真的东西具有这样一种性质,其否定会是自相矛盾的。哲学史上一直赋予分析命题以重要性这一点,就已经表明人们多么容易犯这类错误。因而,非常容易得出结论说,看起来是普遍伦理原则的事实上是一个同一性命题。比如说,如果任何被称作“善”的东西看起来都是快乐的,那么命题“快乐是善”就不是断定善和快乐两个概念间的一种关联,而是仅仅包含了一个概念,即那个很容易被看作是一个确定实体的快乐概念。但是不管是谁,当他问自己“快乐(或不管可能是什么)归根结底是善吗?”这样一个问题时,只要他自己认真地考虑他自己心里实际上想的是什么,他就很容易让自己明白,他并不仅是在追问快乐是否是快乐的问题。如果他连续地这样考虑每一个被提出的定义,他就有可能变成行家,能够认识到,在每一种情况下,他心中都有一个独一无二的对象,就这一对象与其它对象的关联,可以提出一个确定的问题。每个人实际上都理解“这是善的吗?”这一问题。当一个人思考这一问题时,他的心灵状态跟他比如说追问“这是快

乐的，还是被欲求的，还是被赞成的?”时是不同的。对于他来说，这一状态应该具有一种确切的含义，尽管他可能还没认识到是在什么意义上的确切含义。每当他想到“内在价值”或“内在品质”，或者每当他说某个事物“应当存在”时，他的心中都有一个独特的对象——我用“善”所意指的那种事物独特的属性。每个人都一直意识到这一概念的，尽管他有可能完全从来没有意识到它是不同于他同时也意识到的其它概念的。但是，对于正确的伦理推理来说，他应该意识到这一事实，这一点异常重要。而且，一旦清楚地 69
理解了这一问题的性质，推进到目前为止的分析就没那么大困难了。

14.因此，“善”是不可定义的。不过，就我所知，到目前为止只有一位伦理学作者亨利·西季威克教授清楚地认识到了这一点，并且清楚地陈述了这一事实。的确，我们将看到，不知有多少有名的伦理体系全都没有得出从这样一个认识中得出的结论。这里我仅举一例，来说明“善是不可定义的”这一原则，或者如西季威克教授所说的善是“一个不可分析的概念”的意义及其重要性。这个例子就是西季威克教授自己在论证“应当”是不可分析的一节中所做的一个注释。①

西季威克教授说：“边沁解释说，他的基本原则是‘把所有那些其利益被考虑进去的人的最大幸福看作是人类行为正当而正确的目的’；而‘其在同章其它段落中的话却似乎表明’他的‘正当’一词意指‘有助于公共幸福’。”西季威克教授表明，如果你把两个陈述

① 西季威克：《伦理学原理》(第六版)，第一编，第三章，第1节。

放在一起，你就会得到“最大幸福就是有助于公共幸福的人类行为的目的”这样一个荒谬的结论；并且在他看来，像边沁那样称此结论为“一种道德体系的基本原则”该是多么荒谬啊！他认为边沁本不该有这样一层意思的。西季威克教授在别的地方[2]也说过，心理快乐主义“常常被混同于自我主义的快乐主义”；而这种混同，我们将看到，主要也是由于同样的谬误，即自然主义的谬误。边沁的表述之中隐含着这样一种谬误。西季威克教授因而承认，尽管这种谬误如此荒谬，人们有时仍会犯下这种谬误。而我也倾向于认为，边沁可能恰好真的是犯下了这种谬误的人之一。我们将会看到，密尔确实犯下了这样一种谬误。不管怎么说，不管边沁是否
70 犯下了这样一种谬误，上边所引述到的他的学说倒的确可以用作对于这一谬误的一个极好的说明，也因而可以极好地用来说明其相反命题即“善是不可定义的”重要性。

我们来考察一下这一学说。西季威克教授说，边沁似乎认为，“正当”一词意指“有助于公共幸福”。现在，这种说法本身并不必然包含自然主义谬误。因为，“正当”一词通常就是被用于可以获致善的行为，这些行为被看作是达致理想的手段而非目的本身。这样使用“正当”一词，意指作为手段是善的东西，而不管它作为目的是否也是善的，正是我将对其加以限定的该词的用法。假如边沁是在这个意义上使用“正当”一词的，那他把正当定义为“有助于公共幸福”就应该是非常融贯的了；而这也只有当（注意这一条件）他已经证明，或者作为一个公理引入，说公共幸福就是这样一种

[2] 西季威克：《伦理学原理》（第六版），第一编，第四章，第一节。

善,或者(等同于说)公共幸福本身就是善时才可以成立。因为,在那种情况下,他本该就已经把这样一种善定义为公共幸福(正如我们将看到的那样,这个立场与“善是不可定义的”主张完全一致),而且由于正当被定义为“有助于善”,那它就事实上意味着“有助于公共幸福”。但是这样一种本可避免被指控犯下了自然主义谬误的方法却被边沁自己给关闭了。因为,我们明白,他的基本原则是,所有涉及到的人的最大幸福是人类行为正当而正确的目的。因而,他这样把“正当”一词用到目的上,而不是用到有助于目的的手段上;这样的话,正当就不再能够不包含自然主义谬误地被定义为“有助于公共幸福”了。因为现在很明显,他可以用正当是有助于公共幸福的这个定义,来支持公共幸福是正当目的这一基本原则,而不是从这一原则推出这个定义。根据定义,如果正当意味着有助于公共幸福,那么很显然,公共幸福就是正当目的。现在,并不需要在正当被定义为有助于公共幸福之前,首先去证明或断定 71
公共幸福是正当目的——这是一个完全有效的程序。相反,用正当被定义为有助于公共幸福去证明公共幸福是正当目的——这是一个完全无效的程序。因为,在这种情况下,“公共幸福是人类行为的正当目的”的陈述根本不是一个伦理原则,相反,正如我们已经看到的那样,它要么是一个关于语词意义的命题,要么是一个关于公共幸福性质的命题,而无关乎其正当性或善性。

现在,我不希望我给予这一谬误的重要性被误解。发现这一谬误完全没有驳倒边沁的最大幸福是人类行为的根本目的的主张,如果它被理解为一个伦理命题的话,正如边沁毫无疑问期望它被那样理解的一样。这一原则也许是正确的,我们将在随后几章

考察它是否如此。即便是向边沁指出了这一谬误，他有可能还是会坚持这一原则，就像西季威克教授那样。我所坚持的是，他实际上给予其伦理命题的理由，就其基于正当的定义而言，是一种谬误的理由。我的看法是，他没有察觉到这些理由是谬误的，如果他察觉到了，他本该寻找另外的理由来支持其功利主义的。如果他寻找了另外的理由，他本可能发现他所想到的理由没有一个是充分的。假如情况是这样，他本可以改变他的整个体系——这将是一个非常重要的结果。毫无疑问还有一种可能，他已经想到了另外一些充分的理由，而且在这种情况下，其伦理体系的主要结果依然成立。但是，即便是后一种情况，他犯了这种谬误也会成为他作为一名伦理学家被反对的严肃理由。因为，我必须强调，伦理学的任务不仅是要去得到一些真实的结果，同样也是要去找到这一结果的有效理由。伦理学的直接目的是知识而不是实践。任何犯了自然主义谬误的人，不管其实践原则是多么正确，肯定没有完成这一首要目标。

因此，我反对自然主义的第一个理由是，它没有能为任何伦理原则提供理由，更没有能够提供任何有效理由。在这一点上，它已经不能够满足作为科学研究的伦理学的要求。第二个理由是，我
72 认为，尽管它没有为伦理原则提供一个理由，但是它自身却是人们接受错误原则的一个原因——它诱哄人们去接受各种错误的伦理原则。在这一点上，它背离了伦理学的所有目标。不难看出，如果我们把正当行为定义为有助于公共幸福的行为，由此定义出发，那么，在知道正当行为就是普遍地有助于善的行为的情况下，我们就很容易得出结论说，善就是公共幸福。另一方面，一旦我们认识到

我们绝对不能够从一个定义出发来开始我们的伦理学，那么我们在采纳不管是什么样的伦理原则之前，我们就更易于审查我们自己。我们越是注意审查自己，我们就越不容易采纳一个错误的原则。也许有人会就此回应说：这没错，但是在我们做出定义之前，我们也可以同样审查自己，因而也就可能同样是正确的。然而我却要试图表明，不是这么回事。如果我们从可以找到善的定义这样一种信念出发，如果我们从认为善只能意味着各种事物的某一性质的信念出发，那么我们唯一要做的就是去发现这种性质是什么。但是如果我们认识到，就善可能的意义来说，任何事物都可能是善的，那么我们就会以一种更加开放的心态开始。另外，当我们认为我们有一个定义时，我们就不能以任何方式合乎逻辑地为我们的伦理原则辩护，除此之外，我们会也不太想为它们做辩护，即便是以不那么合乎逻辑的方式。因为我们一定会从善必是如此这般这样一种信念出发，因而必定会倾向于要么误解我们对手的论证，要么会打断对手，对他们说："这不是一个开放问题。这个词的意义本身已经决定了它，除非混淆了这个词的含义，否则谁也不可能另作它想。"

15.因而，关于伦理学的主题，我们的第一个结论就是：存在着一个简单的、不可定义的、不可分析的思想对象，只有借助于它，才能够对其它对象下定义。这一独特的对象叫什么无关紧要，只要我们能够清楚地认识到它是什么，以及它的确不同于其它对象就可以了。通常被当作伦理判断的标记的诸语词全都跟它有关；而且它们能够成为伦理判断的表达恰恰是因为它们的确是这样与其有关的。不过它们可能是以两种不同的方式与其有关的。如果我 73

们想准确地确定伦理判断的范围，区分这两类不同的方式就非常重要。在准备论证在伦理学的各种概念中存在着这样一种不可定义的概念之前，我（在第 4 节中）说伦理学有必要列举所有真实的普遍判断，这种判断断定，如此这般的一种东西不论什么时候出现，它都是善。不过，尽管所有这种判断确实都与我称作"善"的那个独特概念有关，它们却并不总是以同样的方式与其有关。它们或者断定这一独特的属性的确总是属于所讨论的事物，或者断定所讨论的事物只不过是这一独特属性的确与之关联的其它事物存在的一个原因或必要条件。这两类普遍伦理判断的性质差异巨大，日常伦理思考中所遇到的很大一部分困难，都是由于没有能够清楚地区分两者。的确，在日常语言中，由于术语"作为手段的善"与"善本身"，"作为手段的价值"和"内在价值"的对立，它们的差异得到了表现。但是这些术语只是在一些非常明显的例子中才容易被正确地使用，其原因似乎在于这样一个事实，它们所意指的不同概念之间的区别一直没有成为一个独立的考察对象。这一区别可简要指示如下。

16. 每当我们判断说某个事物是"作为手段的善"时，我们已经就其因果关系做出了一个判断。我们既判断说它会有一个特殊类型的效果，又判断说这个效果自身是善的。但是发现一个普遍为真的因果判断，众所周知是一件异常困难的事情。在晚近时期，大部分物理科学成为了严谨的科学，但是即便是在现在，它们也只是成功地确立了很少的一些规律，这就是这一困难的一个充分明证。因此，对于经常作为伦理判断对象的东西，即各种行为，非常明显我们不能够确信我们任何的普遍因果判断为真，即便是科学规律意义上的真。我们甚至不能够发现诸如“在这种条件下，这一行为总是产生那样的效果”这样的假然规律。而且对于一个判断某些 74
行为的效果的正确的伦理判断，我们在两个方面要要求得比这更多。(1)我们要求知道，不管是在什么情况下发生的，给定的行为总会产生给定的效果。但这显然是不可能的。非常明显，在不同的情况下，同一行为可能会产生在各方面都完全不同的效果，而不同效果的价值就依赖于这些不同的效果。因此，我们永远不能做出一种概括，不能给出诸如“这一结果一般总是跟随这类行为”这种形式的命题；即便这种概括只有在如下情况下才是对的：行为发生的条件是一样的。在某一社会的特定年代和特定状态中，情况大抵如是。但是，一旦我们考虑其它年代，就会看到，在许多非常重要的例子中，给定行为的正常情况将会如此地不同，以至于对一种情况为真的概括对另一种情况就未必为真了。因而，断定“某一类的行为作为获得某一类的效果的手段来说是善”的伦理判断，没有一个会是普遍为真的了；许多伦理判断即使在一个时期一般为真的，但在另外一个时期却一般为假。(2)我们不仅要求知道将会产生某种善效果，而且要求知道，在所讨论行为所影响的所有后果中，善的盈余要比采取其它可能行为时更大。换句话说，判断一个行为一般来说是获得善的手段，就不仅是判断这个行为一般会产生某些善，而且是判断它一般会产生情况所允许的最大善。就此而言，关于行为效果的伦理判断包含着一种困难，其复杂性远比建立科学法则为甚。因为对于后者来说，我们只需要考虑单一效果。而对于前者来说，不仅要考虑单一效果，而且还要考虑效果之效果，如此等等，直到我们的眼光所能达到的未来。的确，很明显，我

们的眼光永远不能够达至得足够远，以致能够确信哪一种行为能产生最可能好的效果。我们必须满足于，最大可能的善盈余看起来只是会在一个有限的时期内产生。但是注意到下述情况很重
75 要：我们通常的判断“一个行为是作为手段的善的”实际上已经考虑到了在一相当长一个时期内的整个效果系列；因而，这一使伦理普遍化的确立比科学规律的确立困难得多的额外的复杂性，是实际的伦理讨论中所包含的复杂性，它具有实践的重要性。各种最为普通的行为法则包括了这种均衡未来的不良影响与眼前收益的各种考量。即便是我们永远没有办法确定我们如何能够保证可能的最大善总量，我们至少也要力图使我们确信，未来可能的各种恶不会大于眼前的善。

17.因此，存在着这样一些判断，它们说某些类型的事情具有好效果。由于前述的各种理由，这样一些判断具有一些重要特征。(1)如果它们陈述的是，所讨论的事情总是会有好的效果，那么，它们不大可能为真。(2)即便是它们仅仅陈述的是，这些事情一般会有好的效果，这些判断中的许多也只能是在世界历史的某些特定时期为真。另一方面，还存在着另外一些判断，它们说某些类型的事情自身是善的。这些判断不同于前边那些判断在于，如果它们为真，它们就全都普遍为真。因此，区分这两种可能类型的判断异常重要。两者都可以用同样的语言来加以表述：在两种情况中，我们通常都可以说“如此这般的某件事情是善的”。但是在一种情况中，“善”意味着“作为手段为善”，也即，仅仅意味着这件事情是获得善的手段——具有一种好效果；在另一种情况中，它则意味着“作为目的为善”——我们会判断说事情本身具有这种属性；而在

前一种情况中，我们会断定这种属性仅仅属于其效果。这显然是对于事物的非常不同的两种断定。很明显，对于所有的事情，我们都既可以正确地也可以错误地做出上面所说的一种判断，或同时做出两种判断。确定的是，除非我们能够清楚我们断定的到底是两种判断中的哪一种，否则我们很难有机会去正确地判断我们的断定到底是正确的还是错误的。到目前为止，伦理思考几乎没有清楚地把握到我们所讨论问题的意义。伦理学总是主要关注于对有限类型行为的考察。对于这些行为，我们既可以追问它们自身在多大程度上是善的，又可以追问在什么程度上它们具有一种产 76
生善结果的一般倾向。伦理学讨论中所提出的论证总是属于这两类。这两类都证明所讨论的行为自身是善的，以及证明其是手段的善。只有这些问题才是伦理讨论可以加以解决的问题，而且解决这一类问题与解决另外一类问题并不是一回事。这两个基本事实通常不为伦理学家们所注意。伦理问题通常会以一种非常模糊的形式提出。人们经常会问："在这种情况下一个人的责任是什么？"或者问："这样行动是正当的吗？"或者问："我们应该去取得什么？"但是所有这些问题都可以加以深入分析。对任何一个问题的正确回答都涉及到判断什么事自身是善的以及一些因果判断。即便是那些主张我们对于绝对权利和绝对责任可以做出一个直截了当判断的人，其观点中也都隐含了这样两个判断。这种判断能够仅仅意味，所讨论的行动就是最值得去做的事情；通过这样去行动，一切可以得到保证的善都会得到保证。现在，我们并不关心这样一个判断是否常真的问题。我们关心的是：如果它是真的，它会隐含什么？唯一可能的回答是，不管真假，它都隐含着一个这样的

命题，这一命题涉及的是与其它事物相比较，我们所讨论的行为的善性的程度，以及一些因果命题。因为不能否认行为会产生后果，而要否认这些后果，就是与行为本身相比较，断定其内在价值。当我们断定一个行为是最值得做的事情时，我们是在断定这一行为与其后果加在一起给出了比其它任何可能的选择更大的内在价值总量。这一条件可以经由下列三种情形中的任何一种而实现。(a)如果这一行为本身比其它任何选择都有更大的内在价值，而其后果或其它行为的后果绝对缺少内在价值或内在价值不足。或者(b)如果一个行为的结果尽管是内在地恶的，但其内在价值的盈余仍要比其它行为可能产生的内在价值要多。或者(c)如果一个
77 行为的结果是内在地善的，而且其结果与它共同的价值程度比其它任何可能行为系列具有的价值程度更高。简而言之，断定在给定时间内某类行为是绝对正当的或是绝对义务的，显然就是在断定，一旦采取这种行为，或者一旦没有去采取另外的行为，这个世界存在的善更多而恶更少。但是这蕴涵着判断了行为本身的后果的价值，以及其它任何可能的行为的后果的价值。而一个行为要有如此这般的后果，就会涉及诸多因果判断。

类似地，回答“我们应当去取得什么?”这样的问题，同样涉及一些因果判断，只是方式多少有些不同。这是如此明显，以至于我们很容易忘记，除非我们通过命名那些能得到的东西，否则我们永远不能正确地回答这一问题。不是任何东西都是可得到的；而且，即便我们判断说，任何不能获得的东西都不能与能获得的东西具有同等价值，后者获得的可能性及其价值对于一个行为的特有目的来说仍然是至关重要的。相应地，我们不论是判断应该做出什

么样的行为，还是判断行为应该达到什么样的目的，这些判断全都
不可能具有纯粹的内在价值。就前者而言，作为绝对责任的行为
不可能具有任何一种内在价值。说它是非常好的，仅仅是因为它
可以产生最可能好的效果。就后者而言，这些能够证明我们行为
是正当的最可能好的效果，在任何情况下都仅仅具有自然法则允
许我们得到的那样一种内在价值；而且这些效果本身**可能**并不具
有任何一种内在价值，而可能仅仅是（在较远的未来）获得具有内
在价值的东西的一种手段。因而，每当我们问“我们应该做什么？”
或者我们问“我们应该去取得什么？”时，我们是在问不同的问题，
这些问题包含着对于另外两个完全不同种类问题的正确回答。我
们既需要知道不同事物具有什么程度的内在价值，也需要知道这
些不同的事物可以如何获得。伦理学实际讨论的绝大部分问
题——的确，它们全都是实践问题——都牵涉到这一双重知识，但
是一直以来的伦理学讨论却都没有能够清晰地区分所牵涉到的这
两类明显不同的问题。流行于伦理学讨论中的绝大部分巨大分歧 78
都是因为缺乏这样一种分析。人们使用那些既牵涉到内在价值，
又牵涉到因果关系的概念，却好像这些概念仅仅牵涉到内在价值
本身，因而几乎普遍地导致了两类不同的错误。人们要么假定不
可能存在不具有内在价值的东西，要么假定必然之物必定具有内
在价值。因而，决定什么事物以及它们在什么程度上具有内在价
值这一伦理学基本的和特有的问题一直没有能够得到足够充分的
讨论。另一方面，由于不很清楚手段和内在价值问题毫不相干，所
以完全没有对手段的**透彻**讨论。不过，不管情况怎样，不管某一特
定读者如何强烈地相信相互矛盾却又能够坚守阵地的各种体系中

的某种体系对于什么具有内在价值的问题，或者对于我们应当做什么的问题，或者同时对于这两个问题都已经给出了一个正确答案，我们起码都应该承认，什么自身是最好的问题和什么可以为我们带来最可能好的问题，是完全不同的两个问题。这两个问题都属于伦理学实际讨论的主题。越是能够清晰地分辨这两个问题，我们就越是能够有机会更好地正确回答这两个问题。

18. 要想完全描述伦理学需要回答的问题类型，还有一点一定不能忽略。正如我前边已经讲到的那样，这些问题可主要区分为两类：何物自身就是善的问题，以及这些事物作为效果与之相关的其它一些事物是什么的问题。前者是首要的伦理问题，是后一问题的前提，它包括了正确比较各种具有内在价值的事物（如果有许多这样的事物的话）所具有的价值的程度。这种比较牵涉到一个原则性困难，正是这种困难助长了对内在价值与“单纯是手段的善性”的混淆。前边已经指出，断定一个事物自身是善的判断，与断定一事物是善之手段的判断之间的一个差别体现在这样一个事实：如果第一种判断对于所讨论到的某一种情况来说是真实的，那么它对于一切情况都必然为真；而在某些情况下具有好效果的某
79 一事物，在其它的情况下却可能具有一种坏效果。所有关于内在价值的判断在这个意义上都是普遍的，这当然是对的；但我这里马上要加以阐明的原则很容易使它看起来似乎并非如此，而是与关于手段的判断相似，仅仅是具有一般性的。[③]我们马上就要指出，存在着大量不同的事物，每一事物都有其内在价值；也有许多确实

③ 作者在这里区分了“being universal”与“being general”。—— 译者

是坏的事物；同时也还有许多类的事物，其性质似乎是不明朗的。但是属于这三类事物中某一类的一个事物有可能是一个整体的一部分，这一整体的其它各个部分中，包括属于同一类的和其它两类的另外一些事物；而且这类整体，可能也有内在价值。**这样一个整体的价值并不固定地相称于其部分的价值总和**，这一悖谬必须引起注意。的确，一种善的事物与另外一种善的事物可能会以这样的一种关系而存在，它们所形成的总体的价值极大地大于两种善物的价值总和。毫无疑问，由一种善物和一种特性不明的事物形成的总体，有可能具有要比善物本身所具有的价值大得多的价值。同样，毫无疑问，两个坏的事物，或一个坏的事物与一个性质不明的事物有可能形成一个总体，其具有的恶性远大于其各部分的恶性之和。因此，看起来似乎性质不明的事物也是具有巨大价值——无论是积极的还是消极的价值——的整体的一个独特要素。一件坏的事情加在一个善的整体上是否会增加整体的积极价值，或者一件坏的事情加在另外一件坏的事情上是否会产生一个具有积极价值的整体，这一些似乎都更加难以预料。但是至少它是有可能的，这种可能性必须要在我们伦理研究中被考虑到。不管我们是如何处理各种特殊问题的，原则都是非常清楚的。整体的价值一定不能被认为是等同于其部分的价值总和。

举一个例子就可以说明所讨论的那种关系。意识到一个美的对象是一件具有内在价值的事物，这一点似乎是真实的。同一对象，如果没有人意识到它，就当然具有比较小的价值，而且通常会被认为是根本没有价值。但是对美的对象的意识一定是某种整体，在这种整体中，我们可以区分一方面的作为整体的部分的对 80

象，和另一方面的意识。现在，每当我们意识到某个东西时，后一要素就作为不同整体的一个部分而出现；而且，某些整体不管在什么情况下似乎总是具有很小的价值，甚至可能是价值不明显或者是明确具有坏的价值。可是我们不能总是把其价值的微小归结为使其与美的意识区分开来的对象所具有的明确的缺点。对象本身极有可能非常地接近于绝对中立。因此，既然单纯的意识自身并不总是能为它是其一部分的总体带来更大的价值，那么，即便其对象本身也许并没有多大短处，我们也不能够把对美的事物的意识比美的事物本身具有更大的优越性这一点仅仅归为意识的价值对于美的事物的价值的增加。不管意识的内在价值可能是什么，意识给予它是其部分的整体的价值也决不能够与意识自身及其对象的价值之和相当。如果事情就是这样，我们就有了一个全体具有不同于其部分之和的内在价值的例子；而且，不管事情是否就是这样，这一例子都已经说明了这样一种差异所在。

19. 所以，存在着一些具有这样属性的整体，它们的价值不同于其部分的价值之和；而且其各个部分与由各个部分形成的整体之间的关系迄今为止都还没有得到明确的认识，并且也没有一个单独的名称。有两点尤其值得关注：(1)很明显，任何这样一个部分的存在，都是该整体所构成的善的存在的必要条件。同样的话完全可以用来表达手段与作为其效果的善物之间的关系。但是在两种情况之间存在着非常重要的差别。这个差别基于这样一个事实，善物之一部分是善物存在的必要条件，而手段则不是。如果所讨论的善物是必然存在的话，手段之必定存在则仅仅是一种自然的或因果的必然性。即使自然法则是不一样的，完全同样的善或

许依然存在，尽管现在其存在的一个必要条件的东西已经不存在了。手段的存在不具有内在价值，即使它彻底消失也不会使它现 81
在要去获得的东西的价值有任何改变。但是就我们现在所考虑的这样一个整体的部分的情况来说，事情则完全不同。在这种情况中，除非其部分同时存在，否则就难以想象所讨论的善存在。把二者关联起来的必要性，完全独立于自然法则。被断定为具有内在价值的是整体的存在，而整体的存在则包括其部分的存在。如果部分被拿掉，剩下的东西就不是被断定为具有内在价值的东西了；但是，如果手段被拿掉，剩下的却正是被断定为具有内在价值的东西。不过，(2)部分的存在自身有可能不比手段的存在具有更多的内在价值。正是这一事实，构成我们正在讨论的关系悖谬。我们刚才说过，具有内在价值的是整体的存在，这个整体包括部分的存在。由此出发，似乎可以很自然地推导推论说，部分具有内在价值。然而这种推论是错误的，就跟我们推论说，由于两个石头的数目中有二，所以每个石头就同样有二一样。一个有价值的整体的一部分，在它是该整体的一部分时所具有的价值，与它不是该整体一部分时所具有的价值是完全一样的。如果它在另外一种情况下有价值，当它成为一个更为有价值的整体时，其价值并不因此更大。如果其本身没有价值，不管现在它是其一部分的整体的价值有多大，它都依然没有价值。这样，我们没有理由断定说，一个同样的事情在某种情况下具有内在善，在另外一种情况下不具有内在善；就像我们有理由断定说，一种手段有时会产生好结果，有时则不会那样。不过我们有理由断定说，某事物在某种情况下的存在比其在另外一种情况下的存在更值得欲求；也就是说，当其它事物与它以这样一种关系而存在时,即形成了一种更为有价值的整体时。它在这种情况下并不比它在另外一种情况下更具内在价值,它甚至也并不必然是某些更具内在价值的事物存在的必要手段。但是,就跟手段那样,它成为了那些更具内在价值的事物存在
82 的必要条件,尽管,它又与手段不同,自身构成了这一更有价值的存在的一个部分。

20.我前边说过,我一直在尽力解释的部分与整体的特定关系一直没有一个独立的名称。不管怎么说,它要是有一个名称的话会非常有助益的。下边这么一个名称可能会非常适合它,只是这个名称最好能与其目前不幸的用法切断关系。哲学家们,尤其是那些宣称从黑格尔的著作中获得巨大教益的哲学家们晚近以来经常使用术语"有机整体"、"有机统一体"、"有机关系"。这些术语可能适用于我们所讨论的这种关系,其原因在于,正如我们所解释的那样,部分与整体的特定关系恰好是实际被最为频繁地所应用到的整体诸多属性之一。为什么说期望这些术语应该与它们目前的用法切断关系呢?因为它们目前的用法缺乏确切的意义,反而蕴涵和传播了错误与混淆。

说某一事物是一个"有机整体",一般可被理解为是说,其部分彼此关联,部分与整体本身的关系是手段与目的的关系;但也可被理解为是说,部分具有这样一些短语所描述的属性:"离开整体,就没有意义";最后,这样一个整体也可以被视为具有我所提出的这一名称应该具有的属性。但是那些使用这些术语的人一般却没有给予我们暗示,他们是怎样设定三种属性彼此之间的关系的。人们似乎基本假定它们是同一的,并且起码总是必然彼此关联的。

我已经努力表明，它们不是同一的。假定它们是同一的，那是忽视了上一段所指出的特有区别。正是因为它会助长这样一种疏忽，对于术语的这样一种用法也许的确应该被废除。但是还有另外一个更为令人信服的废除理由，第二个是一个自相矛盾的概念，因而是一个不属于任何事物的属性；而第一个，如果我们坚持其最为重要的意义的话，可以应用于多种情形，但我们没有理由认为第三个也同样可以应用于这些情形。当然，第三个可以应用到的多种情 83
形，第一个也无法应用到。

21.刚才所区分的三种属性之间的关系也许可以借助一类整体即人体来加以说明。这是一种科学意义上的有机整体，“有机”一词由此而来。

我们身体中的许多部分之间（尽管并非所有部分之间）都存在着一种关系，这种关系以梅涅尼·阿格里帕所举的胃与其部分关系的寓言而我们所熟悉。我们可以发现在其各个部分中，一个部分的持续存在是另外一个部分持续存在的必要条件，而后者的持续存在同样也是前者持续存在的必要条件。这无异等于是说，在我们的身体中我们可以看到这样的例子，同时持续存在的两类事物彼此具有一种相互因果依赖关系——一种“交互性”关系。这往往无异于是说，身体的各个部分形成了一个“有机统一体”，或者是说，它们彼此互为手段与目的。在这里，我们当然看到了一种明显的有生命物体的特征。但是由此就断定说这种相互因果依赖关系只能通过有生命的物体来展现，并且因而可以充分地定义其特性，这也未免太过轻率。而且很明显，具有这种相互依赖关系的两个事物，有可能其中任何一个都不具有内在价值，也有可能其中一个

具有，另外一个不具有。在任何意义上，它们都并不必然互为“目的”，除非“目的”意味着“效果”。而且很明显，在这个意义上，整体不可能是其任何一个部分的目的。我们一般会比照其中的一个部分来谈论“整体”，这个时候，事实上我们仅仅是在谈论其余各部分。但是严格说来，整体必须包括其所有部分，而没有一个部分可以是整体的一个原因，因为它不可能是自己的一个原因。因而很明显，这种相互因果依赖关系对于具有这种关系的两个对象中的任何一个的价值都没有暗示。因此，即便两个对象碰巧有价值，它们之间的这种关系也不是部分与整体的关系。

84 但是(2)情况也可能是这样，我们的身体作为一个整体所具有的价值要大于其部分价值的总和。当人们说部分是整体的手段的时候，人们也许就是这样一个意思。很明显，如果我们问：“为什么部分应该像它们现在这样？”一个合适的回答或许就是：“因为它们所形成的整体具有这么大的价值。”但是同样明显的是，当我们说“这一部分存在，因为没有了这一部分，另一部分就不可能存在”时，我们这样断定的存在于部分与整体之间的关系，非常有别于我们断定的存在于部分与部分之间的关系。在后一种情形中，我们断定两个部分是因果地关联着。但是在前一种情形中，部分和整体就不可能是因果地关联着，而且我们所断定的存在于它们之间的关系也许存在，即便各部分之间也不是因果地关联着。一幅画的各个部分之间没有身体的某些部分之间所具有的那种相互依赖关系，但是并不具有这种关系的那些部分的存在对于整体的价值来说也许却是至关重要的。两种关系类别迥异，我们不能够从一种关系的存在推导出另外一种关系的存在。因而，将其全都置于同一个名称之下并无多大助益。而且，如果我们可以说，整体是有机的，因为其部分（在这个意义上）是整体的“手段”，那么，我们就绝不能说整体是有机的，因为其部分彼此因果依赖。

22. 最后(3)，目前所使用术语“有机整体”的一个最为重要的意义是，它断定这样一个整体的各个部分具有不作为一个整体的各个部分可能具有的一个属性。这种主张假定，正如整体离开部分的存在不可能是一个整体一样，部分离开整体的存在也不可能是各个部分。这不仅仅可以被理解为，除非其它部分也存在，否则任何特殊的部分都不可能存在（这就是关系存在于各个部分之间的情况(1)），而且实际上部分不是确切的思想对象，它是整体的一部分，反过来整体又是它的一部分。稍加反思就足以表明这一假设是自相矛盾的。我们也许的确会承认，当一个特殊的事物是某一整体的一个部分时，它的确具有一个它不是其一个部分时的属
性(predicate)——也即它是那个整体的一部分。但是不能认可 85
的是，这一属性改变了具有这一属性的事物的本性，或进入了对于该事物的定义之中。当我们考虑到部分本身时，我们的意思不过是，在此情形下，我们所断言的这个部分具有它是整体的一部分这样一个属性。断言它是整体的一部分包括着说其本身应该不同于我们对它的断言。否则我们就会自相矛盾，因为我们断定说，不是它，而是某个东西——也即它与我们对它的断定——具有我们所断定的属性。简而言之，非常明显，没有一个部分会分析地包括它所隶属的整体，或包括这个整体的任何其它部分。部分与整体的关系不同于整体与部分的关系；而后者的定义是，它的确分析地包括了被认为是其部分的东西。然而这一自相矛盾的学说却正是显

示黑格尔对于现代哲学影响的主要标志——这一影响几乎遍及所有正统哲学。反对抽象所导致的歪曲，这一呼声一般就蕴含着：整体永远是其部分的一个部分！“如果你想知道关于某个部分的真理，”我们被告知说，“你不应该去考虑那个部分，而应该去考虑其它东西——也就是整体：**没有东西**会作为部分为真，它只能作为整体为真。”但是很明显，至少部分是整体的一部分这一点是真的；而且，当我们说部分是整体的一部分时，我们并不仅仅意味整体是其自身的一部分。因此，必须彻底拒绝部分“离开整体，就没有意义”这一说法。这一说法隐含着“这是那个整体的一部分”这一陈述是有意义的；而且为了其有意义，主词和谓词就必须有不同的意义。不难看出，这一错误的说法是如何来自于对(1)和(2)这两种关系的混淆，而这两种关系也许真的是整体的不同属性。

(a)一个部分的**存在**可以通过自然的或因果的必然性与其整体的其它部分的存在关联起来；进而，作为整体一部分的东西与不再是这样一个部分的东西，尽管彼此具有内在的差异，也都可以用同样一个名称来称呼。因而，举一个典型的例子，手臂被从身体上
86 砍了下来，我们仍然叫它手臂。但是作为身体一部分的手臂，显然不同于死的手臂。因而我们很容易倾向于说“作为身体一部分的手臂，如果它不再是身体的一部分了，那它就不再是它所是的东西”；而且容易倾向于认为，被这样表达的矛盾是现实事物的一个特征。但是，事实上死的手臂绝对不是身体的一部分，它只是**部分地**等同于活的手臂。其等同于活的手臂的那些部分，无论它们是否属于身体的一部分，都完全是一样的。因而在其中我们找到了一个无可辩驳的例子，表明一个同样的事物有时会成为我们所说

的“有机整体”的一个部分，有时却又不再成为其一个部分。另一方面，活的手臂而非死的手臂所具有的属性，并不存在于后者改变了的形态中。它们根本就不存在于那里。由于因果必然性，它们的存在依赖于它们具有与身体的其它部分的关系，而我们是通过说它们是身体的一部分来表述身体的。不过，非常肯定的是，即使它们从来都不是身体的一部分，它们所是的样子与它们是身体的一部分时的样子也会完全一样。它们内在地区别于死的手臂的属性，它们构成身体的一个部分，这是并非分析地彼此关联的命题。假定它们有这种内在差异，而又不是身体的一部分，这并不存在矛盾。

但是(b)当我们被告知说，离开了它所隶属的身体，活的手臂就没有意义时，其中就可能存在另一种不同的谬误。“有意义”通常都是在“具有重要性”的意义上使用的，这就又意味着“或者作为手段或者作为目的而有价值”。因而很有可能，即便是活的手臂，当它离开了其身体时，也都不再具有任何价值；尽管它是其一部分的整体，由于活的手臂的存在，具有很大的内在价值。因而我们可能很容易去说，活的手臂作为身体的一部分，具有很大的价值；但它就自身来说，没有任何价值；因而其整体“意义”端赖于其与身体的关系。但是，事实上所讨论的价值显然完全不属于它。仅仅作为一个部分有价值就等同于是说完全没价值，而只是有价值的东西的一部分。不过，由于忽略了这样一种区分，断定部分作为一个部分而有价值，否则就没有价值，很容易让我们假定说，它作为一 87
个部分与它不作为一个部分是不同的；因为事实上，具有不同价值的两个事物在其它方面也应该有所不同，这也是对的。因而，由于

同一个事物是一个在一个时候比在另一个时候更有价值的整体的一部分，所以就假定这同一个事物在一个时候必在另一个时候更具内在价值，这很容易助长一种自相矛盾的信念，即认为同一个事物可能是两个不同的事物，而且只有在一种形式下，它才真的是其所是。

出于这些原因，我会在合适的地方冒昧地以一种特殊的含义来使用“有机”一词。我会用它来意指这样一个事实，整体的内在价值在总额上不同于其部分的价值之和。我会用它来表示这一含义，并且仅仅表示这一含义。这一术语不隐含所讨论的整体的各个部分之间的任何因果关系。另外，它也既不隐含除了作为整体的各个部分，部分是难以想象的，也不隐含当部分构成这个整体的部分时，它们具有一种不同于它们不构成这个整体的一个部分的价值。用这种特别的、非常确定的含义来理解有机整体与其部分的关系，这是伦理学必须认识到的最为重要的事情之一。这一科学的主要部分应该专注于比较不同善的相对价值。但是在进行这种比较时，如果假定在两个事物形成一个整体的地方，整体的价值只是这两个事物的价值之和，那就会产生极大的错误。现在，讨论完了“有机整体”的问题，我们也就悉数列举了伦理学所要处理的问题。

23.在本章中，我一直努力强调下述结论。(1)伦理学的独特性不在于对有关人类行为的各种断定进行研究，而在于对那些由术语“善”所意指的事物的属性，以及由术语“恶”所意指的事物的相反属性的不同断定进行研究。为了结论成立，就需要研究所有这类断定的真理性，但那种断定这一属性只与单一的存在相关的

主张除外(第 1－4 节)。(2)伦理学的研究主题必须参照这一属性
来下定义,但这一属性本身则是简单的,不可定义的(第 5－14 88
节)。而且(3)关于这一属性与其它事物关系的断定有且只有两
类。它们要么是断定在什么程度上事物具有这种属性,要么是断
定其它事物与那些拥有这一属性的事物之间的因果关系(第 15－
17 节)。最后(4)在考虑事物具有的这一属性的不同的程度的时
候,我们不得不考虑到这样一个事实,整体具有的属性在程度上可
能不同于其各部分所具有的属性的程度之和(第 18－22 节)。

89

第二章　自然主义伦理学

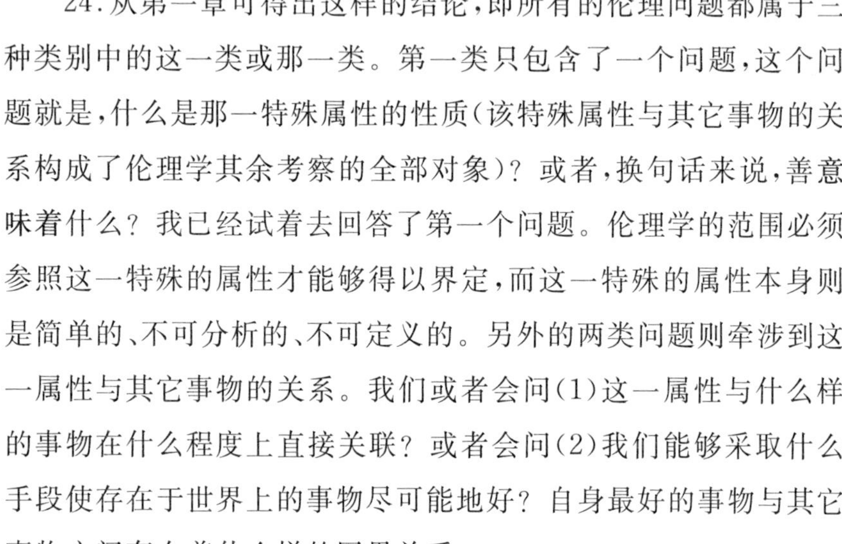

24. 从第一章可得出这样的结论，即所有的伦理问题都属于三种类别中的这一类或那一类。第一类只包含了一个问题，这个问题就是，什么是那一特殊属性的性质（该特殊属性与其它事物的关系构成了伦理学其余考察的全部对象）？或者，换句话来说，善意味着什么？我已经试着去回答了第一个问题。伦理学的范围必须参照这一特殊的属性才能够得以界定，而这一特殊的属性本身则是简单的、不可分析的、不可定义的。另外的两类问题则牵涉到这一属性与其它事物的关系。我们或者会问（1）这一属性与什么样的事物在什么程度上直接关联？或者会问（2）我们能够采取什么手段使存在于世界上的事物尽可能地好？自身最好的事物与其它事物之间存在着什么样的因果关系？

在本章以及接下来的两章中，我准备讨论一些能够为“什么是善自身?”这一问题提供回答的某些理论。我会尝试性地给出一个答案。因为，这些理论都具有这样一个特征，如果它们是真的，它们会大大地简化伦理学研究。它们都主张只有一类事实，只有这类事实才具有价值。但是它们又全都具有另外一个特征，这也是让我把它们放在一起，首先来处理它们的原因。这一特征就是，用它们所命名的唯一一类事实来定义唯一善的主要原因在于，它一

直被用来定义"善"自身意味着什么。换句话说,它们全都是关于 90
目的的理论,或者说是关于理想的理论,它们之所以被采纳,主要是因为犯了我称之为自然主义谬误的错误:它们全都混淆了伦理学可以追问的三类可能问题中的第一类问题与第二类问题。的确,也正是这一事实解释了为什么它们主张只有唯一一类事物才是善的。它们认为,一个事物要是善的,就意味着它具有这唯一的属性,因而(也就认为)只有具有这一属性的事物才是善的。推导似乎非常自然,但是它所蕴涵的意思却是自相矛盾的。因为做出这样一种推论的人没有察觉到,他们的结论"具有这一属性的事物是善的"是一个有意义的命题:它既不意味着"具有这一属性的事物,具有这一属性",也不意味着语词"'善'意指具有这一属性的东西"。可是,如果它不意味这两种事物中的任何一个,推论就与其前提自相矛盾。

因此,我准备讨论某些论及"什么是善自身"的理论,这些理论建立在自然主义谬误之上。它们之所以得到广泛承认,主要就是由于这样的谬误。讨论将既要(1)进一步说明自然主义谬误是一种谬误这一事实,或者,换句话说,我们全都意识到有某种简单的特质,这一特质(而非其它任何东西)是我们的术语"善"主要意味的;又要(2)表明不是一种事物,而是许多不同的事物都具有这种属性。因为,如果不对那些主要敌对学说——其自我推荐能力由其广泛流行可见一斑——加以批评,我就不大能够期望推荐这样一种学说,即主张各种善的事物之所以具有善性,并不是因为它们普遍拥有任何其它属性。

25.我所准备讨论的理论或许可以方便地被划分为两类。自然主义的谬误永远意味着，当我们想到“这是善的”时，我们所想到的是，所讨论的事物与另外某个其它事物有着一种确定的关系。但是，参照它来给善下定义的这一事物，要么是我所称呼的一种自然对象——其存在被认为是经验对象的某种事物，要么是只能推
91 断其存在于超感觉的实在世界的某种对象。我准备分别处理这两种类型的伦理理论。第二种类型的理论也许可以适当地称其为“形而上学”理论，我将迟至第四章再考量之。另一方面，在本章与下一章，我将处理那些因假定可参照某一自然对象来定义善而流行的理论；这就是我用“自然主义伦理学”这一名称的含义所在，本章标题用的就是这一名称。要注意，我参照其来为“形而上学伦理学”下定义的谬误，也是这一类的谬误。我给它的只有“自然主义的谬误”这一个名称。当我们考察由于这一谬误而引人注意的不同伦理理论时，似乎可以很容易地区分开那种认为善性在于与此时此地存在的某种事物的关系的主张，与那种不这样认为的主张。根据前者，伦理学是一种经验的或实证的科学，其结论全都可以经由经验观察和归纳来确立。形而上学伦理学的情况不是这样的。因此，尽管是基于同样的谬误，这两类伦理理论之间仍存在着一种明显区分。同样，在不同的自然主义理论内部，也可以做这样一种适当的区分。有一个自然对象，即快乐，它可能一直被频繁地认为是唯一的善，其频繁程度堪为其余对象之和。而且，还有一个更深入一步的理由要将快乐主义来加以单独处理。这一学说的流行是由于自然主义的谬误。我认为，这跟任何其它学说一样明显。但是这一学说有着一个特殊的命运：这一学说有一位作者，他首先清楚地揭示了人们试图借之证明快乐是唯一的善的自然主义论证的

谬误，但他自己却又坚持快乐就是唯一的善。因而，我准备把对快乐主义的讨论与对其它自然主义理论的讨论分开。我将在本章一般性地讨论自然主义伦理学，在下一章特别讨论快乐主义。

26. 因此，本章的主题就是这样一些伦理理论，这些理论宣称内在价值只存在于在快乐之外所拥有的某种自然属性中。之所以这样主张，是因为人们假定是“善的”意味具有所讨论的属性。我称这种理论为“自然主义的”。我因而赞成用“自然主义”来命名一 92
种特殊的探讨伦理学的方法。这一方法，如果全面来理解，是与任何伦理学的可能性不相一致的。这一方法就在于用某一自然对象的属性，或者用某些自然对象集合的属性来替代“善”，因而用某一自然科学来代替伦理学。一般说来，由于人们总是错误地（我认为这是一种错误）认为伦理学所研究问题只限于人类行为，因而这样用来替代的科学就成了一门特别关注人的科学。像在小密尔那里，心理学就是这样一门用来替代的科学；而像在克利福德教授以及其他一些现代作者那里，社会学就是一门用来替代的科学。不过，任何其它科学也同样都可用来作为替代。当廷德尔教授建议我们要“遵守物质规律”的时候，也暗含着同样的谬误。这里被推荐用来替代伦理学的科学就是物理学。这一名称因而是非常一般性的；因为，不管善被主张意味的是什么，其理论依然都还是自然主义的。不管善是被定义为是黄的、绿的，还是蓝的，是被定义为刺耳的还是柔和的，圆的还是方的，甜的还是苦的，是生活的结果还是快乐的结果，是被人们意愿的、欲求的还是感受的，不管善可能被认为意味这些中的哪一种，或者意味世间任何其它对象，主张它意味这样一些东西的理论都将是一种自然主义的理论。我称这

种理论为自然主义的，因为所有这些术语都指示或简单、或复杂的自然对象的或简单、或复杂的不同属性。在我开始考察它们之前，最好先定义一下“自然”或“自然对象”的含义。

那么，说到“自然”一词，我的确意指或一直意指作为自然科学以及心理学研究主题的那些东西。也许可以说，它包括了在时间上已经存在的、正在存在的和即将存在的东西。如果我们思考任意一个对象，思考它是否具有这样的性质：现在存在，已经存在或即将存在，那么我们就会知道这样一个对象是一个自然对象，而任何不是这样一个意义上真实的东西，就都不是自然对象。因此，比如说，关于我们的心思，我们可以说它们昨天的确存在，它们今天的确存在，而且有可能它们仍将存在一两分钟。那我们就会说我
93 们昨天有各种思想，它们现在不存在了，尽管其后果有可能仍在。就这些思想的确存在过而言，它们也都是自然对象。

的确，在我刚才所使用的术语的意义上，关于“对象”本身并没有什么困难。很容易说清楚哪些对象是自然的，哪些（如果有的话）不是自然的。但是当我们开始考虑不同对象的不同属性时，我恐怕问题就稍稍困难一些了。各种自然对象的哪些属性是自然属性，哪些不是呢？因为，我并没有否认说善是某些自然对象的一种属性，我认为，其中的一些属性是善的；但是我却说过善本身不是一种自然属性。那好，我对它们的检验也都牵涉到它们在时间中的存在。我们能够想象善自身，而不是仅仅作为某种自然对象的一个属性而在时间中存在吗？就我本人而言，我无法想象；然而各种对象更多的其它属性，那些我称之为自然属性的东西，它们的存在在我看来又确实独立于这些各种对象的存在。事实上，它们更

多地是对象赖以构成的一个部分，而不仅仅是附属于对象的属性。如果把它们全都拿掉，对象就没有了，甚至连实体也没有了。因为它们本身就是实体，它们给予对象了它所具有的所有实体。但是善却不是这样。如果善的确是一种感受，就像有人想让我们相信的那样，那么它就存在于时间之中。但是正是因为这样，这样来称呼它就是犯下了一种自然主义的谬误。追问这种感觉本身是否是善的，永远是合适的。但如果是这样，善本身就永远不能与任何感觉等同。

27.因而，伦理学的这样一些理论是“自然主义的”，它们宣称唯一的善就是存在于时间中的事物的某一属性。它们这么做，是因为它们假定“善”本身可以参照这样一个属性而被定义。我们现在也许可以考察这样一些理论了。

首先，最为有名的伦理学准则之一就是主张“遵循自然生活”。这是斯多亚伦理学的原则。不过，由于它们的伦理学有一些可称作形而上学的主张，我在这里暂不尝试对之进行讨论。同样的说法也出现在卢梭那里；即便是到了现在，也不时有人坚持我们应该自然地去生活。现在，我们先来考察一下这一观点的一般形式。 94
首先，很明显，我们不能够说一切自然的都是善的，或许除了按照某些形而上学理论。我随后将讨论这些理论。如果任何自然的都等同于是善的，那么就日常的理解而言，伦理学自然也就消失了：因为，从伦理学的观点来看，有些事物是恶的，有些事物是善的，没有什么比这更确定的了。的确，就其重要部分而言，伦理学的任务就是要给出一般规则，从而使你可以规避某些东西，得到另外一些东西。那么，在“自然地去生活”这一主张中，“自然的”到底是什么

意思？因为很明显，“自然的”不能够应用于所有事物。

这一说法似乎指向一个含混的概念，即认为存在着某些自然善的事物；指向一种信念，即认为“自然”可以说是确定并决定什么是善的，就跟它确定并决定什么应当存在一样。比如说，或许可以假定对“健康”是可做自然定义的，“自然”确定“健康”应该是什么样的，而健康，也许可以说，显然就是善的。因此，在这个例子中，“自然”已经决定了事情。我们只需去找自然，问自然什么是健康，而且我们也会知道什么是善：我们会将伦理学奠基于科学之上。但是健康的这一自然定义又是什么呢？我只能设想应该用一些诸如有机体的正常状态这样的自然术语来定义健康；因为毫无疑问，疾病也是一种自然的产物。说健康是进化中保存下来的东西，是在为生存而进行的斗争中自身倾向于保存拥有健康的有机体的东西，这种说法与下面所说的意思一样：进化观就声称，对于为什么某些生命形式是正常的，而另外一些生命形式则是反常的，它给出了一种因果解释；它解释了物种的起源。因而，当人们告诉我们健康是自然的时，我们可能会觉得它的意思是健康是正常的；当人们告诉我们要将健康当作自然的目的去追求时，暗含的意思就是正常的必定是善的。但是正常的一定就是善的，它真的就是这么显而易见吗？比如说，健康的就是善的，真的就是显而易见的吗？苏格拉底或莎士比亚如此卓越真的就是正常的吗？首先我想，很显
95 然，并非所有善的事物都是正常的；相反，反常经常要比正常更好：特别地卓越或特别地邪恶，显然都不是正常的而是反常的。不过也许可以说正常毕竟还是善的；我自己也并不准备驳斥健康的就是善这样一种说法。我要争辩的是，不要以为这是显而易见的；它

应该被看作是一个开放的问题。宣称其为显而易见的就隐含了自然主义的谬误。就跟某些晚近的著作中所做的那样，天才是病态的、反常的，这一明证一直被用来主张不应该鼓励天才。这样一种推理是一种谬误，一种危险的谬误。事实是，我们的确通常已经将一方为善而另一方为恶的概念包含在了“健康”与“疾病”之中。但是，当人们试图用自然术语对之作出所谓的科学定义时，唯一的可能就是使用“正常的”和“反常的”。现在，很容易证明某些通常被认为是卓越的事物是反常的，随之而来的是，它们是病态的。但是除非是由于自然主义的谬误，随之而来的不会是，这些通常被认为是善的事物因而就是恶的了。所有这些其实不过表明，在某些情况下，“天才是善的”这样的常识判断与“健康是善的”这样的常识判断之间存在着一个冲突。人们并没有能够充分认识到，后一种判断的真理性的保证并没有比前一种多出丝毫；两者完全都是开放的问题。的确，说“健康”，我们通常都隐含着“善”。但是唯一需要表明的是，当我们这样使用这一语词时，我们用它意指的与医学中所意指的并不是同一件事物。当“健康”一词被用来意指某种善的东西时，“健康是善的”，但这绝对不表明，当“健康”一词被用来意指某种正常的东西时，健康也是善的。我们也许还可以这样说，因为“公牛”既指一种爱尔兰笑话，也指某种动物，这个笑话跟这个动物就该是同一个东西。因此，我们绝对不能因为有人断定“某件事物是自然的”，就会被吓住，进而承认它也是善的。善从定义上不意味任何自然的东西。一件自然的事物是否就是善的，这因而总是一个开放的问题。

28. 不过，仍有另外一个略为不同的含义。在这种含义中，“自 96

然的"一词被用来意指某种善的东西。这是当我们说到自然的钟爱之情,或不自然的犯罪与恶习时的情况。在这种情况下,与其说是在说所讨论的行为或情感是正常的或是反常的,倒不如说是在说它们是必要的。建立这样一种关联,我们被建议去模仿生番与野兽。这当然是一个奇怪的建议,不过其中也许有些道理。我这里并不是意在探讨,在什么样的情形之下我们中的某些人向奶牛学习是有益的。我毫不怀疑会存在这种情形。我所感兴趣的是某种类型的理由,一种我认为有时被用来支持这一学说的理由——一种自然主义的理由。时常藏于这一福音传播者心底的观念就是:我们不可能改良自然。就其认为我们所做的任何可能比目前状态要好的事情都不过是一种自然的产物而言,这一观念无疑是对的。但是这并非这一说法的含义所在;自然再次被用来意指仅仅是自然的一部分。不过在这个时候,这一被意指的部分与其说是正常的东西,不如说是生命所必须的一种任意最低额度。当这一最低额度被推荐为是"自然的",被当作自然所指示的生活方式时,就有了自然主义的谬误。与这一立场不同,我只希望指出,尽管某些并非是自身值得欲求的行为的表现,也许可被解释为保存生命的必要手段,也没有理由去赞美它们,没有理由主张我们将自己限于做这些必要的简单行为,如果我们有可能,甚至以做这个意义上的一些不必要的行为为代价,改善我们的环境的话。自然的确对什么是可能的设置了限定,它的确控制了我们获得各种善的手段;对于这一事实,我们将看到,实践伦理学当然必须加以考虑。但是当自然被认为对必需之物有所偏爱时,必需之物不过意味着对于获得预先假定为至善的一定目的而言是必需的;而何为至善,

则是自然不能决定的。我们何以假定仅是生活之必需的事物事实
上就要比形而上学研究所必需的事物更好呢？是因为那种研究看 97
起来就是无用的吗？也许生活之所以值得过，正是应为它可以使我们研究形而上学呢？也许生活是从事研究的一个必要手段呢？早在琉善时期人们就已经发现了自然论证的谬误。“我几乎忍不住想笑，”在通常被归于他的一篇对话中，卡里克拉提达斯说，“刚才，卡利古拉赞美无理性的禽兽与塞西亚人的野蛮，辩论激烈之时，他几乎都要后悔自己生而为一个希腊人了。狮子、熊和猪不照我的提议去行事，这有什么奇怪的呢？推理能引导人恰当去选择的，绝非那些不懂推理的动物所能得到的，理由很简单，因为它们非常愚钝。如果普罗米修斯或某个其他的神给予它们了人的智力，那么它们就不会生活在荒野高山，也不会相互蚕食了。它们就会像我们一样修建庙宇，各自都会生活在家庭之中，它们就会组成由共同的法律所约束的国家。野兽不幸而不能通过预谋获得推理提供给我们的善品，所以它们缺少爱，这又有什么可奇怪的呢？狮子不讲爱，不过它们也不进行哲学思考。熊也不讲爱，原因在于它们不知道友谊之甜蜜。只有人，凭借智慧和知识，经过多次尝试，选择了最好的东西。”④

29.论证一个事物是善的，因为它是“自然的”，或者一个事物是恶的，因为它是“不自然的”，在论证这个术语通常的意义上，这确实是谬误；然而这种论证却经常被用到。不过这种论证通常并不声称要给出一个系统的伦理学理论。在对诉诸自然进行的系统

---

④　琉善：《论爱》，436－437。

化的尝试中，目前最为流行的尝试是在将“进化”术语用于伦理问题的活动中，即在一些被称作“进化论的”伦理学说中。这些学说主张，展示我们进化方向的“进化”过程因而并由此向我们显示了我们应该发展的方向。那些坚持这样一种学说的作者目前非常多
98 也很有名。我准备以其中一位作者赫伯特·斯宾塞先生为例，他或许是其中最为有名的了。应该说，斯宾塞先生的学说并不是支持进化伦理学的自然主义谬误的最为清晰的例子。更加清晰的例子或许可见于居约[5]学说。居约最近在法国相当流行，不过其名气不如斯宾塞。居约几乎也可以说是斯宾塞的门徒，他是一个明显的进化论者，也是一个明显的自然主义者；我也许可以提及这一点：他似乎不认为他因为其自然主义立场与斯宾塞有别。他对斯宾塞的批评牵涉到“快乐”和“增加生命的量”的目的作为获得这样一理想的动机和手段在多大程度上是一致的问题：他似乎不认为在这一理想上他与斯宾塞的基本原则有别。这一理想就是：“生命的量要由宽度和长度来衡量”，或者，用居约的话来说，要由“生命的拓展与强度”来决定。他给予这一原则的自然主义的理由也与斯宾塞无别。我完全看不出他在这些方面与斯宾塞会有什么不同。我将表明，斯宾塞的确在细节上有自然主义的谬误，但是就其基本原则而言，疑问马上就出来了：他根本上是一个快乐主义者吗？如果是，他会是一个自然主义的快乐主义者吗？我在下一章中将会更好地处理这里所牵涉到的问题。他会坚持增加生命的量的倾向不过是善行为的一个准则吗？还是说他会主张生命的增加

⑤ 见居约：《无义务无制裁的道德概论》，巴黎，1896 年，第四版。

是自然所表明的我们所应该追求的一个目的?

我认为他在不同地方所说的话都会使这些假设变得好像是真的;尽管其中一些话是彼此矛盾的。我会讨论到其主要观点。

30."进化论"在现代的流行主要归功于达尔文对物种起源的研究。关于某些生命形式开始形成,而另外一些死亡或消失的方式,达尔文形成了一个严格的生物学假设。他的理论认为,生命的形成或死亡起码可以部分地以下述方式来说明。当某些变种发生 99
时(其发生的原因大都还未知),情况可能是这样的,它们身上所发生的不同于其父辈物种或那时存在的其它物种的变化使得它们能够更好地在其环境中生存,它们发现自己不再那么容易毙命。比如说,它们或许更加耐寒或耐热,或者更加适应气候的变化,它们能更好地从其环境中获得食物,能更好地抵御或逃避其它物种的蚕食,能够更好地吸引或驾御异性。因而,由于更不容易死亡,其数量相较于其它物种就会增长。正是由于其数量的增长,可能就导致其它物种的灭绝。达尔文称这一理论为"自然选择"理论,它也被称作适者生存理论。他所描述的这样一种自然过程被称作进化。非常自然地可以假定,进化就是意味着从低级物种到高级物种的进化。事实上也可以观察到,起码某一物种,通常被称作高级的物种——比如人这种物种,就是这样生存下来的;而在人这种物种中,又可以假定更高级一些的人种,比如说我们自己,已经显示出要比更低一级的物种,比如说北美印第安人,更适合生存的趋势。我们杀死他们比他们杀死我们更容易。进化学说因而被用来解释高级物种如何压过低级物种而生存。比如说,斯宾塞就经常用"更进化的"来等同于"更高级的"。但是需要注意,这在达尔文

的科学理论中根本没有位置。达尔文的理论同样能够很好地解释，通过在环境（比如说地球变冷）中的改变，某些完全不同于人的物种，我们认为相对低级的某一物种，也许压过我们人类而生存下来。适者生存并不像有人所假设的那样，意味着最适宜于满足一个善目标的生存者为了一个善目的而更好地改变了。最终，它仅仅意味着最适宜于生存的生存了下来。这一科学理论的价值，这一具有重大价值的理论的价值，就在于它表明了什么是产生某些生物效果的原因。至于这些效果是善是恶，它并不想要对之进行判断。

100 31.现在，让我们来听一听斯宾塞先生是如何谈进化论在伦理学中的应用吧。

“我要回到，”他说，“这两章中所提出的主要命题。我认为这一命题已经得到了充分的辩护。伦理学处理的是一般行为的一部分，在伦理学所处理的行为得到特别理解之前，一般行为应该得到总体理解，这是一个真理。而进一步的一个真理则是，要想理解一般行为，我们必须理解行为进化。由这两个真理的指引，我们明白了伦理学所讨论的对象是，普遍行为在其进化的最后阶段所采取的形式。我们还会得出结论说，行为进化的这些最后阶段是那些最高类型的存在所展示的阶段，这种存在由于数量的增加，不得不与其同类一起生存。进而还有一个伴随结论：随着各种活动变得越来越不那么好斗，越来越相似，从而不再必然相互伤害或相互妨碍，而是进一步变得合作与互利，行为获得了伦理认可。

“我们现在看到，进化论假设的这些含义与人类通过其它途径获得的流行的道德观念协调一致。”[6]

好，如果我们严格地按最后一段话的意思理解这段话，如果斯宾塞先生真的认为此前提出的各种命题就是进化论假设之含义，那么毫无疑问，斯宾塞先生已经犯下了自然主义的谬误。这些进化论假设告诉我们的只是，某些行为要比其它一些行为更进化。事实上，这也正是斯宾塞先生在我们所提到的两章试图去证明的。不过他告诉我们，其中他所证明的一件事情是：行为获得了伦理认可与其表现出某些特征相称。他试图要证明的不过是，行为由于表现出这些特征，它是更为进化的。因而很明显，斯宾塞先生将获得伦理认可等同于更为进化：这可严格地从其言辞推出。但是斯宾塞先生的语言极为松散；我们很快就会发现，他似乎认为这里隐 101
含着的观点是错误的。因而，我们也不好将“更好”不过就是意味着“更为进化”，甚或“更为进化”就是意味着“更好”视为斯宾塞先生确定无疑的主张。但是我们有权认为他受了这些观点的影响，受了自然主义谬误的影响。只有假定他受此影响，我们才能够解释，在“更为进化了的就是更好的”这一主张上，他何以混淆了他确实已经证明了的东西和那些他说他已经证明，但缺少任何证明尝试的东西。我们没有看到任何试图表明“伦理认可”相称于“进化”，或最高类型的存在展示最为进化的行为的尝试；然而斯宾塞先生却得出结论说事情就是这样。不妨公正地假定他并没有充分地意识到，这些命题要想成立，是多么需要证明——没有意识到“更为进化”与“更高级”和“更好”是多么不同的东西。当然，更为

⑥　斯宾塞：《伦理学论据》，第二章，第七节。

进化的就是更高级的和更好的,这可能也是对的。但是斯宾塞先生似乎没有意识到,对一个做出断定在任何情况下都不同于对另外一个做出断定。他花了很长的篇幅论证说某种行为是“更为进化的”,然后就告知我们说,他证明了它们获得了相称的伦理认可,却根本没有告诉我们,他忽略了这一证明最为关键的一步。确实,这也充分表明,他根本没有明白,这一关键的一步到底是怎样的。

32.不管斯宾塞先生自己错到什么程度,刚才所说到的那些却可以用来说明那些想将伦理学“奠基于”进化论的人经常犯下的那类谬误。不过我们必须马上加上一句,斯宾塞先生在另一些地方最着力提倡的观点是完全不同的一种观点。为了不对斯宾塞先生不公,还是有必要简要地讨论一下这一点。这一讨论之所以有益,部分是因为在这一观点与刚才所描述到的进化论观点之间的关系上,斯宾塞先生自己所表现出来的不清楚,部分则是因为,有理由怀疑,在这一观点上,他也受到了自然主义谬误的影响。

我们已经看到,在其第二章结尾,斯宾塞先生似乎声称他已经
102 证明了行为的某些特征是衡量其伦理价值的尺度。他似乎认为他只是考察了行为进化就已经证明了这一点;然而,他确实没有给出任何这样的证明,除非我们把“更为进化的”理解为完全是“伦理上更好的”同义词。他承诺确认这一确定的结论,不过仅仅是通过展示它“与人类通过其它途径获得的流行的道德观念协调一致”来完成的。但是,当我们翻到其第三章时,我们发现他实际上所做的完全是不同的事情。在这里他断定,要想得出“行为更好相称于其更为进化”这一结论,完全需要一些新的证明。除非某个命题——除非生命整体上是快乐的——是真的(目前为止我们一直没有听到

是什么命题），否则这一结论就是错的；而这一伦理命题——他声称这一命题得到人们“流行的各种道德观念”的支持——原来却是“生命是善是恶，依其是否带来了愉悦情感的盈余而定”（第10节）。因而，在这里，斯宾塞先生表现得不像是一个伦理学中的进化论者，而像是一个伦理学中的快乐主义者。一个行为更好，并不因为它更为进化。进化程度至多是伦理价值的一种准则。只有我们能够证明这样一个极端困难的通则，即更为进化的在整体上总是更快乐的，事情才会是这样。很显然，斯宾塞先生这里拒绝了自然主义的那种把“更好”与“更为进化”等同的主张。但是有可能他受到了另外一种自然主义观点的影响，把“善”与“快乐”等同了。斯宾塞先生有可能是一个自然主义的快乐主义者。

33.我们来看一看斯宾塞先生自己的措辞吧。在第三章开头，他试图表明，我们把那些有益于自己或他人生命的行为称作“善”，而把那些直接或间接导向特别的或一般的死亡的行为称作“恶”（第9节）。然后他问道：在这样称呼中“有什么假设吗？”“是的，”他回答说，“这里已经做出了一个极为重要的假设，一个所有道德评价之基础的假设。在做任何伦理讨论之前，这个问题都要被明确提出并回答。这个问题是近来被热烈讨论的问题：生活是值得过的吗？我们是采取悲观主义的立场？还是采取乐观主义的立
场？……对于这一问题的回答依赖于事关行为善恶的每一个决 103
定。”不过斯宾塞先生并没有立即开始回答这一问题。相反，他又问了另外一个问题：“但是现在，这些不可调和的主张（悲观主义的或乐观主义的）有什么共同之处吗？”而对于这一问题，他立刻回答说：“是的，有一个先决条件是悲观主义和乐观主义都同意的。其

论证都假定如下一点是自明的:生命的善恶依其是否带来了愉悦情感的盈余而定”(第 10 节)。其余各章均为捍卫这一主张而展开。全书结尾,斯宾塞先生以以下言辞做出结论:“任何一个学派都不可避免地要把情感的值得欲求的状态——满足也罢,享受也罢,幸福也罢——设定为最终的道德目的。在某些场合、某些时候,对某个人或某些人来说,快乐总是一个可取的观念要素”(第 16 节结尾)。

现在,在所有这些看法中,我希望人们特别注意两点。首先,斯宾塞先生毕竟没有清楚地告诉我们他对伦理学理论中的快乐与进化的关系持什么立场。很显然,他本该认为快乐是唯一内在地值得欲求之物。其它善物只是在它们是快乐的存在的手段的意义上是“善”的。也只有这一点可以恰切地蕴涵其断言,快乐是“终极的道德目的”,或者像他随后所说,“是终极的最高目的”(第 62 节结尾)。而且,若果如此,紧跟着的就会是,更为进化的行为之所以好于进化不足的行为,仅仅是因为,并且也相称于,它给予了更大快乐。但是斯宾塞先生却告诉我们如下我们两个条件一起可充分证明更为进化的行为要更好:(1)它倾向于生产出更多的生命;(2)生命值得去过,或生命包含了快乐的盈余。我之所以想强调这一点,是因为,如果两个条件是充分的,那快乐就不可能是唯一的善。如果斯宾塞先生的第二个命题是正确的,那么,尽管产出更多生命是产出更大快乐的**一种方法**,它也不是唯一的方法。一种较小数量的生命,由于其存在强烈而统一,很有可能要比那种只是
104 “值得过”的具有最大可能量的生命产出更大量的快乐。在这种情况下,按照快乐主义的假定,快乐是唯一值得拥有的东西,那我们

就该偏向更小量的生命，因而偏向，按照斯宾塞先生的说法，更少进化的行为。相应地，如果斯宾塞先生是一个真正的快乐主义者，生命给出快乐盈余这一事实就不能像他认为的那样，足以证明更为进化的行为是更好的行为。如果斯宾塞先生想让我们认为它是充分的，那么他就不能认为快乐是唯一的善或"终极的最高目的"，而只能认为快乐的盈余是至善的一个必要构成部分。简而言之，斯宾塞先生似乎想坚持，更多生命确实要比更少生命更好，只要它能产生快乐的盈余；而这一看法与他所持的快乐是"终极的道德目的"立场相矛盾。斯宾塞先生的说法隐含了，两种量不同的生命，如果它们产生同等量的快乐，那么量大的还是要比量小的更可取。如果真是这样，那么他就应该坚持说，生命的量或进化的程度自身是价值的终极条件。因此，他给我们留下了疑问，他是否一方面坚持进化论的命题"更为进化的就是更好的，因为它更为进化"，另一方面坚持快乐主义的命题，"更为愉悦就是更好的，因为它更为愉悦"。

我们要提出的另外一个问题是：斯宾塞先生是出于什么样的理由给快乐指派了他所指派的那种位置？我们看到，他告诉我们说，悲观主义的和乐观主义的论证，全都"假定了如下一点是自明的：生命的善恶依其是否带来了愉悦情感的盈余而定。"并且为了改进这一说法，他进一步告诉我们说："由于公开的和含蓄的悲观主义者与这种或那种形式的乐观主义者合在一起就构成了所有的人，因而这一公设是被普遍承认的"（第 16 节）。当然，这一主张很明显是绝对错误的。但是斯宾塞先生为什么认为它是对的呢？而且，更为重要的是（斯宾塞先生没有清楚地区分开这一问题与前一

问题)，为什么他认为这一公设本身是对的？斯宾塞先生自己告诉
105 我们说，他的“证明”就是，“颠倒地使用语词善恶”——把“善”应用于其“总结果”是痛苦的行为，把“恶”应用于其“总结果”是快乐的行为——“会造成荒谬”(第 16 节)。他并没有说这是否是因为，把**我们用“善”一词来表示的**质真的用于那些痛苦的东西是荒谬的。不过，即便是我们假定他真的是这么认为的，并且假定荒谬由此而生，那也很明显，他只不过是证明了痛苦的事情**就此而言**是恶的，快乐的事情**就此而言**是善的，根本没有证明所有的快乐都是“最高目的”。不过，还是有理由认为斯宾塞先生所表示的内容中有一部分是一种自然主义的谬误：他认为“愉悦”与“快乐的产生”就是“善”这个词的含义，以及“荒谬性”之产生。无论如何，可以肯定，他没有能够把这一可能的含义与那种承认“善”意指一种不可定义的独特特性的主张区分开来。在其主张“除了运用快乐这一术语外”“德性不能够**被定义**”中(第 13 节)，的确蕴涵了自然主义的快乐主义学说。而且，如我上述，我们也不能够坚持说斯宾塞先生的言辞可以作为某种确定含义的线索，因为他总是用几种并不一致的备选主张来表达其观点，自然主义的谬误是这种情况下的一种备选。自然也就不可能在斯宾塞先生所给出的理由中找到任何理由来支持他所持的信念了：快乐是最高的目的，而且被普遍认可是最高目的。他似乎始终都认为我们应该用善行为来表达快乐的产生，用恶来表达痛苦的产生。因而，到此为止，如果说他是一个快乐主义者的话，那他也似乎应该是一个自然主义的快乐主义者。

关于斯宾塞先生就说这么多。当然，很有可能，他的伦理学方案包括了许多有趣的和有教益的主张。的确，看来斯宾塞先生最

为清晰，并且通常也最为他意识到的主要观点就是：快乐是唯一的善，目前为止，对进化方向的考虑是我们获得最大快乐的最好标准。要是他能够证明快乐的总额总是能够直接地相称于进化的总额，而且也证明它很明显相称于更为进化的行为，这一理论就会是 106 对社会学科学的一个非常有益的贡献了；而如果能证明快乐是唯一的善的话，它甚至还会是对伦理学的一个非常有益的贡献。但是以上的讨论已经很明显，如果我们期望一个伦理哲学家建立的是一种科学系统的伦理学，而不仅仅是一种所谓的“建基于科学的伦理学”，如果我们期望的是对伦理学的基本原则的清晰讨论，是对一种行为为什么应被认为好于另一种行为的终极理由的陈述，那么斯宾塞先生的《伦理学论据》可就无限远地没能满足这些要求了。

34. 剩下的就是要清楚地给出在进化论与伦理学相关的流行观点中究竟什么是谬误的。对于这些观点，似乎并不能特别确定斯宾塞先生多大程度上是支持的。我建议把“进化伦理学”界定为这样一种观点，为了发现我们应该前往的方向，我们只需要考虑“进化”的趋势。我们一定要将这一观点与另一些主张仔细地区分开来，人们常常会将它们混淆起来。(1)比如说，人们或许会主张，事实上，生物迄今为止所发展的方向就是进步的方向。人们或许会主张，“更为进化的”事实上也是更好的。这样一种观点中并不包含谬误。但是如果它试图指导我们将来该如何行动，那它的确就要进行一个漫长而痛苦的研究，研究更为进化的东西的优越性的究竟所在。我们不能够假定说，因为进化在整体上是进步的，因而更为进化的不同于没有那么进化的每一点，就是它要比没那么

进化的更好的每一点。因而，就这一观点而言，简单地考量一下进化过程并不足以告诉我们应该追求的方向。要对进化的结果做出一个正确的评价，我们还需要动用严格伦理讨论所有的资源——我们需要把更有价值的与不那么有价值的区分开来，并把这二者与并不优于其原因，甚至比其原因更糟的东西区别开来。事实上，
107 就此观点而言，如果这一切不过是意味着进化在整体上是一种进步，那么，很难看出进化理论怎么能够给予伦理学以帮助。进化是一种进步，这个判断本身是一个独立的伦理判断。即便是我们认为它要比要获得确认它必然逻辑地依赖的任何具体判断更为确定和明显，我们也不能够依其为论据推导出细节主张来。总而言之，毫无疑问，即便这是进化与伦理之间所存在的唯一关系，我们也不能给予它我们实际看到的人们声称它所具有的重要性。(2)人们也许会没有错误地主张这样一种观点，而其这一观点如我所说，似乎也是斯宾塞先生的主要观点。这一观点是说，更为进化的东西，尽管自身不是更好的，仍是更好的东西的一个标准，因为它是伴随发生的。但是这一观点同样明显地要涉及到要对到底何为更好的这一基本的伦理学问题做一个详尽而又基本的讨论。我已经指出，就其观点“快乐是唯一的善”，斯宾塞先生那里完全没有可支持它的讨论。而如果我们尝试去做这样的讨论，我将表明，我们不会得出这么简单的一种结论。如果不管怎么说善不是简单的，那就绝对不大可能说我们能够发现进化是它的一个标准。我们需要在两组高级复杂的论据集合之间建立一种关系；而且，一旦我们确定了什么是善物、什么是其比较价值的问题，我们就绝对不会将进化当作如何赢得最多的善、最多的价值的标准。因而，再次非常明显

的是，如果这是能够想到的存在于进化与伦理之间的唯一关系，那就很难认为，人们在伦理学中赋予进化论理论以重要性是可以得到辩护的。最后，(3)人们也许会主张说，即便进化论不能帮助我们发现我们的努力的什么结果是最好的，但是它确实多少可以帮助我们发现什么是可能获得的，获得它们的手段又是什么。这一理论或许真的能够以这种方式服务于伦理学，这一点无可否认。不过确实一般并未发现把这一不起眼的、辅助性的关系清楚而又特别地赋予给它。因而，仅仅是关于进化与伦理关系的这些正确观点给予这一关系如此无足轻重的地位这一事实，就使我们有证 108
据表明将这两个名称之间连结起来的典型主张是一种错误的主张，我提议将其限定为"进化论伦理学"这样一个名称。这一主张认为，我们应该沿着进化的方向运动，仅仅因为它是进化的方向。自然力所努力的那个方面，被推定是正确的方向。我已经试图表明，除了我将处理的形而上学假定外，这一观点也是完全错误的。它只是建立在一个含混的信念之上：善意味的仅是大自然努力的方向。而这又牵涉到另外一个含混的信念，这一信念在斯宾塞先生对于进化的整个处理中非常醒目。因为，毕竟，进化真的是自然所努力的方向吗？在斯宾塞先生给予这个术语的意义上，以及在更为进化的是更高级的被看作是事实的意义上，进化意指的仅仅是一个短暂的历史进程。我们没有一丁点理由可以相信，事物在将来会永远进化下去，或者事物过去以来一直是在进化中。因为，在这个意义上，进化并不是意指像引力法则一样的自然法则。达尔文的自然选择理论并不真的表达一个自然法则，它只表达，在限定环境下，某些结果总是会发生。而斯宾塞先生所理解的进化，以

及人们通常所理解的进化,意指的却是某种非常不同的东西。它意指的只是在限定时间内实际发生的过程,因为那个时间之初的自然碰巧是某种环境。无法假设这样的环境永远都是被给定的,或者一直都是被给定的;而且只有进程必定按照自然法则遵从这些而非别的环境而展开,这个进程整体来看也是一个进步。同样的自然法则——比如说,达尔文的自然法则,在其它环境下使得不可避免的不是进化,不是从低级到高级的发展,而是被称作退化的相反过程。斯宾塞先生反复提到被当作人类发展中的样例的过
109 程,似乎它具有普遍的自然法则之全部威严;然而我们却没有理由不相信它不过是一个短暂的偶然事件,这种事件的发生不仅要求普遍的自然法则,同时还要求在既定时间与既定状态下的存在。期间相关的唯一法则当然不过是这样的,它会允许我们推断,在另外一种情况下,不是人的发展,而是人的灭绝。无论如何我们没有理由去相信,环境永远适宜于进一步发展,自然永远是往进化方向努力。因而,认为进化对伦理做出了重大阐明的观点是由于双重的混淆。我们对于这一过程的重视是因为它代表了自然法则。但是,另一方面,如果我们无法想象这一值得欲求的过程是自然法则之一的话,我们对于自然法则的重视就会迅速消减。假定自然法则因而是值得重视的,就是犯下了自然主义的谬误。但是除非某种值得尊敬的东西代表了自然法则,否则没有什么可以诱惑我们犯下这样一种错误。如果能够清楚地认识到没有证据支持自然就站在善的一边,就有可能减少这种主张的倾向。如果没有这种所需要的证据,基于其它基础的这种主张将会被证明是错误的。如果两种错误的主张都能够被清楚地看到是错误的,那么很清楚进

化论可对伦理学所说的确就很少。

35. 在本章中，我开始对某些伦理观点做出批评。这些伦理观点具有影响主要是由于自然主义的谬误。这一谬误欲把我们用“善”来表示的简单概念与某些其它的概念等同。它们是这样一些观点，这些观点想要告诉我们，什么是自身是善的。我对这些观点的批评主要集中于：(1)展示其消极后果，我们没有理由假定它们宣称是唯一善的东西真的就是唯一的善。(2)进一步阐明其积极后果。这一观点在第一章中已经确立：伦理学的基本原则一定是综合命题，这些命题宣称什么事物以及它们在什么程度上具有一个简单的、不可分析的，也许可被称为“内在价值”或“善性”的属性。本章开始(1)把要批判的各种主张分为，(a)那种假定“善”要参照某种超感实在来定义的主张，这种主张认为唯一的善要在这 110
样的实在中去寻找，因而可被称为“形而上学的”主张；(b)那种把同样的地位指派给某些自然对象的主张，因而可被称为“自然主义的”主张。在自然主义的各种主张中，那种认为“快乐”是唯一的善的主张将会得到最为周全、最为严肃的讨论，因而留待第三章来处理。所有其它形式的自然主义可以通过一些典型的例子来加以解决(第 24－26 节)。(2)除了快乐主义，我们首先处理的典型的自然主义观点，是对“自然”是什么的通常的看法。我们指出，“自然的”在这里或者意味着“正常的”，或者意味着“必需的”，而不管是“正常的”还是“必需的”，都不能被真的假定为要么永远是善的，要么是唯一的善物(第 27－28 节)。(3)一种更为重要的典型观点可见于“自然主义伦理学”，它宣称自己可以成为一个体系。在分析赫伯特·斯宾塞先生的伦理学时，我们就已经阐明了“更好”意味

着“更为进化”这一错误主张的影响。我们已经指出，与这种影响相比，进化论很难被认为对伦理学有任何重要影响。

第三章　快乐主义 111

36.本章中我们将讨论在所有的伦理学原则中也许最为有名，并且是最被广泛坚持的一个原则。这个原则认为，唯有快乐才是善的。我已经说过，我在这里来讨论这一原则的主要原因就在于，快乐主义似乎主要是一种自然主义的伦理学。换句话说，快乐之所以通常被认为是唯一的善，几乎完全是因为，快乐似乎已经以某种方式被包括在了“善”的定义中，快乐似乎就是善这一词所表示的意义。如果情况真是这样，那么快乐主义的流行就主要是由于我所说的自然主义的谬误——即没有能够清楚地认识到善所意味着的那种独特的、不可定义的特性。而且情况确实如此，如下这一事实给了我们非常有力的证据：在所有快乐主义作者中，只有西季威克教授清楚地认识到，我们的确用“善”来意指某种不可分析的东西，也只有他因而强调这样一个事实：如果快乐主义是对的，它的主张要正确只须以它的自明为依据——我们必须说“快乐是唯一的善”仅仅是一种直觉。西季威克教授认为，下面这一点是一个新发现，他称之为直觉主义的“方法”必须被看作与他所说的功利主义和利己主义的其它“方法”——而事实上前者为后者的基础——一样有效的。这毫无疑问是一个新发现。在此之前，我们

发现快乐主义者并没有能够清晰一致地认识到这样一个事实，即其基本命题包含着这样一个假设：在各种存在物中，可直接看到有
112 一种独特的属性只属于快乐本身。他们没有强调这一真理如何必须独立于所有其它的真理，他们如果察觉到了这一点的话，几乎不可能不强调这一点的。

而且，即便是没有能够清楚地意识到这其中所包含的假定，也不难看出应该将这一独特的地位赋予快乐。由于一个充分的显而易见的理由，快乐主义是任何一个反思伦理学的人会自然得出的第一个结论。非常容易注意到这样一个事实：我们是喜欢某些事物的。我们欣赏的事物与我们不欣赏的事物，形成了我们的注意力经常会被引导去的我们不会弄错的两种类别。但是将我们赞成某件事情与我们喜欢某件事情加以区分就会比较困难了。虽然，如果我们去看这两种心灵状态，尽管它们往往一起发生，我们也是一定能够看出它们是有差异的，但是，我们却很难看出它们是在什么方面有差异的，也很难看出这种差异在任何关联中都比许多其它差异更为重要，这些差异是一种喜悦和另外一种喜悦之间的非常明显的，但也非常难以分析的差异。很难看出，我们赞成某件事情，也就意味着我们感到它有某种属性——换句话说，它有某种界定了伦理学的特殊领域的属性；而在喜欢某件事物中，却并不牵涉到这一独特的思想对象。在最近出版的一本伦理学著作中，我们发现它表达的一种常见的错误是再自然不过的了："我们说过，基本的伦理学事实就是，某些事情得到赞成或不赞成。换句话说也就是，某些事情在感觉、知觉或观念中理想再现，总是伴随着快乐

或痛苦的情感。"[7]在日常用语中,"我需要这个","我喜欢这个",
"我在意这个"总是被用作"这是善的"的同义语。循此方法,很自
然地就会去假定不存在特有的伦理判断的类别,只存在"欣赏的事
物"这一种类别;尽管非常清楚的事实是,我们并不总是赞成我们
所欣赏的东西,即便这并非经常是如此。当然,很明显,从假定"我 113
认为这是善的"等同于"我喜欢这个",并不能够**逻辑地**推导出快乐
就是善。但是另一方面,也很难明白从这样一个假设出发能够合
乎逻辑地推导出什么来。似乎非常自然,这样一种推导必定暗示
着它自己。只要对关于这一主题的通常写作略加分析就足以表
明,这种性质的逻辑混淆非常常见。而且,那些犯下了自然主义的
谬误的人自己必定不能清楚地认识到"这是善的"这一命题的意
义,他们必定不能将其与那些与其相仿的命题区别开来;而且在事
情是如此的地方,也就当然不能够清楚地察觉其各种逻辑关系。

37.因而,有足够充分的理由假定,快乐主义总体上来说是一种形式的自然主义,它之所以被人们接受,总体上是由于自然主义的谬误。的确,只有当我们察觉到这一谬误,只有当我们清楚地意识到"善"所意谓的独特对象,我们才能够给予快乐主义一个我们前边所提到的准确的定义:"唯有快乐才是善的"。因此,有人也许会反对说,我以快乐主义的名字批评的这一学说从来没有人真的坚持过。但是,坚持一种学说,完全可以不用清楚地意识到你坚持的到底是什么,这一点非常常见。而且,尽管当快乐主义者论证支持他们称作快乐主义的主张时,我承认,为了支持其论证的有效

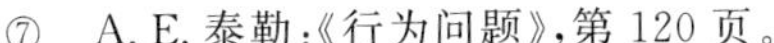

⑦　A. E. 泰勒:《行为问题》,第120页。

性，他们心中一定有某种不同于我所定义的学说的另外的学说，不过，为了得出他们所得出的结论，他们心中必定也应该具有这一学说。我认为如果我驳斥了命题“唯有快乐才是善的”，我就应该已经驳倒了历史上的快乐主义，我这样认为所假定是，尽管快乐主义者很少用这种形式来表述其原则，尽管其这种形式的原则的真理性确实不能够从他们的论证中得出，但是他们的伦理学方法却不能够从其它任何方法逻辑地得出。任何声称能够为我们发现我们无法用其它方法发现实践真理的快乐主义方法，实际上都是建立
114 在这样一条原则之上：能够为我们带来最大快乐盈余的行为当然就是最为正当的行为。而且，在没能确实证明——通常也没有试图证明——快乐的最大盈余总是与其它善的最大盈余一致的情况下，只有当快乐被认为是唯一的善时，这一原则才是有其理由的。的确，几乎无法怀疑，在充满争议的实践问题中，快乐主义是以论证快乐似乎是唯一的善而著称的。我希望，本章的整个讨论将会有更多的证据表明，由于这一理由以及其它理由，将此作为快乐主义的伦理原则是有道理的。

因而，我用快乐主义一词表示这样一种学说，这种学说认为快乐本身就是作为目的的善。这里的“善”，是在我一直试图指出的不可定义的意义上来用的。认为快乐，以及其它事物，是作为目的的善的学说并非快乐主义；并且，我们并不怀疑这一学说的真理性。主张快乐以外的其它事物是作为手段的善的学说，也完全不与快乐主义相抵牾。快乐主义者如果像我们通常所做的那样，认为善既包括作为目的的手段之善，也包括了作为目的自身之善，那么，他也不一定绝对地认为“快乐本身就是善的”。因而，在批评快

乐主义的时候，我只是批评那种认为“快乐本身是作为目的的善的或是善自身”的主张：我不是批评认为“快乐是作为目的善的或快乐是善自身”的主张，也不是批评任何关于为获得快乐或任何其它目的什么是我们可以采取的最佳手段的学说。总体说来，快乐主义的确主张一种与我所主张的非常类似的行为。我不会就其多数实践结论与其争吵，我只会就其认为可以用来支持其结论的理由与之争辩。我将重点强调，其结论的正确性不可能成为推导出其原则的正确性的基础。一个正确的结论可以总是从一个错误的推理中获得。从一个快乐主义者的善生活与德性行为准则绝对推不出其伦理哲学本身也是好的。我只关注其伦理哲学本身：我关注的是其推理的卓越性，而非其作为人或作为一个道德教员的品格的卓越性。也许有人认为我所关注的问题并不重要，但是没有理 115
由认为我是不正确的。我所关注的仅仅是知识——关注的只是我们应该正确地思维，以及获得某些真理，而不管这种真理是否重要。我没有说这种知识可以让我们成为更为有益的社会成员。如果有人并不关心知识本身，那我对他也并没有什么可说的。只是不应该认为，由于对我所说的东西不感兴趣，就有理由认为它是不真实的。

38.因而，快乐主义者主张，除了快乐，一切其它事物，无论是行为、德性还是知识，无论是生命、自然还是美，全都只是作为快乐的手段或是为了快乐才是善的，它们从来不是为自身之故或以自身为目的而是善的。这种主张为苏格拉底的门人阿里斯提波及其创立的昔勒尼学派所持有，并让人联想到伊壁鸠鲁与伊壁鸠鲁派。在现代，它主要是被那些自称为“功利主义者”的哲学家如边沁、密

尔所坚持。赫伯特·斯宾塞，如我们所看到的那样，也说他坚持这一主张。西季威克教授，如我们将看到的那样，也坚持这一主张。

不过正如我们所说的那样，这些哲学家彼此多少都有所不同：或者是其快乐主义的含义有别，或者是他们接受一个学说为真的理由不同。事情因而明显没有它乍看上去的那么简单。我自己对于这一主张的反对将清楚地表明，当这一理论被弄清楚后，各种混淆和矛盾从其观念消除掉后，它必定隐含的是什么。当我们这么处理完之后，我认为所有拿来支持其正确的理由确实都是相当不充分的将会变得清楚起来。它们并非支持快乐主义的理由，而只是用来支持与其混淆在一起的其它一些学说的理由。为了完成这一批评，我将首先讨论密尔在其《功利主义》一书中所提出的学说。我们会在密尔的学说中发现快乐主义概念及支持这一概念的论证，这些概念和论证基本上也是一大批快乐主义作者所持的。对于这些有代表性的概念与论证，西季威克教授已经做出了非常严肃的批评，在我看来这些批评是令人信服的。不过我将用我自己
116 的话来重述这些批评，进而将考察和反驳西季威克教授那些清晰得多的概念与论证。我想，在我们这么做之后，我们将遍涉快乐主义学说的整个领域。从这些讨论可以看出，确定什么本身是好的，什么本身是不好的，这一任务绝非易事。循此方法，讨论将提供一个方法范例，说明何为获得最根本一类伦理学原理之真理所必须使用的方法。特别地，它还将表明，有两类方法原则必须牢记于心：(1)一定不能犯自然主义的谬误；(2)必须注意到方法与手段之分。

39.下边，我打算从审查密尔的《功利主义》开始。这本书对于

许多伦理原则与方法都做出了让人敬佩的清晰而又公正的讨论。密尔暴露了不少事先不做反思而处理伦理学问题的人们极易犯下的简单错误。不过我关心的是那些看来是密尔自己所犯下的错误，而且只限于其与快乐主义原则有关的问题。请允许我重复一下这一原则是什么。我说过，这一原则就是，快乐是我们应该追求的唯一事物，唯一作为目的并因其自身而为善的事物。现在让我们转向密尔，看一看他是否接受对所讨论问题的这一描述。“快乐，”在开篇时他说，“和免于痛苦，是仅有的值得作为目的来欲求的事物”（第 10 页）。[⑧] 在论证的结尾他再次说：“认为一个对象是（除非因其后果而）值得欲求的与认为它是快乐的，这是同一件事情”（第 58 页）。这些表述，连同藏于其中的某些混淆，似乎隐含着我已表明的原则；而且如果我已经成功地表明密尔为这些表述寻找的理由并不能够证明它们，那就起码得承认，我不是在与影子搏斗，不是在大战稻草人。

可以看到，在其第一个陈述中，在“快乐”之外，密尔还加了一个“免除痛苦”。尽管在其第二个陈述中没有加。这里出现了一个混乱，不过我们在这里并不需要处理这一点。为简洁计，我将只讨 117
论“快乐”，但是我的论证将更加适用于“免除痛苦”。做这种必要的替代并不困难。

密尔因而主张：“幸福是值得欲求的，是仅有的作为目的值得欲求之物。其它事物都只是作为达致该目的的手段而值得欲求”（第 52 页）。至于幸福，他已经把它定义为“快乐和免除痛苦”（第

⑧　我引用的是该书 1897 年第 13 版。

10 页);他并没有声称这只是一个任意的语词定义。如果他这样认为的话,我会没有一句可反驳的话。他的原则因而就是:“快乐是仅有的值得欲求之物”,如果可以允许我在说到“快乐”时(就其必要性而)包括了“免除痛苦”这个词的话。现在,主张这个原则为真的理由是什么?他已经告诉我们(第 6 页)说“终极目的问题是不能够得到直接证明的。不管是什么要想能被证明为善,都需要表明它是某种无需证明可被认作就是善的事物的一个手段。”对于这一说法,我完全同意,我第一章的主要目的就是要表明事情就应该是这样。任何作为目的的善的东西必须被认作是无需证明就是善的。到目前为止我们的意见都一致。密尔甚至使用了我在第二章中使用的同一个例子。他说:“如何可能证明健康是善的?”“可以给出什么样的证明来表明快乐是善的?”同样,在第四章,在讨论其对于功利主义原则的证明时,密尔用这样的话重复了其上述陈述:“已经注意到”,他说,“就‘证明’一词日常的含义而言,终极目的问题并不接受证明”(第 52 页)。“目的问题,”在同一段中他继续讨论道,“换句话说,就是什么事物值得欲求的问题。”我之所以引用这些重复的话,是因为这些话使如下一点显得非常清楚(不这样做的话人们可能会怀疑这一点):密尔完全将“值得欲求的”或“作为目的值得欲求的”当作与“作为目的的善”的同义词来使用。那么我们就来听一下,对于这一学说,他提出了什么样的理由来证明快乐本身就是作为目的的善的。

40.“目的问题,”他说,“换句话说,就是什么事物值得欲求的
118 问题。功利主义者的主张就是,幸福是值得欲求的,并且是仅有的作为目的值得欲求之物。所有其它事物都只是作为该目的之手段

值得欲求。这一学说应该需要什么才足以让人相信其主张呢？它必须满足什么样的条件呢？

“说一个事物是可以看到的，唯一可以给出的证明就是人们实际上看到了它。说一个声音是可以听到的，唯一可以给出的证明就是人们听到了它。我们经验的其它来源也都是如此。以类似的方式，我理解，说一个事物是值得欲求的，唯一可以给出的证据就是人们实际上欲求它。如果功利主义学说为其自身提出的目的，无论是在理论中还是在实践中，都不被承认为是一个目的的话，那么就绝不能够使得人们相信它就是这样的。没有什么理由可以解释公共幸福是值得欲求的，除非每一个人都欲求自身的幸福，并且相信是可以得到的。事实既然如此，我们不仅拥有情况所许可的全部证据，而且拥有可能需要的全部证据，来表明幸福是一种善。每一个人的幸福对于那个人来说是善的，公共幸福因而是所有人加在一起的善。幸福已经取得是行为的目的之一的资格，相应地，也就取得了是一种道德标准的资格。”（第 52－53 页）

引用已经足够。这是我讨论的第一点。密尔如每一个人都能够想望的那样如此天真而又笨劣地使用了一种自然主义的谬误。“善，”他告诉我们说，意味着“值得欲求的”，而且你只能通过发现人们实际上欲求什么来发现什么是值得欲求的。这当然只是证明快乐主义的一步。因为，有可能，如密尔继续所说的那样，除了快乐，还有别的东西是被欲求的。快乐是否像密尔所认为的（第 58 页）那样是仅有的被欲求之物，这是一个心理学问题。我们马上就要讨论这一点。而对于伦理学来说，重要的一步就是刚才所采取的一步，即去证明“善”即意味着“被欲求的”。

然而，在这一步中，错误如此明显。密尔居然没有认识到这一点，真是让人万分惊讶。事实是，“值得欲求的”并不意味着“能够被欲求的”，就跟“可见的”并不意味着“能被看见”一样。“值得欲求的”仅仅意味着**应该**被欲求的或**值得**被欲求的。正如“可恶的”
119 并不意味着可被憎恶的，而是意味着应被憎恶的，而“该死的”意味着应被咒骂的。因而，在“值得欲求的”一词的外表之下，密尔已经偷偷带进了一个他应该很清楚的概念。“值得欲求的”的确意味着“去欲求它是好的”，但是当这样理解时，就不再能够合理地说，对于它的仅有的测试就是实际上被欲求的。当祈祷书谈到**好的**欲求时，它仅仅是一个同义反复吗？**坏的**欲求不也是可能的吗？而且，我们发现密尔自己谈到了“更好的更尊贵的欲求对象”（第 10 页），就好像被欲求的东西最终不是**根据其自身**是善的，而是根据它被欲求的量是善的。而且，如果被欲求的东西是**根据其自身**是善的，那么善**根据其自身**就是我们行为的动机，所以，也就不存在要像密尔如此痛苦地做的那样，找到按善来行事的动机的问题了。如果密尔对于“值得欲求的”一词的解释是**对的**，那么他所说的（第 26 页）行动的规则可能与行动的动机混淆的主张就是不对的。因为行动的动机**根据其自身**就应该是行动的规则，两者之间不存在差别，因而也就不存在混淆，他自己也就完全是自相矛盾的了。正如我努力表明的那样，这些都是伴随着运用自然主义的谬误而产生的各种矛盾的例子。关于这一点，我想我无需再多说什么了。

41. 因此综上，密尔试图确立其快乐主义的第一步的确是错误的。他证明善与被欲求之物是同一的，但他是通过混淆“值得欲求的”的两种含义来证明的：“值得欲求的”一词的确切含义——值得

欲求的意指欲求它必定是善的——与“值得欲求的”如果与“可见的”这样的词汇相似将会承载的含义。如果“值得欲求的”等同于“善”,那它就承载一种含义;如果它等同于“被欲求的”,那它承载的完全是另外一种含义。而按照密尔的意思,被欲求的就必然是善的,那么这两种“值得欲求的”含义就完全需要是同一种含义。如果他坚持它们是同一种含义,那这就与他在其它地方的主张相矛盾;如果他主张它们不是同一种含义,那么他对快乐主义的第一步证明就绝对是没有价值的。

不过现在我们需要来处理其第二步的证明。密尔认为他已经
证明了善意味的是被欲求的。他发现,如果他进而主张快乐本身 120
是善的,他必须证明快乐本身真的是被欲求的。“快乐本身是我们所有欲求的对象”这一主张,就是被西季威克教授称作是心理快乐主义的学说。这是一种被现代大部分杰出心理学家认为应加以拒绝的学说,但却是证明任何自然主义的,如密尔的快乐主义的必要一环。它如此普遍地为那些既非心理学专家又非哲学专家的人们所坚持。我想花一些篇幅来处理这个问题。我们会发现,密尔不会以露骨的方式坚持这一主张,因此,他承认除快乐以外还有其它一些事物为人们所欲求;而承认了这一点,就立即会与他的快乐主义相矛盾。他试图回避这一矛盾的游移立场我们随后就会处理。但是有人会认为无须这种游移。他们会像《高尔吉亚篇》里的卡里克勒批评波吕斯[⑨]那样批评密尔,认为他所做出的这样一种最为有害的承认,全都缘于对于所出现的矛盾最为不值的胆怯。与之

⑨　柏拉图:《高尔吉亚篇》,481c－487b。

相反，他们拥有坚守信念的勇气，并且会毫无愧色地将这种矛盾坚持到底，保卫他们认为是真理的那种东西。

42.好的，那么我们就假定，这种学说主张快乐是所有欲望的对象，是所有人类行为的普遍目的。现在，我假定无可否认的是人们常常说他们还欲求其它的东西，比如说，我们经常谈到说想要吃喝，想要得到金钱、赞许和名声。那么，问题就在于，欲求或欲求的对象到底意味着什么？很明显可以断定，在那种被称作欲望的东西与那种被称作快乐的东西之间存在着某种必然的和普遍的关系。问题在于，这种关系是什么样的关系；这种关系会证明快乐主义，不管是否与前边提到的自然主义谬误一起。现在，我并不准备否定快乐与欲望之间存在着某种普遍的关系，但是我希望表明如果有关系的话，它是这样一种关系，与其说它是支持快乐主义，不如说它是反对快乐主义。快乐主义主张快乐总是欲望的对象，而我却准备承认快乐总是，起码部分总是欲望的原因。这一区分是
121 非常重要的。两种观点可以以同一种语言被表达，两种观点被认为都主张不管我们欲求什么，我们总是因为某种快乐而欲求。如果我问我所假定的快乐主义者："为什么你欲求那个？"他可能与其意思非常一致地回答说："因为那里有快乐。"如果他问我同样的问题，我可能同样与我意思一致地说："因为这里有快乐。"只是我们的两种回答可能会意味着不同的事情。我认为心理快乐主义如此经常被坚持，主要原因就是这种用同样的语言指涉不同的事实。它同样也是引起密尔自然主义谬误的主要原因。

我们试着分析一下被称作"欲望"的东西的心理状态。这一名称通常被限定在一种心灵状态那里，在其中并不存在的某些对象

或事件的观念被呈现给我们。比如说，假定我现在想要一杯葡萄酒。这时在我心中就有了一个喝下这样一杯酒的观念，尽管我还没有喝。那么，快乐是怎么进入到这一关系中的？我的理论是，它是以这样一种方式进入的。在我心中，喝酒的观念导致了快乐的感受，这种感受帮助产生了初期的行为状态，这种状态被称作“欲望”。因此，是因为我已经有的——只是由观念激发的——快乐，我才欲求我还没有的酒。而且我也准备承认，这样一种快乐，一种实际的快乐，总是每种欲望的原因之一。它不仅仅是每种欲望的原因，也是每一种心理活动的原因——不管是有意识的还是无意识的。我准备承认这一点，同时声明我并不能够保证这是真的心理学说。但是，在所有的情况中，这都并不像乍看上去的那么荒谬。那么现在，另外一个学说是什么呢？那个我主张坚持的，而且在任何情况下对密尔的论证都很关键的学说是什么呢？它是这样的一种学说。当我欲求酒时，我欲求的并不是酒，而是期望从酒中得到的快乐。换句话说，这个学说认为，要引起欲望，一种非现实的快乐的观念总是必需的；而我的学说认为，要引起欲望，由其它某种东西的观念所引起的现实的快乐总是必需的。我认为心理快乐主义混淆了这两类不同的理论。如布拉德雷先生指出的那样， 122
这种混淆是混淆了“一种令人愉悦的思想”和“关于一种快乐的思想”。[⑩] 事实上只有在后者即“关于一种快乐的思想”出现的地方，快乐才被说成是欲望的对象，或行动的动机。另一方面，当只有一种令人愉悦的思想出现时——正像我认为的，情况可能总是这样，

⑩　布拉德雷：《伦理学研究》，第232页。

这时,思想的对象,也就是我们正想着的东西,才是欲望的对象和行动的动机;而且这一思想所激发的快乐,可能的确引起我们的欲望或推动我们去行动,但它却既不是我们的目的或对象,也不是我们的动机。

这样,我希望这一区分足够清晰。现在我们来看一看它是怎样关联于伦理快乐主义的。欲望对象的观念并不总是也并不仅是快乐的观念,我认为这一点显而易见。很明显,首先,当我们欲求某个事物时,我们并不总是意识到期望快乐。我们或许只是意识到我们所欲求的东西,并被推动着去马上得到它,而没有去想它是否会给我们带来快乐或痛苦。其次,甚至在当我们真的期望快乐时,下面这样的情况也一定非常罕见:我们所欲望的**仅有**快乐。比如说,假定当我欲求一杯葡萄酒时,我有我期望从中得到的快乐的观念,这样就很明显,快乐不可能是我欲求的唯一对象;葡萄酒必然包含在我的对象中,否则,我可能不是被欲望引导着去喝葡萄酒,而是去喝苦艾酒。如果欲望指向的**仅有**快乐,它就不可能引导我去饮酒。如果它要有一个确定的方向,那么就绝对需要期待从中得到快乐的对象的观念一同出现并且控制我的活动。因而,主张被欲望的东西总是且只是快乐的理论必定失败,沿着这条论证路线,不可能证明快乐本身就是善的。不过,如果我们用其它可能正确的理论来替代这一理论,主张快乐总是欲望的起因,那么,主张快乐本身就才是善的这一伦理学说所有的貌似有理性就立刻消散了。因为,在这种情况下,快乐不是我所欲求的东西,它不是我
123 想要的:它是我在能够想要任何东西之前我已经有了的某种东西。那么谁还会倾向于主张,当我还在欲求某个其它东西的时候,我已

经有了的某种东西却总是并且本身就是善的？

43.现在，我们回过头来考察一下密尔为其立场“幸福本身就是人类行动的目的”所做的另外一个论证。就如我所说，密尔承认，快乐不是我们实际欲求的仅有的事物。“对于德性的欲求，”他说，“不像人们对于幸福的欲求那样普遍，但它却和后者一样是真实的事实”（第 53 页）。他还说，“许多时候，人们为欲求金钱本身而欲求金钱”（第 55 页）。这些说法当然是赤裸裸地、醒目地与他所主张的“快乐是值得欲求的仅有的事物，因为它是被欲求的仅有的事物”相矛盾。那么密尔又是怎样试图回避这一矛盾的呢？他的主要论证似乎是，“德性”、“金钱”以及其它一些对象，当它们被这样欲求并且因其自身而被欲求的时候，它们只是“作为幸福的一部分”而被欲求（第 56－57 页）。那么，这是什么意思呢？幸福，就像我们所看到的那样，被密尔定义为“快乐和免除痛苦”。密尔是说“金钱”这样一些实际的货币——他承认它们是被欲求并且因其自身而被欲求的——要么是快乐的一部分，要么是免除痛苦的一部分？他会坚持说这些货币在我的心中，并且实际上是我快乐感受的一部分吗？如果他真这么说了的话，他所说全都是废话：因为这样一来，任何东西都不可能和另外一个东西区别开了，而如果两个东西不能区别，那么它们到底又是什么呢？接下来我们就会听到，这桌子跟这房子实际地真正地是同一个东西；一匹套车的马事实上与圣保罗教堂也没有区别；我手里拿着的密尔的这本书，因为是他那时快乐地写出来的，因而现在这此刻是他多年前所感觉到的早就不存在的幸福的一部分。拜托你仔细考虑一下这样一种不值一谈的胡说到底是什么意思吧。“金钱，”密尔说，“只有作为达

到幸福的手段才是值得欲求的。”或许是这样，但是那又怎么样呢？密尔接着说道，“金钱无疑是因其自身的缘故而被欲求的。”我们会说：“是的，继续说。”“那好，”密尔说道，“如果金钱是因其自身的缘故而被欲求的，那它就必定是自身就是目的而值得欲求的。
124 我自己就这样说过。”“噢，”我们说，“可是你刚才也说过它只是作为手段而值得欲求的。”“我承认我说过，”密尔会说，“但我会修补这个漏洞，我会说，那个只是目的的手段的东西，与那个是目的的一部分的东西是同一个东西。我敢说公众没有注意到这一点。”公众确实没有注意到，而密尔确实也是这么做的。他打破了目的与手段的区分，而他的快乐主义却依赖这种严格的区分。他被迫这么做，因为他一直没有能够区分值得欲求之物意义上的“目的”与被欲求之物意义上的“目的”，而这一区分，却既是他目前的论证，又是他整本书的前提。这是自然主义谬误的一种后果。

44.因此，密尔所说顶多如此了。他的两个基本命题，用他自己的话来说就是：“认为一个对象值得欲求(除非为其后果的缘故)与认为它是令人愉悦的，这是同一件事情。欲求一个东西同时又反对它的观念是令人愉悦的，不论是在有形世界的意义上还是在形而上学意义上都是不可能的。”我们已经看到，这两个陈述都是依靠各种谬误来支持。第一个陈述似乎建立在自然主义谬误之上，第二个陈述部分地建立在自然主义谬误之上，部分地建立在混淆目的与手段的错误之上，部分地是建立在混淆“一个令人愉悦的思想”与“关于一种快乐的思想”的错误之上。他自己的陈述已经表明了这一点。因为，其第二条件中的“一事物的观念是令人愉悦的”显然与第一条件中的“认为它是令人愉悦的”指的是同一个

事实。

相应地，关于快乐是唯一的善这一命题，密尔的论证以及我们对于这一论证的反驳可总结如下：

首先，他将“值得欲求之物”与“善物”作为同义语来使用，意指可以被欲求之物。而反过来，按照他的看法，可以被欲求之物的证据就是实际上被欲求之物。因而他说，如果我们能够发现某物总是本身被欲求，那么此物就必然是值得欲求的仅有之物，是仅有的作为目的的善物。这一论证中显然有自然主义的谬误。我解释 125
过，这样一种谬误就是主张：“善不意味其它任何东西，只意味某种简单或复合的概念，可用某种自然属性来定义的概念。”在密尔那里，善因而被认为只是意味被欲求的东西。而被欲求的东西是某种可以用自然术语来定义的东西。密尔告诉我们说我们应当欲求某物（一个伦理学命题），因为我们实际上的确欲求它。但是，如果他的主张“我应当欲求”只不过意味着“我的确欲求”是对的，那么，他只是有资格说“我们的确欲求如此这般的东西，因为我们的确欲求它。”但这完全不是一个伦理学命题，而只是一个同义反复。密尔整本书的目的都是要帮助我们发现我们应当做什么，但是事实上，通过尝试定义这一“应当”的意义，他实际上却彻底排除了自己完成这一任务的可能，他把自己限定在了告诉我们我们的确做了什么上。

密尔的第一个论证因而是，因为善意味着被欲求，因而被欲求的就是善的。他这是通过否认任何伦理学结论是可能的得到了一个伦理学结论，因而需要另外一个论证才能使他的结论成为快乐主义的基础。他不得不论证我们的确总是欲求快乐或欲求免除痛

苦，我们永远不欲求其它任何东西。这第二个学说，西季威克教授称之为心理快乐主义，我也相应地讨论过了。我指出，除了快乐我们绝不欲求其它任何东西，这种说法多么明显地不真实；甚至我们说，每当我们欲求某物时，除了那个东西外，我们也总是欲求快乐，这也是何等地无根据。我认为顽固地相信这些虚妄部分地是由于混淆了欲望的原因与欲望的对象。我说过，除非有某种实际的快乐在先，否则欲望有可能永远也不会产生，这样说或许是对的；但是，即便这是对的，也明显没有根据说欲望的对象总会是某种未来的快乐。欲望的对象是这样的东西，对于它的观念引发了我们的欲望。它是某种我们期望的快乐，某种我们还没有得到的快乐，是每当我们真的欲求快乐时，欲望的对象。任何也许是由这一被期
126 望的快乐的观念所激发的实际的快乐，显然与被期望的快乐不是同一种快乐。在被期望的快乐那里，只有观念是实际的。这一实际的快乐并不是我们所想要的，我们想要的永远是某种我们还没有得到的东西。说快乐总是引起我们想要，完全不同于说我们想要的总是快乐。

最后，我们看到，密尔承认所有这一切。虽然他坚持说除了快乐之外我们实际上还欲求其它东西，但是他又说，我们的确真的不欲求别的东西。他试图消除这一矛盾，但却是通过混淆了目的与手段这两个他之前小心加以区分的概念。现在他说，目的的手段与目的的一部分是一个东西。我们要特别关注最后这个谬误，我们对于快乐主义的最后判决很大程度上都依赖于它。

45. 现在，我们得尝试做出对于快乐主义的最后判决了。到目前为止，我只是在批驳密尔对于快乐主义的自然主义论证。快乐

是本身就值得欲求的也许仍然是对的，尽管密尔的种种错误论证没有能够证明它是对的。这是我们现在必须面对的一问题。“快乐本身是善的或是值得欲求的”，这一命题毫无疑问属于第一原则一类的命题（这类命题不能有直接的证明），密尔开头曾正确地说过这一点。对于这一原则，密尔也曾正确地指出：“人们或许可以提出种种决定理智的考虑，使其赞成或反对这一学说”（第 7 页）。西季威克教授就提出了这样一类考虑，我将提出的相反主张也是这样一类考虑。“快乐本身是作为目的的善”这一伦理快乐主义的基本命题将会表现为（用西季威克教授的话来说就是）一种直觉的对象。西季威克教授的直觉支持这一主张，而我将向你表明为什么我的直觉则否认这一主张。尽管直觉不能证明它是否为真，它可能仍然总是为真。如果我“可以提出种种决定理智的考虑”来否定这一说法，那我肯定就会非常满意了。

因此或许可以说，这是一个非常不令人满意的事物状态。的确是不令人满意；但重要的是区分有可能给出的两类认为它不令 127
人满意的理由。不令人满意是因为我们的原则不能被证明？还是说不令人满意仅仅是因为我们彼此不能就其达成一致？我倾向于认为后者是主要原因。因为某些情况下证明是不可能的，仅仅是这一事实通常并不会使我们有任何不安。比如说，谁也不能够证明我身边是一把椅子；然而我并不假定什么人会由于这一原因而非常不满。我们都同意它是一把椅子，这足以让我们满意了，尽管很有可能我们会错。当然，或许会有一个疯子进来说它不是一把椅子而是一头大象。我们无法证明他是错的，他不同意我们的看法这一点或许开始会让我们不安。进而，这时如果某个我们并不

认为是疯子的人不同意我们的看法，我们必定会不安。我们会试图说服他，如果我们能够引导他与我们的意见一致，我们就可能会感到满意，尽管我们并没有证明我们的观点。我们可以劝说他，向他表明在另外他坚持为真的事情上，我们的观点与他的观点一致，而他刚才的观点则与之矛盾。然而，不可能证明我们都同意为真的另外的事情确实是真的；我们会满意于通过它来解决争议中的问题，仅仅因为我们就其达成了一致。简而言之，我们在这些事情中感到的不满与下述故事中那可怜的精神病人感到的不满几乎可以说就是一个类型。“我说这世界疯了，”精神病人说道，“而世界说是我疯了。哎呀真可恶啊，他们的票数盖过了我。”在我看来，几乎总是这样一种分歧，而非证明的不可能性，使得我们认为事情的状态令人不满。因为，的确，谁能证明证明自身是真理的保证？我们都同意逻辑法则为真，因而我们接受运用这些法则证明的结果；但是这样一种证明让我们满意，仅仅是因为我们都完全同意它是真理的保证。而且，根据事情的性质，我们仍然不能够证明我们如此同意是对的。

相应地，我认为我们不需对下面一点感到过分沮丧：我们承认我们不能证明快乐本身是否就是善。无论如何，我们或许能够达
128 成一致。若真如此，我认为这就已经令人满意了。不过我对我们得到这种满意的前景并不太乐观。伦理学，以及一般说来哲学，总是处于一种独特的令人不满意的状态。关于它们，不存在着像椅子、光线、长凳存在那样的一致意见。如果我竟期望能够一劳永逸地解决这样一个大的争端，那我可真的就是一个傻瓜了。我完全没有可能会说服人们相信争端被解决了。甚至是期望最终，比如

说过上两到三个世纪之后，人们同意说快乐不是唯一的善，也是非常冒失的。哲学问题如此困难，它们所提出的疑问如此复杂，不管是现在还是过去，谁都无法完全期望获得哪怕非常有限的同意。不过我还是认为我将提出的考量在我看来是绝对有说服力的。只要我能很好地表述它们，我的确相信它们应该是具有说服力的。无论如何，我还是要试上一试的。我将力图结束我前边讲到的事物令人不满意的状态。我将力图表明，如果能够清晰地去思考快乐主义的基本原则应该意味着什么，思考这一清楚的含义与其它我认为并不那么容易被放弃的信念是如何产生冲突的，我们就可以达成一致，认识到快乐主义的基本原则非常像是一种谬论。

46.那么好，我们现在就开始讨论直觉主义的快乐主义。可以观察到，这一讨论的开端标志着我的伦理学方法的一个转折点。目前为止我一直在努力处理的一点是可以得到严格证明的，否定这一点会引起诸多矛盾。这一点就是："善是不可定义的"，否认它会引起一个错误。现在我们要进而处理"什么事物或什么特性是善的"这一问题，伦理学的存在就是为了回答这类问题。正是因为我们前一回答，我们对善的意义的回答的直接证明是可能的，所以对现在这一问题的任何回答的直接证明是不可能的。我们现在只限于期望得到密尔所说的"间接证明"，只期望确定彼此的理智。我们现在做这样的限定，只是因为，在前一问题上我们没做这样的
限定。因此，这里是一个听命于我们裁定的直觉，这一直觉就是： 129
"快乐本身是作为目的的善，快乐就其自身并且因其自身而为善"。

47.关于这一关联，似乎值得首先触及密尔的另外一个学说。为了维护快乐主义，西季威克教授非常明智地拒绝了这一学说。

这一学说谈到“快乐在质上的差异”。“如果我被问到”，密尔说，“快乐在质上的差异是什么意思，或者是什么让一种快乐比另外一种快乐更加有价值，仅仅作为快乐更有价值，而非在数量上更大，那就只存在一种可能的回答。在两种快乐中，如果所有或几乎所有对二者均有经验的人对其中一种给予了一个明显的偏好，而不考虑偏好它的道德义务感，那么它就是更值得欲求的快乐。如果其中之一，被那些足够熟知两者的人置于另外一个之上，即便是知道会伴随有较大的不满意而仍然偏好它，而且不会因为另外一种快乐的本性能够提供更大快乐而放弃它，那么，我们就有理由赋予被偏好的快乐以质的优越性，并且这种质的优越性远超其量的方面，相较而言，量就显得微不足道了”(第 12 页)。

相较而言，众所周知，边沁的快乐主义完全建基于“快乐的量”之上。他的格言是：“当快乐的量相等时，图钉与诗歌同善。”但是密尔显然认为边沁证明了诗歌还是要比图钉更善，诗歌的确产生了更大的快乐的量。不过密尔还是说：“功利主义者或许可以采用另外一种也许可被称为更高的标准，以保持一致性”(第 11 页)。现在我们看到，密尔承认“快乐的质”是衡量快乐的另外一种不同于边沁的量的标准；而且，通过使用一个他后来将其翻译成“更优越的”丐词“更高的”，他似乎流露出一丝不安的感觉，毕竟，如果你将快乐的量作为唯一标准，总感觉什么地方会有点不对，你可能会
130 被人称作猪。照现在的状况，你似乎的确配享该名。不过，在这里，我只是想表明，密尔接受快乐的质要么与其快乐主义不一致，要么除了仅仅由快乐的量提供的标准外，他无法为快乐的质找到其它标准。

我们会看到，密尔提出的检验一种快乐在质上优于另一种快乐的标准不过是大部分对二者有经验的人们的偏好。这种被偏好的快乐，他主张，就是更值得欲求的。不过，我们已经看到，他还主张说："认为一个对象是值得欲求的与认为它是快乐的是同样一件事情"（第58页）。因而他主张，各位能手之偏好只是证明了这一快乐要比另外一种快乐更加让人快乐。不过，如果真的是这样，他是如何能够将这一标准与快乐的量的标准区别开的？除了在它给出了更多快乐的意义上之外，一种快乐还可以比另外一种快乐更让人快乐吗？如果语词还可以具有任何意义的话，那么，"令人愉快的"就应该是指某种为一切令人愉快的事物所共有的特质；而且如果真的是这样，那么一件事情是否比另外一件事情更令人愉悦，就只能根据它拥有这一特质的多少来确定。不过，我们还要考虑另外一种可能，并假定密尔并没有那么认真地认为能手的偏好仅仅证明了这一快乐要比另外一种快乐更加让人快乐。那好，在这样一种情况下，"被偏好的"到底意谓着什么？它不可能意谓着"更多被欲求的"，因为，我们知道，按照密尔，欲求的程度总是与令人愉悦的程度完全相称。但是，在这种情况下，密尔的快乐主义基础就崩塌了，因为他承认一件事情可能比另外一件事情更被偏好，因而证明更值得欲求，尽管它并没有更多地被欲求。在这种情况下，密尔的偏好判断只不过是一种直觉型的判断，而我也一直主张，它是建立快乐主义原则或其它任何原则所必需的。一件事情更值得欲求，或者它比另外一件事情更好，这是一个直接的判断。这种判断完全独立于所有诸如一件事情是否更多地被欲求，是否比另外一件事情更令人愉悦的考量。这就等于是承认，善就是善的，是不

可定义的。

48.同时，还要注意由此讨论所带出的另外一点。密尔关于偏好的判断，就其所要建立的快乐本身就是善的这一原则而言，是明
131 显的与其不一致的。他承认能手可以判断一种快乐是否比另外一种快乐更值得欲求，因为快乐在质上有差异。但是这意味着什么呢？如果一种快乐可以在质上区别于另外一种快乐，那也就意味着，一种快乐是某种复合物，即由快乐加上那种产生快乐的东西所组成的东西。比如，密尔提到是“更低级的快乐”的“肉体放纵”。但是肉体放纵是什么呢？它其实是某种感官刺激加上由此刺激所带来的快乐。因而，当密尔认为肉体放纵可直接判断为要比另外一种快乐更低——而其中所牵涉到的快乐程度或许是一样的——时，他就等于是承认另外一些完全独立于与之伴随的快乐的事物更好或更坏。事实上，一种快乐完全是一个误导人的术语，它隐瞒了我们所讨论的不是快乐而是另外某种东西这样一个事实。这另外的某种东西或许必然产生快乐，不过它还是完全不同于快乐。

因而，密尔在认为评估快乐的质与其快乐主义原则“唯有快乐和免于痛苦是作为目的值得欲求的”是一致的时，事实上又犯下了混淆目的与手段的错误。因为，即便我们对他的意思做最好的假定：我们假定他用“快乐”一词意指的并不是那种产生快乐的东西及其所产生的快乐，尽管他的话隐含了这个意思；我们假定他用这个词意指存在着各种各样的快乐，就跟说存在着蓝的、红的、绿的等等各种各样的颜色是一个意思。即便是在这样一种情况下，如果我们说我们的目的是颜色本身，那么，尽管我们不可能有无特定颜色的颜色，我们必定有的特定颜色也只是我们拥有颜色的一个

手段，如果颜色是我们的目的的话。而且，即使颜色是我们唯一可能的目的，就跟密尔说快乐是我们唯一可能的目的那样，那也不可能有理由去偏好一种颜色而不偏好另一种颜色，比如说偏好红而不偏好蓝，除非一种颜色比另外一种更是一种颜色。可是密尔恰恰对快乐持一种与此有别的见解。

相应地，对密尔认为某些快乐在质上优于另外一些快乐的观点的考察，产生了也许在“快乐是仅有的善”这一直觉问题上“有助 132
于决定理智”的一点。因为通过这种考察可以得到这样的事实，如果你说到“快乐”，那你就一定是意味着“快乐”。你一定是在意味着与所有不同的“快乐”相同的东西，这个东西可以存在着程度上的不同，但是却不能够在“种类”上不同。我已经指出，如果你像密尔那样说要把快乐的质考虑进去，那么你就不能够再坚持说快乐本身是作为目的的善，因为你已经蕴涵了另外一种不同的东西，另外一种不出现在所有快乐中的东西。这种东西也是作为目的的善。我给出的颜色的例证，已经非常准确地表达了这一点。因为很明显，如果你说“颜色本身是作为目的的善”，那么，你就不可能给出偏好这一颜色而非另外一种颜色的理由。你唯一的善恶标准因而只能是“颜色”；而且既然红与蓝同等地遵守这一标准，你就不可能有标准来判断红是否是要比蓝更好。除非你同时拥有一个或所有特殊的颜色，否则你就不可能拥有颜色，这种说法是对的。因而，如果颜色就是目的，它们就都会是作为手段而为善，而且甚至是作为手段，也没有一种颜色可以比另外一种颜色更好，更不要说它们之中之一可以被看作是自身的目的了。快乐也是如此。如果我们真的认为“快乐本身是作为目的为善的”，那我们就必然得赞

成边沁“当快乐的量相等时，图钉与诗歌同善”的主张。这样抛弃了密尔对于快乐的质的参照，那就可以向着所向往的东西的方向前进一步。这样就不再能够有什么能够妨碍读者赞成我的看法，不再主张快乐主义的原则“快乐本身是作为目的的善”与那种认为“一种快乐也许比另外一种快乐具有更好的质”的主张一致。我们已经看到，这两种主张是相互矛盾的，我们必须在两者之间做出选择，如果我们选择后者，我们就必须放弃快乐主义的原则。

49.不过，正如我已经说过的那样，西季威克教授已经看到了它们之间的不一致。他已经看到，必须在两者之间做出选择。他也做了选择。他拒绝了快乐的质的检测，并且接受了快乐主义的原则。他仍然主张“快乐本身是作为目的的善”。因此，我准备讨
133 论他提出来以说服我们的那些考量。我希望通过这些讨论来清除那些可能妨碍同意我的主张的偏见与误解。如果我能够表明西季威克教授所提出的诸多考量中的某一些是那种我们绝对不能同意的主张，而另外一些实际上更有利于支持我而不是更有利于支持他，那么我们就有可能朝我们所期望的一致再推进几小步。

50.我提请关注的《伦理学方法》中的段落见于第一编第九章第4节和第三编第十四章第4－5节。[11]

其中第一段落如下：

“我认为，如果我们缜密地考察通常被判断为善的那些稳定的结果，而不是考察人的品行，我们就会发现：离开了人的存在，或至

[11] 此处所引西季威克的两处文字，中文译文见西季威克：《伦理学方法》，廖申白译，中国社会科学出版社，1993年。—— 译者

少是离开了某种意识或感觉，任何东西都不具有这种善性。

“例如，我们通常认为某些无生命的对象、景观具有美的特性，因而把它们判断为善的，而把其它具有丑的特性的对象、景观判断为恶的；但是谁也不会认为，离开人对审美创造活动的沉思还能合理地在外部自然中创造美。事实上，当人们坚持美是客观的时候，人们通常并不是说它是作为美而存在的，是不依赖于同任何一种心灵的关系的，而是说存在着某种对所有人的心灵都有效的标准。

“然而，人们可以说，虽然我们不能设想美及其它通常被判定为善的结果是不依赖于人（或至少是不依赖某种精神）而存在的，但是作为目的它们是如此地独立于它们赖以存在的人，以致我们可以想象它们是在与人的完善或幸福相竞争。例如，虽然可以说美的事物不值得去创造，除非是作为沉思的可能对象，人们仍然可以致力于创造美的事物而不虑及将沉思它们的人。同样，知识也是一种唯有心灵才能存在的善，然而人们可以更有兴趣去发展知
识而不是使某些特定的心灵占有知识，可以把前者当成是终极目 134
的而不虑及后者。

“不过我想，一旦清晰地理解了各种可能性，人们就会普遍地认为：我们对善、知识以及其它观念上的善以及所有外在物的追求只是就它们有利于人的存在的(1)幸福或(2)完善（或美德）而言才是合理的。我之所以说‘人的’，是因为尽管大多数功利主义者觉得应当把低等动物的快乐（及痛苦的免除）包括在被他们视为行为的正当目的的幸福之中，却没有人强调我们应当完善牲畜，除非作为达到我们目的的手段，或至少是作为我们的科学沉思或美学沉思的对象。其次，我们也不能把高于人之上的存在物的存在作

为一个实践的目的。我们当然也把善的观念用于神的存在，正如我们也把它用于神的创造一样，事实上我们还极其突出地把善观念用于神的存在。当人们说‘我们应当努力赞扬神’时，其含义似乎就是我们的颂扬使得神的存在更好。不过，明确地说出这种含义似乎有些不虔诚，因而神学家们都避免直接说出它，避免对作为人类责任之根据的神的存在的善性加上可能的附加因素。此外，在目前，我们也不可能把我们的行为对除神之外的其他超人的智能存在物的影响作为科学讨论的问题。

“因而，我有信心这样说，如果人除了幸福之外还应当追求其他作为终极实践目的的善，它只能是人存在的善性、完善或美德。这一概念在多大程度上包括了德性之外的内容，它与快乐的准确关系如何，以及如果我们把它作为基本概念将逻辑地引出何种方法，我们将在后面去讨论，即在详尽地考察了其它两个概念——即快乐与德性，我们在接下去的两编中将致力于考察它们——之后再去讨论，那样将更为方便些。”

可以看到，在这一大段中，西季威克教授极力限定可以作为终极目的的对象的范围。他并没有说那个目的是什么，但是除了人
135 类存在的某些特征，他确实将一切都排除在了这个目的之外。被他所排除的那些可能目的，就没再被拿出来加以考量了。在这一段文字中，并且只在这一段文字中，它们被一劳永逸地排斥掉了。那么，这一排斥有理由吗？

我并不认为如此。“谁也不会认为，”西季威克教授说，“离开人对审美创造活动的沉思还能合理地在外部自然中创造美。”那么，我可能马上就要说，我，作为一个人，的确认为这是合理的。我

们来看一看是否是没法让任何人同意我的看法。现在让我们考虑一下，承认这一点实际上意味着什么。它使得我们有资格提出下述情况。让我们来想象一个异常美丽的世界。想象它要多美有多美，把这个世界你所欣赏的一切都放到它上——高山、河流、大海；林木、黄昏、星月。想象这一切最为精美协调和谐匀称地结合在一起，没有一个部分与其它部分显得突兀与不和谐，每一个部分的存在都增进了整体之美。然后再极尽你的想象力想象一个最为丑陋的世界。想象它不过是一大堆最令我们恶心的污垢，因而不管是出于什么理由，其本身作为一个整体，没有丝毫可取之处。这样两个世界我们有资格加以比较。它们符合西季威克教授的意思，而比较也是高度相关的。我们唯一没资格想象的是，是否有哪一个人曾经或者或许能够生活在其中的一个世界里，从而能够看到或欣赏一个世界的美，或者憎恶另一个世界的污秽。好的，即便如此，即便假定这两个世界完全不可能供人类做任何沉思，主张这个美的世界比那个丑的世界更应该存在这一点更好有什么不合理吗？无论如何，我们尽力去创造一个美的世界而非另外一个世界，这有什么不好吗？我当然会禁不住认为这是好的，我也期望有人在这一极端的例子中会赞成我的看法。例子是够极端。我们面临这么一个选择的可能性非常小，如果不是完全不可能的话。在任何实际的选择中，我们都应该考虑我们的行动对于有意识的存在物的可能后果，而在这些可能的后果中，我认为总会有一些会偏好 136
单纯的美的存在。但是这仅仅意味着，在我们目前只能获得一小部分善物的状态下，为追求美而追求美总是会滞后于追求某些同样能获得的更大的善。但这对于我的目的来说已经足够了。如果

承认，假定完全没有更大的善可以获得，那么美本身一定会被看作是比恶更大的善；如果承认在这种情况中，我们偏好一种行为过程而非另外一种行为过程不会没有任何理由，如果承认在这种情况中，我们不是没有任何责任，那么在我们力所能及的范围内能够使这个世界更美，就应该是我们确定的责任了，因为我们的努力不能造成比美更好的东西了。一旦承认这一点，一旦在任何能够想象的情景中你都承认更为美好事物的存在本身就比丑恶事物的存在更好，更不用说其对人类情感的影响了，那么西季威克教授的原则就已经破产。因而我们应该让我们的终极目的包括一些超越人类存在界限的东西。我当然也承认，如果有人类在其中思考与享受美，我们的美好世界会更好。但是承认这一点与我的观点没有丝毫冲突。一旦承认美好世界本身就比丑恶要好，那么接下来，不管人类是否会欣赏它，不管他们的欣赏是否要比其本身更好，单是其存在就已经为整体的善性增加了一些东西。它不仅仅是我们目的的手段，而且其本身也是我们目的的一部分。

51. 在我上边提到的第二个段落里，西季威克教授从对德性与快乐的讨论转回来考虑（当然他同时也在考虑德性与快乐），在人类存在的各个部分之中，究竟什么可被看作是我们所看到的他所限定的终极目的。当然，在我看来，我刚才所讨论到的内容已经破坏了他这一部分论证的效力。如果像我所想的那样，人类存在之外的其它东西能够自身是目的的话，西季威克教授就不能主张已经发现了至善，因为他只是判定了人类存在的什么部分是自身值
137 得欲求的。但是与我们现在将要讨论到的部分相比，这一错误可以认为是完全无关紧要的。

“人们可能说，”西季威克教授写道（第三编第十四章第 4－5 节），“我们可以……把对真理的认识，对美的沉思，以及把自由的或德性的活动，都视为明显优于快乐或幸福的选择对象，尽管我们也承认幸福也必须作为一个部分而被包含在终极善之中……然而我认为，这种观念对于反思的人的清醒判断来说毫无意义。为说明这一点，我不得不恳请读者再度运用我在考察常识道德准则的绝对而独立的效准时请他用过的两步法。我首先请他在充分考虑了摆在面前的问题后诉诸于他的直觉判断，然后再请他诉诸于对人类正常判断的综合比较。就这第一个论据而言，至少在我看来，意识主体的这些客观联系如果离开了伴随着它们的以及由它们产生的意识，就不是最终地、内在地值得欲求的，正如被割断了与意识的联系的物质或其它对象不是最终地、内在地值得欲求的一样。我承认我们有这里所描述的这样一类偏爱：它们的终极目标是某种不属于意识的事物。但是我觉得，当我们（用巴特勒的话说）‘冷静地坐下思考时’，我们就会得出这样的结论：如果我们要向自己证明我们重视某个这样的对象是对的，我们就只能强调它以这样那样的方式有利于有感觉的存在物的幸福。

“第二个论证，即诉诸于人类常识的论证，显然不能被说成是有充分说服力的，因为——前已指出——有些有教养的人的确习惯于认为知识、艺术等等（更不必说德性）是不依赖于它们所产生的快乐的目的。但是，我们不仅可以指出所有这些‘理想的善’的要素都以各种方式产生快乐，而且可以指出它们——大致地说——愈产生快乐似乎就愈得到常识的推荐。美的情形显然是这样的；社会理想的情形也很难说不是这样。如果有人坚持说，即使 138

我们知道某种自由或社会秩序不能提高普遍幸福，它仍然可能被公认为是值得欲求的，他是不能自圆其说的。知识的情形则复杂些，但是当它是‘会结果的’这一点得到证明时，肯定是常识对于它的价值印象最深之时。然而我们也知道，经验时常表明：长期‘不结果’的知识会意想不到地变得‘硕果累累’；知识领域的某一部分也会由于另一个明显十分遥远的部分而变得明晰起来。即使一个具体的科学研究部门能被证明是甚至不产生这种间接的功利的，它也应当基于功利主义的理由而得到尊重。这一方面是因为它给研究者带来了高雅而纯粹的探索的快乐，另一方面是因为它所表现和鼓励的理智倾向总的看来会产生‘会结果’的知识。不过，在这类情况下，常识难免会抱怨有价值的努力不该以此为取向，以致通常应给予科学的那份奖赏似乎要以功利主义的衡码精确估量以后——虽然也许是无意识的——才可以授给它。而且，一旦人们在某一科学研究部分的合理性问题上产生严重分歧，争论双方就必须基于功利主义的根据来进行争论。

“对于德性的情形还需做一些特殊的考察。这是因为，由于在相互间鼓励德性的冲动和倾向是人们日常的道德谈论的一个主要目标，甚至提出这种鼓励是否会走得太远这样一个问题都显得理由不足。不过，我们的经验中也很少出现这样的例外：由于德性的培养被强化成为一种道德迷信，以致幸福的其它条件被完全忽略了，从而这种努力已经对普遍幸福产生了有害的效果。我认为，如果我们承认德性的培养已经产生了或可能产生这类‘不幸福’的效
139 果，我们一般也都将承认：在上面指出的例子中，有利于普遍幸福应当成为确定德性培养的恰当范围的标准。”

到此为止，我们已经引证了西季威克教授全部的论证。他认为，我们不应该以懂得知识和沉思美为目标，除非这种知识与沉思有助于增进有感知能力的存在物的快乐和消除他们的痛苦。只有快乐才是由于其本身的缘故而是善的，关于真理的知识只有作为达到快乐的手段才是善的。

52.我们来考虑一下这意味着什么。什么是快乐？它肯定是某种我们可以意识到，但是又与我们对它的意识有区别的东西。我想先问这样一个问题：真的可以说，只有我们意识到了快乐，我们才可以珍视快乐吗？我们应该认为，对于那种我们从来没意识，也从来不可能有意识的快乐的获得是某种因其自身应被追求的东西吗？这种快乐也许不可能存在，不可能与意识分开；尽管无疑有很多理由相信它不仅是可能的，而且是很常见的。但是，即使它是不可能的，也没有什么关系。我们的问题是：我们赋予其价值的是那种与对它的意识不同的快乐吗？我们确实认为快乐是就其本身而言有价值的吗？或者我们会坚持说，如果我们认为快乐是善的，我们必须同时要意识到它吗？

在柏拉图对话集《菲勒布篇》(21A)中，苏格拉底就很好地提出了这样一种考虑。

“普罗塔克斯，你愿意接受，”苏格拉底问道，“在享受最大快乐中度过一生吗？”

“当然愿意。”普罗塔克斯说。

苏格拉底：那么，如果你拥有这种完满的福分，你认为你还需要其它什么吗？

普罗塔克斯：当然不需要了。

苏格拉底：请考虑你所说的话。难道你不需要聪明、理智、通情达理，以及别的什么吗？你难道甚至不介意保有你的见解吗？

普罗塔克斯：我为什么需要呢？我假定我已经拥有了我想要的一切，如果我很快乐的话。

140 苏格拉底：好，那么，假定你就这么过下去，你会一生都享有最大快乐吗？

普罗塔克斯：当然。

苏格拉底：但是，另一方面，由于你并不拥有理智、记忆、知识与正确见解，你首先就必然不知道你是否快乐。因为你没有任何的智慧。你承认这一点吗？

普罗塔克斯：我承认。这是绝对必然的后果。

苏格拉底：而且，除此之外，由于你没有记忆，你必定甚至同样不能够记起你曾经是快乐的。而眼下降临于你的快乐，随后也注定不留下一丝痕迹。而且，由于你没有正确见解，当你快乐了时，你也不能够认识到你是快乐的。再者，由于丧失推理能力，你甚至没有能力去判定你将来是否快乐。你必定活得像个牡蛎，或者其它这类活的动物。它们的家在海中，灵魂却被隐匿于壳体之内。真的一切都是这样吗？还是说我们还可以另作它想？

普罗塔克斯：我们还能有什么可想呢？

苏格拉底：好，那么，我们会认为这样的生活是值得欲求的吗？

普罗塔克斯：苏格拉底，你的推理已经让我彻底哑口无言。

我们看到，苏格拉底让普罗塔克斯相信快乐主义是荒谬的。如果我们真的继续坚持快乐本身是作为目的的善，我们就必须坚持，不管我们是否意识到它，它都是善的。我们必须宣布抱有下述理想(也许是难以达到的理想)是合理的:我们应该会最可能地幸福,即便是我们从来不知道或者从来无法知道我们是幸福的。我们必定乐意为了换得纯粹的幸福而放弃任何知识,任何关于我们自己的和关于他人的,关于幸福本身和关于其它事情的知识。这样一来,我们还真的仍存在分歧吗?还会有人仍宣称这很明显是合理的吗?只有快乐才是作为目的为善的吗?

很明显,这跟颜色的情况十分类似,[12]只是后者没有这么强烈 141
罢了。某一天我们能够造成最为强烈的快乐而根本没意识到它存在的可能性,比能够造成不是任何特殊颜色的纯粹颜色的可能性更大。与区分颜色和特殊颜色相比,区分快乐与意识要远更容易。即便不是这样,如果我们想要真的主张只有快乐才是我们的终极目的,我们也一定要将其加以区分。即便意识是快乐不可分离的组成部分,是其存在的**必要条件**,如果快乐是唯一的目的的话,我们也一定要称意识只是其手段——在“手段”一词任何可理解的意义上。另一方面,我希望这已经是非常明显了,如果快乐没有意识就会比较无价值,那么我们就一定要说快乐不是唯一的目的,某些意识起码也应作为目的名副其实的一部分而被包括在内。

现在,我们的问题仅仅是“目的是什么”。至于目的在多大程度上可以由其自身获得,或者目的在多大程度上涉及同时获得其它事物,这完全是另外一个问题。功利主义者所得出的实践结论,甚至是那些他们应该逻辑地得出的结论,很有可能都离真理并不远。但是就他们认为“快乐本身是作为目的的善”的结论是正确的

[12] 参见本书第48节。

的理由而言，他们绝对是错了。而理由，却正是任何科学的伦理学所首要关心的。

53.就快乐主义坚持说快乐本身，而非对于快乐的意识才是唯一的善而言，快乐主义看起来明显是错了。而且这一错误似乎主要是由我前边讨论密尔时所指出的那种谬误所致，即错误地混淆了目的与手段。它错误地假定，既然快乐总是要与意识相伴（这一点，其本身也是相当可疑的），因此，不管我们是说快乐是唯一的善，还是说对于快乐的意识是唯一的善，这都没有什么差别。当
142 然，在实践中，如果没有另一个我们就确定得不到这一个，我们期望的是什么没有什么差别。但是在涉及的问题是“什么是善自身”时，在我们问“因为什么的缘故，我们期望的目标是值得欲求的”时，做出区分就绝非不重要。这里，我们面临着一个排他性的选择。要么快乐自身（即便我们不能够获得它）就是值得欲求的一切，要么对于快乐的意识更值得欲求一些。这两个命题不可能全都为真。而我认为很明显后者才是真实的，因此可见，快乐不是唯一的善。

也许有人仍然会说，即便是对于快乐的意识，而不是快乐本身是唯一的善，这一结论也不会构成对于快乐主义十足的破坏。也许有人说，快乐主义者总是用快乐来表示快乐的意识，尽管他们并没有费尽心力这么说。这一点，我认为大体是对的。因而，在这一方面修正他们的说法可能只具有实践的重要性，如果可能只产生快乐而不产生对于快乐的意识的话。但是，甚至我认为我们的结论至今为止真的具有的重要性，我承认相对来说也不那么重要的。我想坚持的是，甚至对于快乐的意识也不是唯一的善，认为它是唯

一的善确实是荒谬的。目前为止所说的一切，其重要意义在于，那种显示对于快乐的意识要比快乐更有价值的方法，似乎同样可以用来表明，对于快乐的意识其本身要远比其它事物价值更小。对于快乐的意识是唯一的善，这一假定主要是由于忽略了某种区分，而正是对这同一种区分的忽略鼓励人们作出了“快乐是唯一的善”这样一种漫不经心的断言。

我用来表明快乐本身不是唯一的善的方法，就是考虑，假定快乐绝对孤立地存在，剥离了所有其通常伴随物，我们应该赋予它什么价值的方法。事实上，如果我们想发现一个事物具有什么程度的价值，这是唯一可以放心使用的方法。使用这一方法的必要性，将会在我们前边引用的西季威克教授所用的论证的讨论中，将会 143
在对这一方法注定要犯下错误的方式的暴露中得到最好的展示。

54. 至于其中的第二个论证，它只是主张可被认为与快乐一起分享善性的其他事物，“获得常识赞赏的程度，似乎大致相称于”其生产快乐的程度。常识的赞赏与常识赞赏的东西产生的令人愉悦的后果的大致比例到底是什么，这是一个异常难以决定的问题，我们这里不打算触及它。因为，即便假定它是对的，并且假定常识判断整体上是对的，那它表明的是什么呢？它确实将表明快乐是正确行动的一个好的标准，能够产生最大快乐的同一行为同样可以在整体上产生最大的善。但是这绝对不能够让我们有资格得出结论说，最大快乐构成了整体上最好的东西。其它结果仍然是可能的：事实上最大量的快乐，在实际情况中，一般总是伴随着最大量的其它善品，因此，快乐不是唯一的善。这两个事物甚至在这个世界上都总是相互相称地存在，这看起来也许确实是一个奇怪的巧

合。这一巧合的奇怪确实并不能使我们有资格直接地论证说，由于快乐是真正的唯一善，所以巧合不存在——它是一个幻象。这种巧合也许可以有另外的解释，我们甚至有义务不加解释地接受它，如果直接的直觉主张快乐不是唯一的善的话。另外必须记住，之所以要假定这样一个巧合，在任何情况下都根源于一个极为可疑的命题，即主张令人愉悦的后果大致与常识的赞同相称。应该注意到，尽管西季威克教授坚持认为情况就是这样，但是他提供的详细论证仅仅倾向于表明另一个完全不同的命题，即主张：一事物除非提供了快乐盈余，否则就不能被认为是善的；赞扬的程度并不相称于快乐的量。

144 55.因此，必须根据西季威克教授的第一种论证来做出裁决。这个论证“在适当地考量完全摆在我们面前的问题之后，诉诸”我们的“直觉判断”。而且在我看来，西季威克教授在两个关键方面没有能够完全把问题摆在他自己或其读者面前。

(1)如他自己所说，他要表明的不仅仅是“幸福必须作为终极善的一部分而被包括在终极善之中”。这一观点，他说“对于反思的人的清醒判断是不言而喻的”。为什么？因为“这些客观联系如果离开了伴随着它们的以及由它们产生的意识，就不是最终地、内在地值得欲求的”。现在，这一理由，本来是想要表明认为幸福只是终极善的一部分不符合直觉事实，相反，只是充分地表明幸福是终极善的一部分。因为，我们并不能根据整体的一部分自身来看并无价值这一事实，来推导说另一部分自身来看拥有整体所拥有的全部价值。即便我们承认美的享受具有更大的价值，而作为复合事实组成部分的对美的单纯沉思没有丝毫价值，也不能由此得出结论说，所有的价值都属于另外的组成部分，即我们在沉思美时所获得的快乐。很有可能，这一组成部分也没有任何价值；价值属于整体状态，而且仅属于整体状态。因此，快乐与沉思都仅仅是善的一部分，而且是同等必要的部分。简而言之，西季威克教授这里的论证忽略了我在第一部分尝试解释的，我会称其为“有机关系”的原则（第 27 - 30 页，第 36 页）。西季威克教授的论证被误导了，因为它假定，如果我们看到一个整体状态是有价值的，同时看到这个整体状态的一个组成部分自身没有价值，那么其另外的组成部分自身就应该具有属于整体状态的全部价值。相反，事实是，由于整体可能是有机的，另外的组成部分也不需要有什么价值，即便它 145
有某种价值，整体具有的价值可能还是要大很多。出于这一原因，以及为了避免混淆目的与手段，我们绝对有必要考虑每一种可区分的孤立的特性，以确定它到底具有什么样的价值。另一方面，西季威克教授把这一孤立方法只应用到了他所考虑的整体的一个组成部分上。他并没有追问这样的问题：如果对于快乐的意识绝对自身存在，一个清醒的判断能够赋予它非常大的价值吗？事实上，以一个有价值（或者相反）的整体为例，然后追问“这一整体的价值或无价值是由于其哪一组成部分”，这种追问总是会误导人的。很有可能，它不由于其任何一个部分。而且如果其中某一个部分的确似乎是自身有某些价值的，我们可能会被引导犯下大错：假定整体的全部价值都属于它。在我看来，在涉及快乐的时候经常会犯下这种错误。快乐的确似乎是最有价值整体的一个必要组成部分，而且，由于我们可能会分析到的其它组成部分很有可能看起来没有任何价值，因而人们很自然地就会假定所有的价值都属于快

乐。然而这一自然假定当然不能够从其前提中得出。相反，对我的“反思判断”来说，这种推理远非真理。如果我们将最为安全的方法，也即“孤立法”同时用于快乐与快乐意识，并且问一问我们自己：单单是快乐意识本身，作为一个极好的事物，绝对不与其它事物放在一起，即便是以最大的量存在，我们能够接受吗？我想我们会毫不犹豫地回答：不能。我们更不能接受说它是唯一的善。即便是我们能够接受西季威克教授所说的（在我看来还是非常可疑的）快乐的意识要比对美的沉思有更大价值，在我看来，对美的快乐的沉思确实会有比单纯的快乐意识大得不可估量的价值。为了支持这个结论，我可以满怀信心地诉诸“反思的人的清醒判断”。

56.（2）一个快乐的整体的价值并不仅仅属于它所包括的快
146 乐，这一点，我想，通过思考西季威克教授论证中所存在的另外一个缺陷就可以变得更加明显。正如我们所看到的那样，西季威克教授主张一个可疑的命题：一个事物对于快乐的助益大致相称于常识对它的赞许。但是他并不主张“每一种状态的快乐相称于对于这种状态的赞许”，这种主张毫无疑问也是错的。换句话说，只有当你考虑了任何一种状态的整体后果时，你才能够主张快乐的量与常识所赞成的对象一致。如果我们分别考虑每一个状态本身，并问对于每一状态的作为目的的善，而不是它作为手段的善，常识会做什么样的判断，那么毫无疑问，常识会认为许多不那么令人愉快的状态要比许多令人愉快的状态要更好：常识会和密尔一样，主张存在着高级的快乐，它们尽管并不那么令人愉悦，但却它比低级的快乐更有价值。当然，西季威克教授会主张，在这里，常识混淆了目的与手段：它认为作为目的更好的，在现实中只是作为

手段更好。但是我认为他的论证存在着缺陷:他似乎没有充分地看到,在作为目的的善的直觉问题上面,他是大大地反常识的;他没有充分地强调直接的快乐与有益于快乐之间的区分。为了恰当地提出何为作为目的的善的问题,我们必须考虑直接的快乐的状态,并追问是否快乐越多就越好;以及如果某些不那么令人愉悦的东西显得如此,是否仅仅是因为我们认为它们可能增进更多快乐的数量。常识肯定会同时否定这两个假设,在我看来这一点是确定无疑的。比如说,通常认为,某些被我们称作最低级形式的肉体放纵确实是恶的,尽管它们不是我们所体验过的最愉悦的状态这一点绝不是清楚的。常识当然不认为这是对这样一个追求的充分的辩护,它追求的是西季威克教授所说的现世“精致的快乐”,不认为“精致的快乐”是未来达到天国的最好手段,在未来天国那里,将 147
没有精致的快乐,没有对于美的沉思,没有了个人情感,在那里,最大可能的快乐可能会通过持续的兽性放纵来获得。不过,西季威克教授不得不主张,如果最大可能的快乐能够以这种方式来获得,而且如果它是可获得的,事物的这样一种状态将的确是一个天堂,而所有人都应该为其实现贡献力量。我大胆地认为,这样一种观点既是错误的,也是充满矛盾的。

57.因而,在我看来,如果我们恰当地提出问题:对于快乐的意识是唯一的善吗?并回答:不,不是。那么,对于快乐主义的这一最后辩护也就破产了。为了能够恰当地提出问题,我们必须孤立地看待对于快乐的意识。我们需要问:假定我们只有对于快乐的意识,除此之外没有别的东西,甚至没有意识本身,事物的这种状态,不管其量有多大,是值得欲求的吗?我想,没有一个人会认为

它是值得欲求的。另一方面，似乎很明显，我们的确认为，许多混杂了对于快乐的意识与对于其它一些事物的意识的复杂的心灵状态是非常值得欲求的——我们称之为“享受”的状态以及诸如此类的东西。如果这是正确的，那么就可以得出结论说，对于快乐的意识并不是唯一的善，而其作为一部分包含于其中的许多其它状态都比它要更好。一旦我们认识到了有机统一原则，任何对于这一结论的反对，任何建立在这种状态的其它要素本身没有价值这一假定事实之上的反对，就一定会烟消云散。我认为我无需再多说什么来驳斥快乐主义了。

58. 接下来仅需谈一谈快乐主义学说通常所采用的两种形式——利己主义与功利主义了。

作为快乐主义的一种，利己主义是这样一种学说，它主张我们每一个人都应该将我们最大的幸福当作最终的目的去追求。当然，这一学说也承认，有时，达成这一目的的最佳手段就是给予他人快乐；比如说，我们会通过这么做，来获得同情的快乐，免受干预
148 的快乐和自尊的快乐；而这些我们有时会通过直接致力于他人的快乐来获得的快乐，有可能是比通过其它方式获得的快乐更大的快乐。因此，这个意义上的利己主义应该小心地与别的意义上的利己主义区别开来，即与利他主义完全是其对立面意义上的利己主义区别开来。通常是利他主义对立面的利己主义往往仅仅是指自私自利。如果一个人的所有行为确实都被用来为他自己获得快乐，这个人就是一个利己主义者，无论他是否主张他应该这么做，因为他将因此而为自己获得在整体上最大可能的幸福，或没有获得。相应地，利己主义可以被用来指这样一种理论：我们总是应当

致力于为我们自己获得快乐，因为这是达成终极目的的最佳手段，而无论终极目的是否是我们的最大快乐。另一方面，利他主义或许指这样一种理论：我们应当总是致力于他人的幸福，理由在于，这是保护我们自己和他人的最佳手段。相应地，一个我现在要谈的利己主义意义上的利己主义者，主张自己的最大幸福是终极目的的利己主义者，可能同时也是一个利他主义者：他可能会主张，他应当“爱邻居”，将之当作获取自己幸福的最佳手段。反过来，在另一种意义上，一个利己主义者，可能同时是一位功利主义者。他可能会主张他永远应当努力为自己获得快乐，理由在于，他因而最有可能增进总体的幸福数量。

59.我将随后再进一步讨论第二种利己主义，这种反利他主义的利己主义，这种作为手段学说的利己主义。我现在所关心的，是另外一种完全不同的利己主义。它认为每一个人都应当理性地主张：我个人的最大幸福是可能有的仅有的善物，我的行为——就其帮助我赢得这些而言——只能是作为手段而为善。今日的作者已经不大坚持这一学说了。主要是17到18世纪的英国快乐主义者主张这一学说，例如霍布斯的伦理学就是以此为基础。但是即便是英国学派在本世纪似乎已经往前迈进了一步，他们大都是当下的功利主义者。他们的确认识到，如果我自己的幸福是善的，其他 149
人的幸福就不应该也是善的，这将是非常奇怪的事情。

为了充分揭示这样一种利己主义的荒谬性，有必要仔细审查它所依赖的似是而非的道理中存在着的几个混淆。

首要的混淆牵涉到概念与“他人的善”不同的“我自己的善”。这个概念我们大家每天都要用到，这是一般人在讨论到伦理学问题时随时都会诉诸的首要概念之一：而且利己主义之通常为人所赞成，主要就是因为其意义没有被清楚地察知。的确，很明显，“利己主义”这一名称通常会被用到“我自己的善”而非我自己的快乐是唯一的善这样一种理论中。一个人即便不是一个快乐主义者，他也很有可能是一个利己主义者。与利己主义概念含义最为接近匹配的词汇应该是“我自己的利益”。利己主义者主张，能证明其所有行为正当的唯一的且充分的东西就是看我的行为能否增进我的利益。但是很明显地，“我自己的利益”这一概念一般包括比我自己的快乐更多的东西。的确，只是因为“我自己的利益”被认为只是我自己的快乐，快乐主义者被引向了去主张我自己的快乐是唯一的善。他们的推理过程如下：我唯一应当保证的是我自己的利益；但是我自己的利益在于我最大可能的快乐；因而，我应当追求的唯一事物是我的快乐。经过一番反思，很自然地把我自己的快乐等同于我自己的利益。或许应该承认，现代道德哲学家一般都是这么干的。但是，当西季威克教授指出这一点时（第三编第十四章第5节第3段），他本该同时指出，日常思维绝对不会做出这种等同。当一个普通人说“我自己的利益”时，他的意思绝对不是“我自己的快乐”——通常他甚至不会包括这一点——他的意思是“我自己的提升”、“我自己的名声”、获得更好的收入等等。西季威克教授对此未加注意，竟然提出理由来说明为什么古代的道德学
150 家们没有把“我自己的利益”与“我自己的快乐”等同。这似乎都缘于他没有能够注意到我现在所提出来的在“我自己的善”概念上的混淆。柏拉图也许比任何别的道德学家更清楚地觉察到了这一混淆，指出这一点足以批驳西季威克教授认为“利己主义是理性的”

的观点。

那么,“我自己的善”意味着什么呢?一件事情在什么意义上对我来说是善的?如果我们加以反思就非常明显,唯一可以属于我的东西,唯一可以称作“是我的”东西,是那种善的东西,而非“它是善的”这一事实。因而,当我谈论作为“我自己的善”而为我所获得的东西时,我必然要么意味着我得到的东西是善的,要么意味着我占有它这件事情本身是善的。在两种情况中,只有那件东西或者对于它的占有,而非那件东西的善性或那个占有的善性,才是“我的”。把“我的”加于谓词上,并说“由我占有的这个东西是我的善”,这种说法不再有任何意义。即便我们把这种说法解释成“我对该东西的占有就是我认为善的东西”,上述说法仍然成立,因为我所想的是我对它的占有这一点就是是善的。如果我想得对,那么真实情况不过是,我对它的占有就是是善的——善在任何意义上都不是我的善。如果我想错了,那它根本就不是善。简而言之,当我说一件东西是“我自己的善”时,我的意思只能是,那种将排他性地是我的某种东西,比如说我的快乐是我的(不管“占有”所意指的这种关系有怎样不同的意义),同时也是绝对的善。或者不如说,我对它的占有这一点是绝对的善。它的善在任何意义上都不可能是“私人的”,或属于我的;更不可能是一件私人地或者是仅仅为了某个人而存在的东西。我可以为谋求“我自己的善”提出的唯一理由是,我称之为绝对的善的东西应该属于我——绝对的善是我应该拥有的某种东西,而如果我拥有了它,别人就不能再拥有。但是如果我应该拥有的是绝对善,那么任何其他人也都有同样多的理由谋求获得我所拥有绝对的善,就跟我自己拥有它一样。因

此，即使任何单个人的“利益”或“幸福”应该是其唯一的终极目的这一点是对的，这也只是意味着**那个人的**“利益”或“幸福”是唯一的善、普遍的善，是任何人都应该谋求的唯一的东西。因而，利己
151 主义主张的是：每个人的幸福是唯一的善，也即主张有许多不同的事物，其中每一件事物都是仅有的善——这是一种绝对的矛盾！对任何理论的驳斥都无法想象会如此地充分与彻底。

60. 不过，西季威克教授主张利己主义是合理的。简单地考察一下他为这一荒谬的结论提出的理由还是有益的。“利己主义者，”他说（最后一章第 1 节），“可以通过含蓄地或明确地断定，他自己的最大幸福并不仅仅是对他自己来说的终极合理目的，而且还是普遍善的一部分，从而避免去证明功利主义。”而在同一段中，在已经“看到”了这一点之后，他还说道：“人们不可能证明，他自己的幸福与他人的幸福之间的差别**对他来说**不是至关重要的”（第四编第二章第 1 节）。西季威克教授这里用到的“他自己的终极合理目的”与“**对于他来说**至关重要”到底是什么意思？他并未尝试定义它们；哲学中的荒谬主要就是使用这种未加界定的术语所导致的。

一件事物可以是一个人的终极合理目的而不是另外一个人的终极合理目的，这里有什么意义吗？使用“终极的”，一定意味着起码这个目的是自身为善——在我们的不可定义意义上的善。使用“合理的”，起码意味着它是真正善的。而一件事物是一个终极合理的目的，那就意味着它自身是真正善的；它自身是真正善的则意味着它是普遍善的一部分。我们能给予“对他自己来说”这一限定以任何意义，使其不再成为普遍善的一部分吗？肯定是不可能的。

因为，利己主义者的幸福要么是自身为善，从而就是普遍善的一部分，要么其自身根本不是善的。这一困境无法逃避。如果它根本不是善，他有什么理由去谋求它？它又怎么可以成为他的合理目的？“对他自己来说”这一限定没有意义，除非它意味着“不是对其他人来说”；而如果它意味着“不是对其他人来说”，那它就不可能是他的一个合理目的，因为它不可能自身是真正善的。“对他自己来说的终极合理目的”，这是一个矛盾的术语。说某一事物对于某个特定的人来说是一个目的，或对他来说是善的，这只能意味下述四种事物中的一种。要么(1)意味着所讨论的目的是某种排他性
地属于他的东西。但是在这一情况中，如果他谋求它是合理的，他 152
对它的排他性占有就一定是普遍善的一个部分。要么(2)意味着这是他应该谋求的唯一的事物。但这只能是这样一种情况：由于他这么做，他会在实现普遍善的方面尽最大努力。而在我们的例子中，这只能让利己主义成为一种关于手段的学说。要么(3)意味着该事物是他欲求或认为善的事物。这样的话，如果他想错了，该事物就完全不是一个合理的目的。如果他想对了，它就是普遍善的一部分。要么(4)意味着这样一种情况是非常合适的，一个将排他性地属于他的事物同时也是他赞成或谋求的。但是在这一情况中，应当属于他的东西与他应当谋求的东西都应该是普遍善的一部分。说两种事物的某种关系是匹配的或合适的，我们的意思只能是，这种关系的存在自身是绝对善的(除非像情况(2)那样是手段为善)。因此，利己主义者注定要把“他自己的幸福是对他来说是终极的合理目的”这一短语解释成“他自己的幸福是绝对善”，舍此别无解释；而且说“它是终极的合理目的”，他的意思一定是“它

是唯一的善物——普遍善的整体”。如果他进一步主张“每个人的幸福是对他来说的终极的合理目的”，我们就遇到了利己主义的基本矛盾：有无数不同的事物，其中每一个都是唯一的善。不难看出，同样的考虑也见于短句“他自己的幸福与他人的幸福之间的差别对他来说至关重要”。这一短句只可能：要么意味着(1)他自己的幸福是唯一会影响到他的目的。要么意味着(2)对于他来说(作为手段)唯一重要的事情就是关注自己的幸福。要么意味着(3)他关心的只是他自己的幸福。要么意味着(4)每一个人唯一应关心的是他的幸福，这一点是善的。所有这些命题也许都是真的，但没有一个会有一丁点儿倾向表明，如果他自己的幸福是完全值得欲求的，它就不是普遍善的一部分。他自己的幸福要么是一善品，要么不是。而且，“对他来说至关重要”不管有什么意义，下述说法都
153 一定是对的：如果它不是善，他就没有理由谋求它；如果它是善，那么，就其他人也能得到它而言，就它不排除其他人得到普遍善的更有价值的部分而言，其他的人也有同等的理由来追求它。简而言之，非常明显的是，把“对他来说”、“对我来说”附加在“终极的合理目的”、“善”、“重要”这样的语词之上，只能引起混淆。可以对一行为进行辩护的唯一可能理由是，这些行为可以使得绝对善的最大可能量得以实现。如果哪个人说获取自己的幸福是其行动的理由，那他的意思一定是说，这是他可以实现的普遍善的最大可能量了。而且这要想为真，要么是因为他没有能力再实现更多，在这一情况中，他只把利己主义看作是一种手段学说；要么是因为他自己的幸福是他所能实现的普遍善的最大量，在这一情况中，我们就揭露了真正的利己主义那臭名昭著的矛盾：每个人的幸福都单独地

是他所能实现的普遍善的最大量。

61. 应该注意，既然如此，西季威克教授认为“是最深奥的伦理学问题”的“合理利己主义与合理仁爱的关系”（第三编第十三章第5节注1），看来却完全不同于他的解释。“即使一个人”，他说，“承认合理仁爱原则的自明性，他可能仍然认为他自己的幸福是一个这样的目的：为任何一个他人而牺牲这个目的对于他来说都是不合理的；并且认为如果道德要成为完全合理的道德，它就必须表明审慎原则与合理仁爱准则之间的契合性。从总体上看（前已指出），这后一种观点在我看来实际上是常识的观点，同时也是我自己所持的观点”（最后一章第1节）。西季威克教授进而表明，“功利主义者的责任与履行这一责任的个人的最大幸福之间不可分割的联系，不能够令人满意地由经验来加以证明”（同上，第3节）。而其书最后一段告诉我们说，由于“我们需要这样地看待义务与自我利益的一致，即把它视为避免我们的一个主要思想领域中的基本矛盾的必要的逻辑假设，所以，有待解决的问题就是这种必要性在何种程度上构成接受这一假设的充足理由”（同上，第5节）。而 154
“如果我们可以根据神学家们的一致意见，假定像神这样的一个存在物可以被设想为真实存在的”，那么，他就已经论证了所要求的一致，因为，这样一个神的制裁“也许足以使每个人把尽其可能地提高普遍幸福当作他的利益”（同上，第5节）。

那么，什么是神的制裁所能够保证的“责任与自我利益的一致”？它必定是这样一个纯粹的事实：造成最大多数人的最大可能幸福的行为总是也为该行为者带来最大可能幸福。如果情况就是这样（而我们的经验事实表明，在这个世界上，情况并非如此），那

么,“道德”,西季威克教授认为,“就应该是完全合理的”:因为我们会“在我们对行为中‘什么是合理的’的显而易见的直觉中避免一种终极的和基本的矛盾”。也就是说,我们应该避免必然这样认为:保证我们的最大幸福(审慎原则)与保证所有人的最大幸福(仁爱原则)是同样明显的义务。但是非常明显我们不应该避免这一点。在这里,西季威克教授犯下了典型的经验主义的错误,这种错误认为,只要对事实稍作调整,就可以让一个矛盾不再成为矛盾。某个单个人的幸福应该是唯一的善,同时每一个人的幸福也应该是唯一的善,这是一对矛盾。这个矛盾不能够通过假定同一个行为可以同时保证这两者来解决。不管我们多么确定这个假设是有理由的,它都同样是一个矛盾。西季威克教授过滤出了蠓虫,却吞咽下了骆驼。他认为神的全能一定会发挥作用,保证那能够给予他人以快乐的,同样也能够给予他快乐——也只有这样,伦理学才可能是合理的;然而他忽略了这样一个事实,即便是神的全能是这样的作用,仍然留给伦理学一个矛盾——与之相比,他的困难无足
155 轻重——,这一矛盾会让所有的伦理学都沦为胡说,在其面前,神的全能注定无力。每一个人的幸福应该是唯一的善,我们已经看到,这是利己主义的原则,但这本身是一个矛盾。所有人的幸福是唯一的善,这是普遍主义的快乐主义的原则,这会带来另外一个矛盾。这两个命题都应该是对的这一点,也许真的可被称作“最深奥的伦理学问题”:这是一个必然无法解决的问题。但是它们不可能都是真的,没有理由假定它们都真,如果假定它们都真,那就只有混淆。西季威克教授混淆了这一矛盾与一个单纯的事实(这个事实中不存在矛盾),即我们自己的最大幸福与所有人的最大幸福似

乎永远不可能用同一手段获得。如果幸福是唯一的善的话，这一事实的确具有某些重要性；而且从任何一个角度看，类似的事实都具有重要性。但是它们只不过是一个重要事实的不同的例子，这个重要事实就是，在这个世界上，与可想象的善的量相比，可获得的善的量是出奇地少。与下面这一点比起来，如果我为整体带来最为可能的快乐，我就不能为自己赢得最为可能的快乐这一问题，已经不再是一个最深奥的伦理学问题：在任何情况下，我都不能够获得可期望的那么多的快乐。这仅仅表明，如果我们在一个地方尽可能多地获得了善，那我们在总体上获得的就会少一些，因为可获得的善的总量是有限的。说我必须在我自己的善与所有人的善中做一个选择，这是一个错误的对照。唯一合理的问题是如何在我自己的善与他人的善之间做出选择。而且，解决这一问题所必用的原则，与我必须选择是给予这个人以快乐还是给予那个人以快乐所依据的完全是同一个原则。

62.因此，很明显，利己主义学说是自相矛盾的。这一矛盾之所以不那么容易被察知，原因就是人们混淆了“我自己的善”这一短语的含义。我们也许注意到，这一混淆和对这一矛盾的无知必然包含在从日常所持的自然主义的快乐主义到功利主义的转变中。比如说，如我们所看到的那样，密尔声称：“每一个人，就其相信自己的幸福是可获得的而言，都欲求他自己的幸福”（第53页）。156
他视此为公共幸福是值得欲求的一个理由。我们已经知道，就其现在的这样一个表述而言，它首先犯下了自然主义的谬误。不但如此，而且，即便这个谬误不是一个谬误，它也只能是一个支持利己主义的理由，而不是一个支持功利主义的理由。密尔的论证如

下:一个人欲求他自己的幸福,因此他自己的幸福是值得欲求的。进而:一个人只是欲求他自己的幸福,因而他自己的幸福是唯一值得欲求的。此外,我们还得记住,按照密尔的说法,每个人都是这样来欲求自己的幸福的,因而就可以得出结论说:每个人的幸福是唯一值得欲求的。然而这完全是一个用语矛盾。我们来考察一下它意味着什么吧。每一个人的幸福是唯一值得欲求的东西:这是说一些不同的东西中,每一种都是唯一值得欲求的东西。这是利己主义的基本矛盾。为了设想他要论证的不是利己主义而是功利主义,密尔必须设想他能够从命题"每个人的幸福是其自己的善"推导出命题"所有人的幸福是所有人的善"。而事实上,如果我们理解"他自己的善"意味着什么,那么,很明显后者只能从"所有人的幸福是每一个人的善"推导出来。因而,自然主义的快乐主义只可逻辑地导致利己主义。当然,一个自然主义者或许主张我们所欲求的只是"快乐"而不是我们自己的快乐;而这种说法,总是通过假定自然主义的谬误,来为功利主义提供一个无可反驳的基础的。但是更为通常的,他会主张他欲求的是他自己的快乐,或者至少会混淆他自己的快乐与他人的快乐,因而他必定逻辑地被引向利己主义,而不是功利主义。

63.利己主义之所以被认为是合理的,我要给出的第二个原因是,人们将它与另外一种作为手段学说的利己主义混淆了。这第二种的利己主义有权利说:你应该追求你自己的幸福,有时在所有事情中都应该追求。它甚至会说:总是去追求。当我们发现它这么说时,我们易于忘记其限制条款:仅仅将这种追求当作取得某种别的东西之手段。事实是,我们处于一种不完美的状态,我们不可

能立刻完全实现理想。因而它就经常成为我们承担的责任，我们
经常绝对“应当”去做那些只是作为或主要是作为手段为善的事 157
情。我们不得不尽我们所能去做绝对“正当”而不是绝对善的事情。关于这一点，我们后边还会讨论到。之所以在这里提到这一点，是因为我认为这样说是有道理的：我们应当将我们的快乐当作手段而非当作目的地去追求。而且这一学说通过混淆，使另一种与之完全不同的真正的利己主义，即“我自己的最大快乐是唯一的善”听起来也似有道理了。

64.利己主义就说到这里。功利主义也不需要再多说什么了，不过关于后者，有两点似乎值得注意。

首先是名称，和利己主义一样，功利主义并不自然地就主张，我们所有的行为都要按照它们作为手段获得快乐的程度来被判断。其自然的含义是，行为对与错的标准是其增进每一个人利益的趋势。而利益，通常是指各种各样的不同善品。所以把它们拢为一类，只是因为它们都是一个人通常所欲求的，而这里的欲求暂时还没有“道德”所意味的那样一种心理特性。“有益的”因而意指（古代伦理学已经系统地使用了这一含义）获得善的手段的东西而不是道德善。假定这些善只是获得快乐的手段，或者认为它们通常都是这样被认为的，这都是极不合理的。的确，采用“功利主义”之名的主要原因，只是意在强调“行为的对错必须由其（作为手段的）结果来判断”这样一个事实，从而反对严格的直觉主义的观点。后者主张，不管其结果如何，某些行为方式都是对的，另一些行为方式都是错的。功利主义这样主张对的东西必定意味着导致最可能好的结果的东西，这是充分有理由的。但是这一正确的含义却

历史地，并且自然地与一个双重错误有关联。(1)最可能好的结果被认为只是有限类的善，大致与那些被通常区分为只是“有益的”或“有利的”行为结果重合；而且这很快又被假定为只是获取快乐的手段的善。(2)功利主义者倾向于认为任何事情都只是一种手段，
158 但他们忽略了这样一个事实：某些手段为善的东西同样目的为善。因而，比如说，假定快乐是善，就会倾向于把目前的快乐只当作获取未来快乐的手段，而不是严格必然地，如果快乐是目的的善的话，参照未来的快乐对其估量。功利主义者的论证很多有逻辑的荒谬：当下的东西其本身永远没有任何价值，其价值只能根据其结果来判断。这样做的结果自然是，当它们被这么评价后，它们自身自然是没有价值的，它们只能够成为更为遥远的未来的手段，如此反复。

关于功利主义，第二点值得注意的是，当这个名称被用于一种形式的快乐主义时，即便是在用来描述其目的时，通常都不能够准确地区分手段与目的。其著名的格言是：用于判断行为的结果是“最大多数人的最大幸福”。但是很明显，如果快乐是唯一的善，假定快乐的量是同样多，那么，将会得到的是同样值得欲求的结果，不管这个快乐是被许多人享有还是被少数人享有，甚或是没有人享有。非常明显，如果我们应当致力于最大多数人的最大幸福，那么，按照快乐主义的原则，这只能是因为大多数人的快乐似乎是我们所能有的获取最大快乐量的最佳手段。实际情况可能就是如此。但是我们可以很公正地怀疑，功利主义者由于采纳了快乐主义原则，受其影响，没有能够清楚地区分快乐或对于快乐的意识和某人对于快乐的拥有。人们更容易认为一些人对于快乐的占有是

唯一的善，而不是把它仅仅看作同等大的快乐量的存在。的确，如果我们严格遵守功利主义者的原则，并且假定他们的意思是许多人对于快乐的占有本身是善，那么这一原则就不再是快乐主义的了：其必要部分包括了终极目的的，一定数量的人的存在，而这所包括的就远不只是快乐了。

不过，功利主义，像通常所主张的那样，一定会被认为坚持或者仅仅是对于快乐的意识，或者对于快乐的意识连同其最小附属 159
物（这也许是这种意识至少在一个人那里存在所意味的）一起是唯一的善。这是其作为伦理学说的意义。我在驳斥快乐主义时已经驳斥了这一主张。最为值得一说的是，这种主张并不会严重误导其实践结论，因为，作为一个经验事实，带来整体上最大善的行为方法并不也带来最大快乐。功利主义者的确通常大都致力于论证，能够带来最大快乐的行为过程一般来说是常识所赞成的。我们已经看到，西季威克教授诉诸这一事实意在表明快乐是唯一的善。我们同时也看到，这一事实并不能够表明这一点。我们也看到，意在推进这一命题的其它论证是多么地苍白；而且，如果恰当地想一想这些论证自身，就会发现是多么地荒谬。不但如此，而且，整体上带来最大善的行为的确也会带来最大快乐，这一主张极为可疑。意在表明这一点的论证多多少少都会被这样一种假设所削弱：在最近的将来作为获得最大善的必要条件的，将会永远作为必要条件而存在。而且，即便是这个有缺陷的假设成立，他们也只是成功地设想出了一个高度成问题的情景。因而，即便这是一个事实，如何解释这一事实，也不是我们关注的。这一事实足以表明，许多复杂的心灵状态要比它们所获得的快乐更加有价值。如

果真是这样，那么就没有一种形式的快乐主义会是对的。而且，与审慎计算所努力成为的准确相比，快乐作为标准所提供的实践指南是极不相称的，我们因此不要急于将其视为指南，最好留待对其进行进一步的考察。这一指南的效用是非常可疑的，我们有重要的理由怀疑其可信赖度。

65.在本章中我所努力建立的最为重要的观点如下。(1)快乐主义应该被严格限定为持“快乐是仅有的自身就是善的事物”的学说。这一观点得以流行，主要是由于其中存在的自然主义的谬误。
160 密尔的论证可以看作是存在着这一方面错误的一个典型。只有西季威克在为其辩护时未犯这一错误，因而，为了驳倒这种学说，就必须指出其论证中的错误(第 36 - 38 节)。(2)对密尔的功利主义可做出如下批评：已经表明(a)他把“值得欲求的”与“被欲求的”等同，犯下了自然主义的谬误；(b)快乐不是欲望的唯一对象。对于快乐主义的论证通常似乎都建立在这两个错误之上(第 39 - 44 节)。(3)快乐主义被认为是一种“直觉”，已经指出(a)密尔同意某些快乐在质上低于另外一些快乐，这既将意味着它是一种直觉，也将意味着它是一种错误的直觉(第 46 - 48 节)。(b)西季威克没有能够区分开“快乐”与“对于快乐的意识”，认为前者在所有情况中都是唯一的善是荒谬的(第 49 - 52 节)。(c)认为“对于快乐的意识”是唯一的善似乎同样荒谬。因为，如果是这样的话，没有别的事物存在的世界也许是最完美的。西季威克没有能够注意到这个唯一清晰而又关键的问题(第 53 - 57 节)。(4)通常所认为的两种主要的快乐主义，即利己主义与功利主义，不仅彼此完全不同，而且彼此相互矛盾。因为，前者断定“我自己的最大快乐是唯一的

善”,后者则断定“所有人的最大快乐是唯一的善”。利己主义认为自己合理,部分是因为它没有能够注意到这一矛盾(这一错误,可以西季威克为例),部分是由于利己主义混淆了目的学说与手段学说。如果快乐主义是对的,那么利己主义就不可能是对的。如果快乐主义是错的,那利己主义更不大可能是对的。另一方面,如果快乐主义是对的,功利主义的目的就的确不会是我们可想象的最好的目的,而是我们最有可能去推进的目的。对快乐主义的驳斥也驳斥了这一主张(第 58 - 64 节)。

161 # 第四章　形而上学伦理学

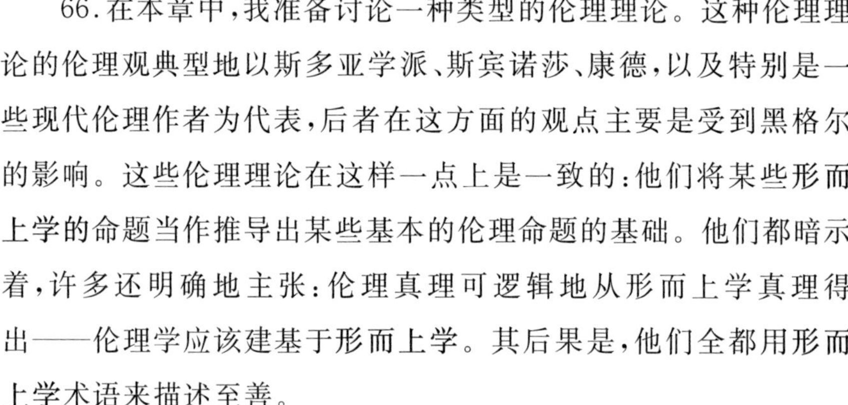

66.在本章中，我准备讨论一种类型的伦理理论。这种伦理理论的伦理观典型地以斯多亚学派、斯宾诺莎、康德，以及特别是一些现代伦理作者为代表，后者在这方面的观点主要是受到黑格尔的影响。这些伦理理论在这样一点上是一致的：他们将某些形而上学的命题当作推导出某些基本的伦理命题的基础。他们都暗示着，许多还明确地主张：伦理真理可逻辑地从形而上学真理得出——伦理学应该建基于形而上学。其后果是，他们全都用形而上学术语来描述至善。

那么，应该如何理解“形而上学的”呢？我在第二章中解释说，我是在与“自然的”一词相对的意义上使用这一术语的。有些哲学家非常清楚地认识到，不是所有存在之物都是一个自然对象。我称这类哲学家为突出的“形而上学的”哲学家。“形而上学家们”因而很有价值地主张，我们的知识并不局限于可触、可视、可感之物。他们不仅总是关注由心灵事实组成的那类自然课题，而且同时也关注当然不存在于时间中，因而不是自然的一部分，事实上根本就不存在的那类对象和那类对象的属性。我已经说过，我们用形容词“善”所意指的东西属于这类对象。能够具有延展，能够开始存在和不再存在，能够是知觉的对象的不是善性，而仅仅是善的、能

够存在于时间中的事物或特性。这类对象最为突出的成员或许是 162
数字。两个自然对象确实可能存在,同样确实的是,“二”本身并不存在,也不可能存在。二加二等于四。但是这并不是说二或四存在。不过它确实意味着什么。二是某个什么,尽管它并不存在。而且,它不仅仅是属于这类对象的命题的项——我们知道的真理涉及的对象。我们知道的关于这类对象的真理或许构成了更为重要的一个细分。事实上,没有真理真的存在。在涉及到“二加二等于四”这样的真理(其作为真理所涉及到的对象同样不存在)时,这一点特别明显。正是由于认识到这样一类被称作“普遍的”真理,认识到它们与我们可触、可视、可感之物存在着本质不同,形而上学才真的开始了。在从柏拉图至今的形而上学家的论证中,这类“真理”总是占据了很大一部分位置。他们注意到了这类真理与我所说的“自然对象”之间存在着差别,这是他们对于知识的主要贡献,这也使得他们区别于另外一类哲学家——多数英国人所属于的那样一类“经验主义的”哲学家。

不过,即便是我们以其对于知识所作出的实际贡献来界定“形而上学”,我们还是要说,它一直都是在强调根本不存在的对象的重要性。形而上学家们自己一直没有认识到这一点。不过他们确实认识到,并且一直主张,存在着或者可能存在着并不存在于时间中,或者起码我们不能知觉到的知识对象。应当承认,他们认识到可能存在这些研究对象,从而为人类做出了贡献。但是他们通常都假定,那些不在时间中存在的,如果毕竟是有的话,那就起码应该在其它地方存在。也就是说,那些不存在于自然中的东西,必定存在于某种超感实在中,不管是否是无时间的。相应地,他们主

张，他们一直关注的真理，超出或高于知觉对象的真理，是以某种方式关涉到这种超感实在的真理。因而，如果我们不是根据“形而
163 上学”已经获得的东西来界定它，而是根据它一直试图获得的东西来界定它，那我们应该说，它一直试图通过论证过程来获得关于那些存在着的，但不是自然一部分的东西的知识。形而上学家事实上一直都主张他们可以给予我们这种非自然存在的知识。他们一直主张，他们的科学就在于给予我们这种可由理性支持的，关于超感实在的知识。宗教声称他们可以给予我们关于这方面的更加全面的知识，但是却缺乏理性证明。因而，当我说到“形而上学”命题时，我指的是这样一些命题，它们涉及的某些超感物的存在，这些超感物不是知觉的对象，而且不能借助于推理规则推演我们称之为“自然”的东西的过去和未来，从知觉对象中推导出来，当我说到“形而上学”的术语时，我指的是这样的术语，它们意指不属于任何“自然的”东西的超感实在的特性。我承认“形而上学”应该研究可能有什么样的理由让我们去相信超感实在；因为我主张，形而上学的特有领域就是关于一切非自然对象的真理问题。而且我认为，在历史上，形而上学最为突出的特征，一直就是它声称要证明非自然存在的真理。因而，我通过指涉超感实在来定义“形而上学的”。尽管我认为形而上学唯一已经成功地得到了其真理的非自然对象是根本不存在的。

我希望前边所讲的这些足以解释我认为的“形而上学的”这一术语的含义，足以表明它牵涉到一个清楚而又重要的区分。相对于我要达到的目标，我没有必要对其做繁复的定义，也没有必要去表明它事实上与既有的用法一致。“自然”和超感实在的区分非常

为人熟知也非常重要。既然形而上学家致力于证明与超感实在相关的事情，而且既然他们主要处理的不单是自然事实的真理，那么很明显，他们的论证或错误（如果有的话）就是一种要比我在“自然主义”的名义下所处理到的更为精致的类型。出于上述的两个理 164
由，似乎宜于将“形而上学伦理学”单独加以处理。

67.我已经说过，我准备将其称作“形而上学的”那些伦理体系，其特征就在于，它们用“形而上学的”术语来刻画至善。而这一点现在可以被解释为，它们根据某种（他们认为）的确存在，但是并不存在于自然中的东西，根据一种超感实在来刻画之。“形而上学伦理学”的一个标志性事实就是它断定：某种存在，但不是在自然中存在的事物必定完全是善的；这种事物拥有超感实在所拥有的某些特征。当斯多亚学派断定遵循自然生活就是完美的时候，他们做出的就是这样的断定。因为，他们没有在我所已经定义的意义上使用“自然”一词，而是将其定义为他们推断其存在的某种超感物，并且主张这种超感物完全是善的。当斯宾诺莎告诉我们说，我们的完美程度，相称于我们经由对神的“理智之爱”关联于绝对实体的紧密程度，他做出的也是这样的断定。当康德告诉我们说，他的“目的王国”就是理想时，他做出的也是这样的断定。最后，当现代作者告诉我们说，最后的和完美的目的就是实现我们真正的自我，一个既不同于整体，又不同于当下自然存在的任何部分的自我时，他们做出的也是这种断定。

现在看来，很明显，这些伦理原则具有自然主义所不具有的一个优点，即认为完全的善性要求的要比当下存在的和可以推导说可能在将来存在的各种事物要更多。而且很有可能它们的断定应

该是真的，如果我们仅仅把这些断定理解为断定某种实在的东西拥有完全的善性所必须的所有特征的话。不过它们所断定的可远不止这些。我说过，它们还隐含着，这一伦理命题来自某些形而上学命题。“什么是实在的”的这一问题，逻辑地关联于“什么是善”这一问题。正是基于这一理由，我才在第二章中把“形而上学伦理
165 学”描述为建立在自然主义谬误之上。主张我们可以从任何断定“实在具有这种性质”的命题推导出或确证任何“这是善自身”的命题，这是犯下了自然主义的谬误。而且，那些用形而上学术语来为至善下定义的人或暗或明地主张，关于什么是实在的知识为认为某事物自身为善提供了理由。说伦理学应该“基于”形而上学，就部分地包含了这样一层意思。其意思是说，关于超感实在的某些知识必然是正确地得出什么应该存在的结论之**前提**。这一观点，比如说，明显地表达在下述陈述中：“显得最让人满意的伦理学理论有一个形而上学的基础，这是一个真理……如果我们把我们的伦理学观点建立在理想自我的发展的观念或理性世界的观念的基础上，但如果没有对于自我本性的一个形而上学考察，其意义是无法完全彰显的；而且，**如果没有对理性世界的实在性做出一番讨论，其有效性也无法建立**。”[13]这里断言，除非考量了理想是否是实在的问题，否则，理想本性的伦理结论的有效性就无法得以建立。这样一种断言涉及到了自然主义的谬误。它没有能够察觉到，任何“这是善自身”的断定，其真理性都是非常独特的一种类别；这种断定不能还原为任何关于实在的断言，因而务必使它不受

⑬ J. S. 麦肯锡教授：《伦理学手册》，第4版，第431页。强调部分为引用者所为。

我们可能得出的关于实在本性的任何结论的影响。我已经说过，那些我称之为形而上学的伦理理论中都有这种对于伦理真理的独特特性的混淆。非常明显，要不是由于这类混淆，没有人会认为甚至还值得用形而上学术语来描述至善。比如说，如果我们被告知说，理想就在于“真实自我”的实现，这个词本身就提醒我们说，所讨论到的自我是真实的这一事实被认为与“它是善的”这一事实相
关联着。一切可以用这种断言来表达的伦理真理，一定可以这样 166
来表达：理想在于特定自我的实现，这种特定自我可以是真实的，也可以是纯粹想象的。“形而上学伦理学”因而包括了伦理学可建基于形而上学之上这样一个假定。我们首先要关注的就是，要清楚这一假定是错误的。

68.超感实在可能以什么方式与伦理学有关呢？

我已经区分过了两类伦理学问题，这两类问题通常太容易混淆了。伦理学，如通常所理解的那样，要同时回答“应当是什么”和“应当做什么”的问题。第二类问题只能通过考察我们的行为可能具有的效果来回答。对于这一问题的全面回答将构成伦理学的一个部门，这个部门可被称作手段学说或实践伦理学。关于伦理探究的这一部门，很明显的是它可能与超感实在的本性有关。比如说，如果形而上学不仅可以告诉我们我们是不朽的，而且可以告诉我们此世的行为后果在什么程度上会影响到我们未来的生活环境，这种信息毫无疑问就与我们应当做什么的问题有关。基督教的天堂地狱学说就是以这样一种方式高度关联于实践伦理学的。不过值得注意的是，大部分典型的形而上学学说要么与实践伦理学没有关系，要么只有纯粹消极的关系——包括得出结论说我们

根本没有什么应当去做的。它们声称要告诉我们的，不是未来实在之本性，而是永恒实在之本性，这种实在因而是我们的行为无力去改变的。这种消息或许的确与实践伦理学有关，但是一定是以一种纯粹消极的方式与之有关。因为，如果它主张，不仅这样一种永恒实在存在，而且，就像通常的情况那样，没有什么东西是真实的，没有什么东西在时间中曾经是、现在是，或者将来是真实的，那么，的确会由此得出，我们不可能做出任何可以使善产生的事情。因为可以肯定，我们的行动只能够影响将来；如果将来没有什么会
167 是真实的，我们当然不能够期望使任何善事成为真实的。因而就会得出，没有什么是我们应该做的。我们不可能做任何善。因为，不管是我们的努力，还是这种努力可能影响到的后果，都不可能具有任何真实的存在。然而，尽管这一结果可严格从形而上学学说得出，但是却鲜有人得出。尽管一个形而上学家会说，除却永恒，无物真实，但他一般会同意，这世间仍有某些实在。因此，他的永恒实在学说不必与实践伦理学抵牾，如果他承认，不论永恒实在是多么地善，在时间中仍然存在某些事物，时间中的某些事物的存在总归比另外一些事物的存在要好。不管怎么说，坚持这一点还是很有价值的，因为鲜有人充分理解到这一点。

如果要坚持实践伦理学毕竟还有正当性，即坚持断定“我们应当如此这般去行为”的命题可以具有某种真理，那么，这一主张只有在下述两个条件下才能够与关于永恒实在的形而上学相一致。条件之一是：(1)可以作为我们指南的真实的永恒实在，不可能像称其为真所暗含的那样，是唯一真实的实在。因为，命令我们实现某一目的的道德规则，只有在该目的起码部分地能够实现时才是

有理由的。除非我们的努力能够影响某些善的真实存在，不管这种影响是多么小，否则我们就没有理由去行动。而如果永恒的实在是唯一的实在，那就没有任何善可能存在于时间中：如果说存在于时间中的只能是真实实在的一种表现，那就起码应该允许这种表现是另外一种真实实在——一个我们能够真正导致其存在的善；因为，造成完全不实在的某物即便是可能的，这也不能够成为行动的合理目的。然而，如果对于永恒存在的东西的表现是真实的，那么，永恒存在的东西就不是唯一真实的实在。

第二个条件紧随于这样一个形而上学的伦理学原则，这个条件是：(2)永恒实在不可能是完美的——不可能是唯一的善。因为，就像一条合理的行为规则要求，我们被告知要去实现的，必须 168
是真正实在的，这一条件要求，这一理想的实现必须是真正善的。很自然地，通过我们的努力可以实现的东西——存在于时间中的永恒的表象，或者其它任何可以得到的——要想值得我们努力去实现，就必须是真正善的。永恒实在是善的，单凭这一点并不足以让我们有理由致力于追求其表现，除非这种表现本身同样也是善的。因为，表现不同于实在：差异是允许的，我们被告知说可以使表现存在，实在本身则是无可更改地存在。而这种表现的存在是我们唯一可以期望影响到的事物：它也是可以被接受的事物。因此，如果道德准则是可被辩护的，那它就是这样一种表现的存在，以区别于与其相应的实在的存在，并且应该是真实的善。实在也许同样是善的，但是为了证明我们应该引起某事物这一陈述是正当的，那就必须坚持，只有那个事物本身，而不是其它与它类似的事物才是真实的善。如果表现的存在将增加这个世界的善总量这

种说法是不真实的，那么我们就没有理由致力于使其存在；如果这种说法是真实的，那么，永恒之物的存在就不可能是自身完美的——它不可能包括全部可能的善。

因此，如果形而上学能够超出日常的归纳推理所能确定的东西，就我们行为的未来后果告诉我们更多，那么形而上学就可以与实践伦理学有关，与“我们应当做什么”这一问题有关。但是大部分典型的形而上学学说，那些并不打算要告诉我们我们的未来，而是声称要告诉我们永恒实在的性质的形而上学学说，要么可能与这一实践问题无关，要么与之只有一种纯粹的演绎关系。因为很明显，永恒存在的东西不可能被我们的行为所影响；而只有受我们行为影响的东西才会与其作为手段的价值有关。但是永恒实在的本性要么不允许推导我们行动的结果——它至多也只是可以给予我们关于我们未来的信息（而如何能够做到这一点也并非是显而
169 易见的）——，要么，如通常的情况那样，它被坚持认为是唯一的实在或唯一的善，而这又表明我们的行为结果不可能有任何的价值。

69. 但是与实践伦理学所具有的这一关系，并非当人们主张伦理学应建基于形而上学之上时通常所意味的。我并没有把断定这样一种关系当作是形而上学伦理学的特征。形而上学作者通常所坚持的不仅仅是形而上学可以帮助我们确定我们的行为会有什么样的后果，而且是它可以告诉我们，在可能的后果中，哪一种可能是善的，哪一种可能是恶的。他们想表明，形而上学是回答另外一个基本的伦理学问题的必要基础：什么应当是？什么是自身就是善的？关于什么是真实的问题的任何真理，都与回答这一问题没有任何逻辑关系。这一点在第一章中已经得到证明。如果假定它

有关系，这种假定就犯了自然主义的谬误。因而，可留待我们去做的，就是揭露那种想以形而上学形式给予这一谬误以合理性的主要错误。如果我们问：形而上学可以与“什么是善”这一问题有什么关系？唯一可能的回答就是：非常明显，绝对没有关系。为什么一直认为具有这种关系呢？只有通过回答这一问题，我们才能够有望强化这一信念：这一回答是唯一真实的。我们会发现，形而上学作者似乎没有能够将“什么是善”这一基本的伦理学问题与其它问题区别开来。指出它们之间的区别可以确证我们的观点，他们认为伦理学建基于形而上学之上完全是源于混淆。

70．首先，正是在“什么是善”这一问题上存在着含混，而这种含混不可能不产生一些影响。这一问题可以意味着：在存在的事物中，哪些是善的？也可以意味着：什么种类的事物是善的？应该是真实的（不管它们现在是否是真实的）事物是什么事物？在这两个问题中，很明显，要想回答第一个问题，我们必须得知道第二个问题的答案，同时也要知道“什么是真实的”这一问题的答案。这就要求我们有一个世间所有善物的目录；要想回答第一个问题，我们既必须知道世间存在着什么事物，又必须知道这些事物中哪一些是善的。我们的形而上学如果能够回答“什么是真实的？”这一 170
问题的话，它就与第一个问题有了关系。它能够帮助我们完成清单，清查那些既是真实的又是善的事物。但是完成这样的清单并非伦理学的任务。就其任务是追问“什么是善的？”这一问题而言，当它列出了那些应该存在的事物——不论它们是否真的存在——的清单时，它就已经完成了任务。如果说我们的形而上学与伦理学问题的这一部分有任何关系的话，那它一定是因为这样一个事

实:某些是真实的事物给了我们以理由,让我们认为它或其它事物是善的,而无论其是否是真正善的。任何这样的事实都可以给出任何这样的理由,这是不可能的;但是与之相反的假设也是值得怀疑的,这种相反的假设是由于没有能够区分两类断言所致。一类断言是"这是善的",它意味"**这一种类的事物**是善的",或者"这会是善的,如果它存在的话"。另一类断言是:"这一存在的事物是善的"。除非事物存在,否则后一命题显然不能够为真;因而证明事物的存在是其证明的必要步骤。然而,尽管两类命题存在着巨大差异,它们却通常被用同样的术语来表达。当我们断定一个关于实际存在的主体的伦理命题,与我们断定一个关于被认为仅仅是可能的主体的伦理命题时,我们用的是同样的词汇。

由于语言的这样一种含混,我们因而就有可能错误地认为断定实在性的真与断定善性的真之间存在着关系。这种含混实际上是被那些宣称善是永恒实在的形而上学作者们忽略了,而这一点可以下述方式看到。在考虑形而上学与实践伦理学的可能关系时,我们已经看到,既然永恒存在的事物不可能为我们的行为所影响,那么,如果唯一的实在是永恒的,任何伦理准则就都不可能是真的了。我已经说过,这一事实通常为形而上学作者们所忽略。他们同时主张两个相互矛盾的命题:唯一的实在是永恒的;它在未来的实现也是善。我们已经看到,麦肯锡教授主张,我们应当致力于实现"真实的自我"或"理性的世界"。而且麦肯锡教授还主张,"真实的自我"和"理性的世界"都是永恒真实的,就像"真实的"一词通常隐含的那样。在这里,当我们假定永恒真实的事物可以在
171 将来实现时,我们就已经有了矛盾。我们是否把与"永恒是唯一实

在”命题有关的进一步的矛盾加诸于上，这已相对地不重要了。假定这样一种矛盾是正当的，那就只能够解释为忽略了真实主体与这一真实主体所拥有的特征之间的差别。永恒真实的事物也许的确可以在未来实现，如果这只是意味那是永恒真实的一类事物的话。但是当我们断定一个事物是善的时，我们的意思是其存在或实在是善的。一个事物的永恒存在不可能与必然是同一事物在时间中的存在一样地善。因而，当我们被告知真实自我的未来实现是善的时，这至多意味着，一个自我的未来实现正像永恒真实与永恒存在的自我一样是善的。如果能够清楚地表明这一事实，而不是像那些支持至善可以由形而上学术语来界定的人那样一直忽略这一点，那么，那种主张实在知识对于至善知识来说是必要的观点可能就会部分失去其合理性。那种我们应当致力去达到的东西不可能是永恒真实的东西，尽管它的确很像是那样的。永恒实在也不可能是唯一的善。这两个命题可能切实地消除了伦理学应该基于形而上学的主张的可能性。因为某个事物是真实的，因此，某个像它但并不真实的事物会是善的，这种主张听起来并不那么合理。因此，形而上学伦理学的貌似有理也许是由于没有能够注意到语词的含混："这是善的"或许既意味着"这一真实的事物是善的"，又意味着"这一事物的存在（不管它现在是否存在）将会是善的"。

71. 通过揭露这一含混，我们因而就有可能更清楚地看到"伦理学应该建基于形而上学吗？"这一问题应有的含义，并且因而能够更好地发现正确答案。现在很明显，说"这一永恒实在是至善"这样一个形而上学的伦理学原则只能够意味着"像这一永恒实在的某事物会是至善"。现在我们应该理解，这样一种原则拥有它们 172

可以一贯拥有的唯一意义,也即描绘那种应当在未来存在的事物和那种我们应当努力使其存在的事物。而一旦清楚地认识到了这一点,那就似乎更明显,关于这样一类同样是永恒真实的事物的知识完全不能帮助我们决定真正的伦理学问题:那种事物的存在是善的吗?如果我们能够看出永恒实在是善的,我们就同样很容易看出,一旦这样一个事物的观念被暗示给我们,那它就也会是善的。如果对于实在的形而上学建构只是对想象的乌托邦的建构,那么这样一种建构对伦理学的目标来说当然非常有用:假定虚构所暗示的与真理所暗示的是同样一种事物的话,那么就其都是为我们提供材料以做出价值判断而言,它们就都是同样有用的。因此,尽管我们承认形而上学也许可以服务于伦理目的,也即没有它的暗示我们就不会想到某些东西,而一经暗示我们就会发现它们是善的,但是,这并不是形而上学(声称要告诉我们什么是真实的)所要具有的用处。而且事实上,对真理的追求必须限制形而上学在这一方面的用处。形而上学家们关于实在所做的断言大都狂野过度,但是只要一想到他们的任务就在于说出真理而非别的什么,他们就多少会有所收敛,而不至于仍然那么狂野无际。不过,这种断言越是没有边际,越是对形而上学没有助益,就越有可能对伦理学有用;因为,为了保证我们在描述我们的理想时无所忽视,我们应该看到一个有可能暗示善的尽可能广阔的领域。形而上学的助益很有可能就是暗示了可能的理想,而这也许正是主张伦理学应该基于形而上学的含义之所在。我们经常会发现,那种启发一个真理的东西与那种逻辑地依赖于它的东西被混淆在了一起。我也已经指出,一般来说,形而上学比自然体系具有这样一种优先性,它们注意到了至善是某种大为不同于当下存在的东西。但是如果认识到，在这一意义上，伦理学更为显著地应该基于虚构，那么我 173
认为，形而上学家将会承认，形而上学与伦理学之间所具有的这样一种关联绝对无法为他们归于一种研究与另一种研究的关系的重要性辩护。

72. 因此，我们可以把超感知识是获得“什么本身是善的”知识的必要一步这样一种固有偏见或部分地归结于没有能够察觉到后一种判断的主体不是任何一种真实的事物，或部分地归结于没有能够把我们知觉真理的原因与真理之所以为真的理由区别开。但是这两个原因只是为我们解释形而上学为什么被假定为与伦理学有关提供了小小的便利。我已经给出的第一个解释只是说明了一个事物的实在性是其善性的必要条件这样一个假设。的确，人们通常都会做出这样一个假设。我们发现，人们往往事先假定，除非可以看到一个事物包含在实在的构成之中，否则它就不可能具有善性。然而，值得坚持的是，事实并非如此。形而上学甚至都不必然为伦理学提供哪怕部分的基础。但是当形而上学家们谈论形而上学作为伦理学的基础时，他们意谓的却远比这些要多。他们的意思通常是，形而上学是伦理学的唯一基础——它们提供的不仅仅是证明某些事物为善的一个必要条件，而且是所有必要条件。乍看上去，这一观点似乎是以两种不同的形式而被主张。它或者会断定，只需证明一个事物是超感实在的，就可以证明它是善的。原因仅仅在于，真正实在的就必定是真正善的。但是更多情况下，它似乎是主张真实的必定是善的，因为它拥有某些特征。我认为，我们或许可以把第一种主张也归结为第二种。当它断定真实的必

定是善的，因为它是真实的时，它通常也就主张，这仅仅是因为，为了是真实的，它必定属于某一种类。那种认为形而上学的追问可以得出某种伦理结论的推理是以如下形式完成的。从考虑什么必定是实在的，我们可以推导说，实在的东西必定具有某些超感属
174 性：然而，具有这些超感属性也就等同于是善的——这正是“善”这个词的意思，从而得出具有这些属性的就是善的；从什么必定是实在的这一考虑，我们又可推导出具有这些属性的事物是什么。很明显，如果这种推理是正确的，任何对于“什么本身是善的”这一问题的回答都可以得到并且只能得到一个纯粹形而上学的讨论。这就跟密尔假定“是善的”意味着“是被欲求的”，因而“什么是善的”这一问题能够并且只能通过经验地研究“什么是被欲求的”这一问题得到回答一样。同样，在这里，如果是善的意味着具有某些超感属性，那么伦理学问题就能够并且只能够通过形而上学地追问“什么具有这一属性”这一问题而得到回答。因此，为了消除形而上学伦理学的貌似有理性，接下来需要做的就是揭露其主要错误，这种错误似乎已经导致形而上学家假定是善的就意味着具有某些超感属性。

73.那么，导致他们貌似有理地坚持是善的就意味着具有某些超感属性或者意味着关联于某些超感属性，其主要原因是什么？

我们首先需要注意到其中一个原因，尽管它并不暗示任何特殊属性本身是必需的，但是由于它主张善必须由这些属性的某一些来定义，因而一直有着某些影响。这个原因假定，“这是善的”，或“如果它存在，它就会是善的”这样的命题，必须在某些方面和其它命题属于同样的类型。事实是，存在着一种大家非常熟悉的命

题类型，它因为如此为人熟悉，所以强烈地抓住了人们的想象，以至于哲学家们总是假定所有其它类型总是可以还原为这样一种类型。这样一种类型就是那种关于经验对象的类型——在我们处于清醒状态的绝大部分时间里占据我们心灵的所有那样一类真理的类型，就是那种某人正在房间里，我正在写作、进餐或交谈的真理类型。所有这些真理，不管它们有多大的差异，在这样一点上都是一样的：它们都具有代表某物存在的语法主语与语法谓语。因而，这类真理的一个最为常见的样式就是那种断定两个存在着的事物关系的类型。我们立即就能感觉到，伦理真理不符合这样的一种 175
类型。当人们试图以各种拐弯抹角的方式力图要表明它们的确符合这样一种类型时，自然主义的谬误就产生了。当我们看到某个事物是善的，其善性不是我们能够把握在手，也不是能够用最为精密的科学仪器加以分离，并转给其它事物的时候，这一点就立刻变得很明显。事实上，它不像大部分我们归于事物的属性那样，它不是我们将之归于的事物的一个部分。但是大部分哲学家主张，我们不能够拿起善性并带走它，不是因为它是与任何我们能够移动的东西不一样的一种对象种类，而是因为它必须与任何与之确实共存的事物共存。他们把伦理真理解释为是与科学法则一样的类型。只有当他们做了这一步的时候，真正的（经验主义的）自然主义哲学家才与那些我称之为“形而上学的”哲学家们分道扬镳。的确，这两类哲学家对于科学法则的性质的观点真的迥异。前一类哲学家倾向于假定，当他们说“这个总是伴随着那一个”时，他们的意思只不过是“在这些特定的情况中，这个曾经伴随那一个的，现在和将来将一直伴随着那一个”。他们把科学法则非常简单直接

地归结为我所指出的那种命题类型。但是这并不能够使形而上学家们满意。他们认为，当你说“如果那个存在，这个将伴随着那一个”时，你不仅意味这个和那个已经存在并且将继续存在无数次。他们无论如何也不能够相信，你所意味的仅仅就是你所说的。他们还会认为，无论如何，你必定还意味某事物的确存在，因为这是当你说某些事情时你通常意味着的东西。他们和经验主义者一样不能够想象你竟可以认为 2+2=4。经验主义者们说，这意味着这么多两个加两个的事物，在每一种情况中都等于四个事物；因而，除非这些事物确实就存在过，否则 2 加 2 就不等于 4。形而上学家们感到这个错了。但是他们也不能对其含义给出更好的说明，要么像莱布尼兹，将其意义解释为上帝的心灵处于某种状态，
176 要么像康德，将其意义解释为你的心灵处于某种状态，要么像布拉德雷，将其意义解释为某一事物处于某种状态。因而，在这里，我们找到了自然主义谬误的根源。形而上学家们有一个优点，即他们看到，当你说“如果它存在，它会是好的”时，你不可能仅仅意味着“这个已经存在并且已经被欲求”，不管有多少次情况可能就是如此。他们承认，某些善的事物并不存在于这个世界中，其中某些甚至还没有被我们所欲求。然而，他们真的不能看到你所意味的，除了某些事物存在。正是导致他们假定必定存在着超感实在的同一错误，导致他们在关于“善”的意义方面犯下了自然主义的谬误。他们认为，任何一种真理都必定意味着某事物实际存在着，而且由于与经验主义者不同，他们认识到某些真理并不意指此时此地存在的任何东西，所以他们就认为，这些真理必定意味着某些不是此时此地存在的东西。根据同一原则，由于“善”是一个既不真的存

在也不能够存在的属性,他们就一定会假定,“是善的”要么意味着关联于某些能够“在实在中”并且的确“在实在中”存在的其它特殊的事物,要么只是意味着“属于实在世界”——即假定善性在实在中被超越或吸收。

74.把所有命题都化归为那种断言要么某些事物存在,要么那些存在的事物具有某种属性(这意味着,二者以一定的相互关系而存在着)的命题类型,这样的化归是错误的。通过参照一种特殊类别的伦理命题,很容易看到这种错误。因为,不论我们证明存在的是什么,也不论我们证明必然相互关联的两种存在是什么,都仍存在着一个明显不同的问题:这样存在着的事物是善的吗?两种存在中的一种是善的,还是说两者都是善的?以及,它们必须一起存在这一点是善的吗?非常明显,断言其中一个与断言另外一个不是一件事情。当我们问“存在着的或无论如何必然存在着的这个是善的吗?”时,我们明白我们的意思,并且察觉到我们问到的是一个一直没有被回答的问题。这两个问题显然是不同的,面对这一直接知觉,任何认为它们肯定是同一的证明都不可能具有任何价值。“这是善的”这一命题不同于任何其它命题,这在第一章中已 177
经被证明了。我现在准备说明这一事实,指出它是如何不同于两种特殊的命题的——人们通常认为它与这两种命题是同一的。如此这般应当去做的,通常被称作一个道德法则;而这一短语自然地暗示着该命题以某种方式要么与自然法则相似,要么与法律意义上的法则相似,要么与二者都相似。事实上,所有这三种情况都只是在一个方面类似,并且仅仅在这个方面类似:它们包含了一个具有普遍性的命题。一条道德法则断定“在所有情况下这都是善

的”，一条自然法则断定：“在所有情况下这都会发生”，一条法律意义上的法则则断定：“这是一个命令，在所有情况下都必须去做，或者都必须不去做。”不过，由于很自然会假定这种类推可进一步扩展：断定“在所有情况下这都是善的”就等于是断定“在所有情况下这都会发生”，或等于是断定“这是一个命令，在所有情况下都必须去做，或者都必须不去做”，那就很有必要简短指出它们并不等同。

75.断定某些行为是那种总是需要去完成的行为，因而假定道德律类似于自然法则，这一错误隐藏于康德的一个最为著名的学说中。康德把应该存在的东西，与自由意志或纯粹意志所必须遵循的法则，即与它可能采取的唯一一种行为等同。通过这种等同，他不仅意味着要断定自由意志也要受其应做的事情的必然性的支配，而且意味着，它所应做的意味的只是其自身的法则——必须依其而行动的法则。其不同于人类意志的地方在于，我们应做的是它必然要做的。它是“自主的”，这一点意味着（在其它事物中）不存在着独立的标准可以评判它。既然如此，“这一意志所据以行动的法则是一条善的法则吗？”这样一个问题就没有意义。随之而来的就是，这一纯粹意志必然意愿的就是善的，这不是因为这一意志是善的，也不是因为其它理由，而纯粹是因为它是纯粹意志必然意愿的。

康德所断定的“实践理性的自主性”因而就有了他所不期望的
178 恰好相反的后果，这使得他的伦理学最终无望地成为“他律的”。在他看来我们能够独立地认识他的道德法则，只有在这个意义上，他的道德准则才是独立于形而上学的。他主张，我们只有从道德法则是真实的这一事实出发，才能够推导说存在着自由。就其严

格坚持这一观点而言，他的确避免了多数形而上学家经常容易犯下的错误：让其何为真实的主张影响到其对于什么是善的判断。但是他却没有能够看到，在他的观点中，道德律依赖于自由要比自由依赖于道德律具有更为重要的意义。他承认，自由是道德律的**存在理由**，而道德律则只是自由的**认识理由**。而这意味着，除非实在如其所言，否则断定“这是善的”就没有可能是真的，这一断定的确可以没有任何意义。因此，他为其对手提供了一个攻击道德律有效性的有效方法。他们只需要通过其它一些手段（他否定了其它一些手段的可能，但是在理论上却并没有能够排除这种可能）表明实在的本性并非如其所言，他就无法否认他们可以证明其伦理原则是错的。如果“这是应当做的”意味着“这是自由意志所意愿的”，那么，如果能够表明不存在着能够去意愿的自由意志，那就可以接着说：没有什么是应当做的。

76. 康德也犯下了假定“这是应当做的”意味着“这是被命令的”的错误。他认为道德律是一种命令。这是一个非常常见的错误。人们假定“这是应当做的”一定意味着“这是被命令的”。因此，没有什么是善的，除非它是被命令的。而且，由于现世的命令容易出错，应当做的在其终极意义上也意味的是“由某种真实的超感权威所命令的”。对于这一权威，就不再能够追问“这是正当的吗？”了。其命令不可能是不正当的了，因为是正当的就是意味着是它所命令的。因此，在这里，道德意义上的法则就被认为是与法律意义上的法则类似，而非与最后一种情况中的自然意义上的法则类似。道德义务被假定为是类似于法律义务，区别仅仅在于，法律义务的来源是尘世的，而道德义务的来源是天国的。不过很明 179

显,如果义务的来源只是意味着约束你或强迫你去做某件事情的权力,那就不应该是因为它的确强迫了你,所以你就应当遵守它。只有它本身非常善,它只命令和实施善的事物,它才成为道德义务的来源。而在这种情况中,它所命令和实施的都会是善的,无论它是否已经命令和实施了。而成为一种法律性义务的东西,也即通过某种权威来命令的东西,就与道德义务完全不相干了。不管如何定义权威,其命令要想是一种道德的约束,就只有当它们是道德地去约束时,也就是只有当它们告诉我们应当做什么或者什么是应当做的事情之手段时。

77.之所以犯上述错误,就在于假定,当我说"你应当做这个"时,我必定意味着"你被命令着去做这个"。导致这种错误假定的原因之一就在于,假定在给善下定义时所必须参照的特殊的超感属性就是意志。到目前为止,当下形而上学伦理学最为常见的假设似乎就是:伦理结论也许可以通过追问最为基本的真实意志之性质而获得。这一假设貌似合理,与其说是这种假设假定"应当"就是表达着一个"命令",还不如说是因为一个远为根本的错误。这个错误在于假定,把某些属性归于某一事物,这跟说该事物是某一种类心理状态的对象是一回事。它假定,说一个事物是实在的或是真的,这跟说它是以某种方式可知的是一回事。断定"它是善的"和断定"它是真实的",这两者之间的差异,因而也就是伦理学命题与形而上学命题之间的差异就在于,后者断定其与认识之间的关系,而前者断定其与意志之间的关系。

我在第一章中已经表明,这是一个错误。断定"这是善的",不同于断定"这是我所意愿的"(不管是超感意愿还是其它什么意愿)，也不同于任何其它命题。这一点已经得到证明。对于这一证明，我也没有什么可补充的了。但是面对这一证明，能够想象人们会采纳两条反对路线。(1)人们会坚持说，不管怎样，它们的确是 180
同一的。人们似乎还会举出一些似乎能够证明其同一性的事实。或者(2)人们还会说，不用坚持一种绝对的同一性，说它们是同一的，只是意味着断定在意志和善性之间存在着特殊的关联。比如追问前者的真实本性将是证明伦理结论的关键性一步。为了反驳这两种可能的反对，我首先要表明，在善性和意志之间存在着或可能存在着什么样的关联，并且表明不管什么样的关联都无法让我们有理由地断定“这是善的”等同于“这是我所意愿的”。另一方面，这将表明，它们中的一些很容易与这一同一性断言混为一谈，因此很容易产生混淆。因此，我在这一部分的论证将会往反驳第二个反对意见方向多走几步。但是关键性的在于要表明，除了所讨论到的绝对的同一性，意志和善性之间的任何可能关联都不能有效地对意志的研究与伦理学结论的证明之间提供丝毫的关联。

78. 自康德时代以来，人们已经习惯于主张，认识、意志和情感是心灵对于实在的三种不同态度。它们是三种不同的体验方式，其中每一种都告诉我们了实在可能被考量的不同方面。通往形而上学的“认识论的”方法建立在这样的假定基础上：通过思考什么“包含在”认识中，什么是其“理想”，我们可以发现这个世界必定具有什么属性，如果世界为真的话。类似地，它可以主张，通过思考什么“包含在”意志或情感的事实中，什么是它们所预设的“理想”，我们可以发现这个世界必定具有属性，如果世界为善或美的话。正统的观念论认识论者不同于情感主义者或经验论者，他们

主张，我们直接认识的东西既不可能全都为真，也不可能是全部真理。为了拒绝这一错误并进一步发现真理，他们主张，我们一定不能仅仅把认识看作是它自己所呈现的那样，而是要发现其中“包含”着什么。类似地，正统的形而上学伦理学家不同于单纯的自然
181 主义者，他们主张，我们实际意愿的东西并不都是善的，即便是善的，也非完全之善：真正的善是那种包含在意志的真实本性中的东西。另外一些人则认为，情感，而非意志，才是伦理学的基本论据。不过，他们认为，在这两种情况中，伦理学与意志或情感有关，而与认识无关，而其它研究对象却与认识有关。另一方面，认识、情感和意志在某种意义上被认为是哲学知识——一者为实践哲学，另一者为理论哲学——的两个同等来源。

这一真实的观点可能意味着什么呢？

79. 首先，它可能意味着，正如通过反思我们的感知经验，我们可以明白正确与错误的区别，通过反思我们的情感和意志经验，我们同样也可以明白伦理之分。除非我们的意志或情感对于一种事物的态度不同于对于另一种事物的态度，否则我们就不能知道一种事物比另一种事物要好意味着什么。所有这些人们都会承认。但是就此而言，我们拥有的只是一个心理事实：只是因为我们以某种方式意愿或感受事物，我们才碰巧认为它们是善的，正如只是因为我们具有某些知觉经验，我们才认为事物为真。因此，意志和情感在这里有一种特殊的关联，但它只是一种因果关联——意志是认识善的必要条件。

也许可以进一步说：意志和情感不是认识善的唯一根源；意愿一个事情，或者对某个事情有某种情感，与认为它是善的是同一件

事情。可以承认，在某种意义上这一点甚至通常为真。的确，如果对一个事物没有一种特殊的情感或意志态度，我们通常很难，并且也绝不会很明确地认为一个事物就是善的，这一点似乎的确是真的。尽管事实是这并不是普遍为真的。而其相反命题倒有可能普遍为真。情况可能是，对于善的知觉包含在我们用意愿和用我们具有某些种类的情感所意指的复杂事实中。因而，让我们承认，在 182
这个意义上，认为一个事物是善的和意愿该事物是同一事情。在这种情况中，后者一旦发生，前者就会作为其一部分同时发生。让我们甚至承认在相反意义上它们通常是同一事情，前者发生时，它通常也是后者的一部分。

80. 这些事实似乎支持着这样一种一般断定：认为一个事物是善的，就是偏好它或认可它。在这里，偏好或认可就是指某种类型的意愿或情感。当我们因而偏好或认可时，总是包括着事实上我们认为它是善的，这一点似乎总是真的。同样为真的是，在很多情况下，当我们认为某个事物是真的时，我们同样也就偏好或认可它。因此可以非常自然地说，认为善就是偏好。更为自然的就是加上一句说：当我说某事物是善的时，我的意思是我偏好它？不过这一很自然的追加引起了一个巨大的混淆。即便说认为善与偏好是同一件事情（我们已经看到，在它们是绝对同一意义上，这绝对不是真的；而且即便是在它们是同时发生的意义上，这也不总是真的），但当你认为某一事物是善的时，你所想的就是你偏好它这一点也不真。即便是你认为某物为善与你偏好它是同样的事情，可是事物的善性——那种你认为所是的东西——正是由于这个原因，显然不是与你偏好的东西一样的东西。你是否有某种想法是

一回事，而你认为的是否为真则是完全不同的另外一回事。对于前者的回答与后者没有丝毫关系。你偏好某物并不就表明该事物是善的，尽管的确可以表明你认为它是这样的。

也许正是由于这一混淆，“什么是善的”问题被认为与“偏好什么”的问题等同。如果你不偏好某物，你就永远不会知道某物为善，这一点绝对正确。这就跟如果你不知觉到某物，你就永远不知道某物存在一样。但是进而再说，除非你知道你偏好某物，否则你永远不知道某物为善，或者说除非你知道你知觉到某物，否则某物就不存在，就是错的了。或者再最后加上一句说，你无法区分某物
183 为善这一事实与你偏好某物这一事实，或者你无法区分某物存在这一事实与你知觉到某物这一事实，就是完全错误的了。经常有人指出，我无法在某一特定时刻区别什么为真与我认为什么为真，这一点是对的。但是尽管我无法区别什么为真与我认为什么为真，但是我却总是能够区别我说“这是真的”与我说“我认为这是真的”的含义之不同。因为我们知道，我认为为真的假定有可能是错的。因此，当我断定“这是真的”时，我的意思是我断定了某种与“我认为其为真”不同的事实。我所认为的，也就是某物为真这一点，总是十分不同于我的认为活动。断定“它是真的”甚至不包括断定我认为如此，虽然每当我真的认为某物为真时，我的确认为其为真这一点当然也是真的。人们常常将同义反复的命题“一个事物要被认为是真的，它必定为人所想到”，与命题“一个事物要为真，它必定为人所想到”看作是同一的。稍加反思就足以说服任何人，这种同一是错误的。再稍加反思就可以表明，如果是这样，我们一定会用“真的”来表示某种与思想或心理事实无关的东西。也

许难以准确发现我们所意味着的东西——抓住我们目前所讨论的对象，以便于与其它对象加以比较。但是我们的确意味着某种确切而又独特的东西，这一点已经毋庸置疑了。认为“是真的”意味着以某种方式被想到，这一点当然是错的。然而这一主张却在康德哲学的“哥白尼式革命”中扮演着至关重要的角色，而且使由这场革命所引起的，被称作认识论革命的大量的现代文献全都变得毫无价值。康德主张，由思想的综合活动以某种方式统一起来的东西事实上是真实的：这正是“是真的”语词的意义。其实很明显，在“是善的”和以某种方式被认为是善的之间，唯一可能的关系就是，后者是前者的一个标准或一个检测。不过，为了确立情况的确如此，就有必要以归纳法来确立是真的东西总是以某种方式被想到。现代认识论省略了这样一种漫长而艰苦的考察，代价就是接 184
受了一种自相矛盾的假设：真与真之标准是同样一回事情。

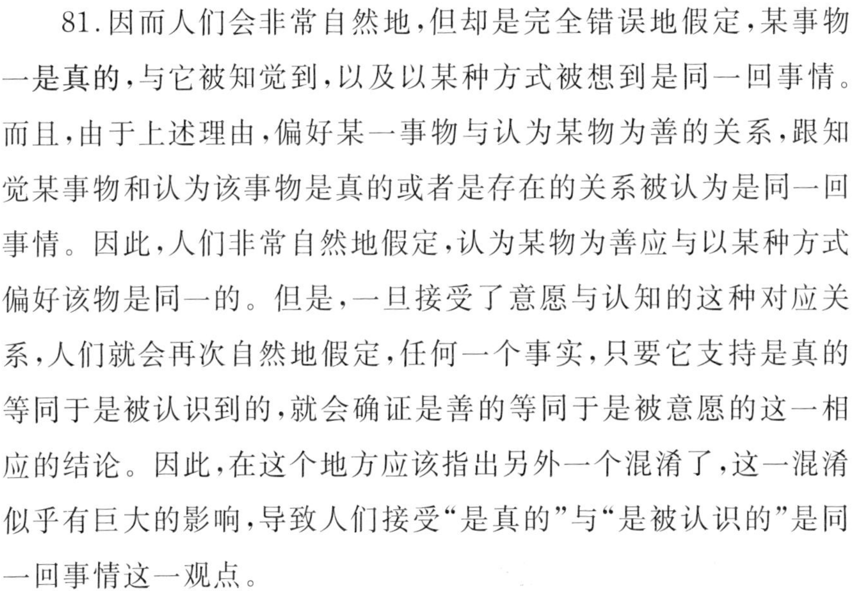

81.因而人们会非常自然地，但却是完全错误地假定，某事物一是真的，与它被知觉到，以及以某种方式被想到是同一回事情。而且，由于上述理由，偏好某一事物与认为某物为善的关系，跟知觉某事物和认为该事物是真的或者是存在的关系被认为是同一回事情。因此，人们非常自然地假定，认为某物为善应与以某种方式偏好该物是同一的。但是，一旦接受了意愿与认知的这种对应关系，人们就会再次自然地假定，任何一个事实，只要它支持是真的等同于是被认识到的，就会确证是善的等同于是被意愿的这一相应的结论。因此，在这个地方应该指出另外一个混淆了，这一混淆似乎有巨大的影响，导致人们接受“是真的”与“是被认识的”是同一回事情这一观点。

这一混淆在于没有能够注意到，当我们说我们有一种感觉或知觉，或者我们知道某物时，我们的意思不仅仅是断定我们的心灵是认知的，而且同时也是断定，它所认知的为真。这是没有看到说人们是这样来使用这个词汇的：如果某个事物不是真实的，这个事实本身就足以有理由让我们说知觉到或知道该事物的这个人，并没有知觉到或知道该事物，而无须追问或假定其心灵状态是否在任何方面不同于他知觉到或知道时的心灵状态。做此否定，并不是要指责这个人在自省上犯了错，即便是存在着这样的错误，我们既不是否定他意识到了某一对象，也不是要否认他的心灵状态恰恰是像他所认为的那样，我们只是要否认，他所意识到的对象具有某种属性。不过，人们通常假定，当我们断定一件事物被知觉或被知道时，我们只是在断定一个事实；而由于在我们实际所断定的两个事实中，物理状态的存在目前是最为容易被辨识的，因此人们就

185 会假定这才是我们想要断定的。因此，知觉和感觉被认为是好像只是指某些心灵状态，而不指涉任何其它东西。这是很容易犯的错误，因为人们也许会貌似有那么几分道理地假定，最为常见的心灵状态——我们给它起了一个并不意味着其对象为真的名称，即起了“想象”这个名称——不仅在其对象所拥有的属性方面不同于感觉和知觉，而且在其作为心灵状态的特征方面也不同于感觉和知觉。因而人们就会假定，知觉与想象的唯一区别，即可以据之为其下定义的那一区别，就一定仅仅是一种物理差别。而且，如果情况是这样的话，随之而来的立刻就是，“是真实的”等同于“以某种方式被认识到的”。因为，断定某一事物被知觉到，当然就包括断定它是真实的，而且，如果被知觉到不过就是意味着心灵对其有某

种态度，那么其为真就一定等同于它以这样一种方式被考虑。因此，我们可以认为，主张“是真的意味着以某种方式被认识到”，这一观点部分地是因为没有能够察觉到，通常被认为只是代表某种认知状态的那些用语，事实上的确还涉及到了这种状态的对象的真实性。

82.现在，我将总结我对意志与伦理命题表面关联的说明。这样一种表面关联的主张似乎支持这样一种模糊的信念，即认为“这是善的”不知为什么总是与“这是以某种方式被意愿到的”同一。(1)有人会根据充分的事实主张，只是由于某些事物最初被意愿到，我们才拥有了各种伦理信念。人们通常普遍假定，表明一事物的原因是什么与表明这个事物本身是什么是一回事。不过，几乎没有什么必要去指出，事情并非如此。(2)人们还会多少貌似合理地主张说，“认为一个事物是善的”与“以某种方式意愿它”现在事实上是同一的。不过，我们必须区分这一断言的某些可能含义。人们会承认，当我们认为一个事物是善的时，我们通常对该事物有一个特殊的意愿或情感态度；而且，或许，当我们以某种方式意愿该事物时，我们的确也认为它是善的。但是，我们能够如此区分这 186
样的问题——尽管一个总是伴随着另一个，不过这另一个却并不总是为第一个所伴随——这一事实本身表明两个事物在严格意义上并不是同一的。事实是，不管我们用意志或任何形式的意志意味着什么，我们用它来意味着的当然总是包括某种除了认为一个事物是善的之外的东西。因而，当意愿善和认为善被断定为是同一的时，最多能够意味的是，意志中这另外一种要素总是既伴随着认为善，又被认为善所伴随。而我们已经说过，这是一个非常可疑

的真理。不过，即便它是严格为真的，两种事物可被区分开这一事实对于假定意志与认知之间存在一致关系（就做出这一假定的一个通常含义而言）也是致命的。因为，只是就意志中的其它要素，意志才是区别于认知的；反之，只是就意志，或意志的某些形式包括了对于善性的认知，意志和伦理命题之间的关系才与认知和形而上学命题之间的关系同一。相应地，作为一个整体的意志事实，也就是说，如果我们将使意志成为意志，并使其区别于认知的要素包含在意志中，那么，它和各伦理命题之间的关系就不同于认知和各形而上学命题之间的关系。意志和认知并不是同等的经验方式，因为意志只有在指涉一个复合事实的情况下，而该复合事实包括了认知所意味的同一单纯事时，才是一种经验方式。

但是(3)即使我们让“意志”或“意愿”这两个术语表示“认为善的”，尽管它们通常肯定不表示这个意思，仍然还有问题：这个事实会在意志和伦理学之间建立起什么样的联系呢？追问“什么是被意愿的”与伦理学地追问“什么是善的”是同一回事吗？非常明显，它们不可能同一；尽管它们为什么被这么想也非常明显。人们之所以混淆“什么是善的”与“什么被看作是善的”，以及混淆“什么是真的”与“什么被看作是真的”，主要原因有两个。(1)其中一个原
187 因是这样一个普遍困难：难以区别被认识到的与对这一被认识到的东西的认识。人们看到，我当然不能够不认识到它就认识到它是真的。因为，每当我知道一个事物是真的时候，这个事物当然是已经被认识到了的，因而人们假定，一个事物是真的与它已经被认识到是同一回事。以及(2)人们没有看到，某些被认为是仅指特殊认知类型的语词，事实上也指被认识到的对象是真的。因此，如果

“知觉”被当作仅指某种心智事实，那么，由于其对象总是真实的，就会很容易假定“是真实的”仅仅意味着成为那类心智状态的对象。同样，就会很容易假定“是真的善的”不同于“错误地被认为是善的”，这只是就这样一个事实而言的：成为前者就是成为一个意志的对象，这一点不同于错误地认为它时它只是一个表面上的善。而同样的，(根据这一假定)一个知觉不同于一个幻觉。

83. 因此，“是善的”和“以任何方式被意愿或感受”不同一，“是真的”与“以任何方式被认为”也不同一。我们不妨假定这就等于承认：追问意志或情感的本性应是证明伦理结论的必要步骤，这还是可能的吗？如果“是善的”和“被意愿”并不同一，那么就善与意志的关系而言，最多可以坚持的是，“是善的”总是也“是以某种方式被意愿的”，“以某种方式被意愿的”也总是“善的”。或许可以说，这就是那些形而上学作者们主张的伦理学应建基于意志形而上学之上的全部意思。那么，从这一假定出发，又能得出什么结论呢？

很明显，如果“以某种方式被意愿的”也总是“善的”，那么，一个事物被如此意愿这一事实就会成为其善性的标准。但是为了建立起意志是善性的标准的说法，我们必须要能够率先和独立地表明，在很多我们发现了某种意志的地方，我们也发现了“意志是善的”各种对象。因此，我们或许有资格去推导说，在一些无法确定一个事物是否是善的，但是却能够确定它是以某种方式被意愿的
地方，事物的确是善的，因为它具有我们所有情况下都发现的伴随 188
着善性的属性。因此，在我们已经能够独立地表明大量不同的对象的确是善的，并且在什么程度上是善的之后，完全可以想象，参

照意志或许会有利于我们的伦理探索。不过，甚至是对于这一可想象的助益，或许仍可主张：(1)无法看出，为什么运用我们曾经用来证明其它事物是善的方法(这当然是更为有把握的方法)，来证明所讨论到的事物是善的，并不比参照我们所提出的标准更容易；以及(2)如果我们想认真地着手去发现什么事物是善的，我们将有理由(如下述第六章将要看到的那样)认为，除了善性，它们并没有其它无论是共有的还是特殊的属性。也就是说，事实上，不存在一个善性的标准。

84.但是，对于我们这里要达到的目标而言，完全没有必要考虑何种形式的意志是还是不是善性的标准。因为，没有一个主张伦理学应建基于对意志的考察之上的作者会认识到，有必要直接或独立地证明所有以某种方式被意愿的事物都是善的。他们也并不试图表明意志是善性的标准；而且，也并没有更有力的证据表明他们没有认识到这一点：意志至多也就是这样了。正如已经指出的那样，如果我们主张，以某种方式被意愿的任何东西也都是善的，我们必须首先能够表明，某些事物具有“善性”的属性，而且这同一些事物也有它们以某种方式被意愿这样的其它属性。第二，如果我们想要有资格主张“这两种属性总是相互伴随的”这一命题，我们必须能够在大多数情况中表明这一点，不过，即便是表明了这一点，从“一般地”推导出“总是”是否有效，这一点仍然是可疑的，而且几乎可以肯定的是，这一可疑的原则会是无用的。但是伦理学所要回答的恰恰是“什么事物是善的”这一问题；而且，只要快
189 乐主义还保持着它目前的流行程度，就必须承认，在该问题上鲜有一致看法，因而要求更为细致的考察。因此，只有在伦理学事业的

最为伟大、最为困难的部分完成以后,我们才能够主张某事物是善性的标准。另一方面,如果“以某种方式被意愿的”等同于“是善的”,那么我们的确就能够通过追问以所要求的方式被意愿的东西来开始我们的伦理考察。形而上学家就是以这种方式开始其考察的,这一事实似乎决定性地表明,他们受到了“善性”等同于“被意愿的”观念的影响。他们没有能够看到,“什么是善的”是与“什么是以某种方式被意愿的”不同的问题。因此我们发现格林明确地表述说:“善的共同特征就是它满足某些欲望。”[14]如果我们严格地来看这一陈述,它很明显地断定,除了满足某些欲望,善的事物没有共同特征——因而,甚至在“它们是善的”这一点上也没有共同点。这就只能是,假定“是善的”等同于“满足欲望”,假定“善”只是“欲望满足”的另外一个名称。没有比这更加明显的自然主义谬误的例子了。我们不能把这一陈述仅仅看作是一个语误,认为它并不影响格林论证的效力。因为他没有在任何地方给出或假装给出使人相信在任何意义上事物为善的理由,除了提出该事物是那会满足一种特殊形式的欲望的东西——他试图表明,这种欲望就是一种道德原动力。一个不幸的两难选择摆在了我们面前。当且仅当“是善的”与“以某种特殊的方式被欲望”同一,这种推理才能为其结论提供有效的理由。在这种情况下,正如我们在第一章中所看到的那样,他的结论就不再是伦理学的了。另一方面,如果二者并不同一,他的结论或许是伦理学的,甚至或许是正确的,但是他却没有能够给出任何让我们相信的理由。一门科学伦理学要求去

⑭ 《伦理学导论》,第178页。

190 证明某些事物真的是善的，但是他却一开始就通过假定以某种方式被欲望的事物总是善的，来假定某些事物真的是善的。因而，我们可以尊重格林的结论，一如尊重任何其他细致地向我们展示其伦理信念的人的结论那样，但是他的所有论证却都没有给予我们任何理由，让我们主张格林的信念要比其他任何人的信念更为真实。《伦理学导论》一如斯宾塞先生的《伦理学论据》一样，都没有能够为伦理学问题的解决贡献任何东西。

85.本章的主要目的就是要表明，被理解为是对假想的超感实在进行考察的形而上学，与回答基本的伦理学问题“什么是善自身”没有任何逻辑关系。如果是这样，紧接着就可以得出第一章的结论，“善”指涉一个终极的、不可分析的属性。而这一真理一直被有意地忽略了。看来应该讨论并细致地区分为人们所坚持，或一直被假定为人们所坚持的形而上学与伦理学的原则关系。关于这一观点，我已经指出：(1)形而上学或许与实践伦理学——与“我们应当做什么”的问题——有关，这是就形而上学也许能够告诉我们我们行为的未来后果可能是什么而言的：它不能告诉我们的是，这些后果本身到底是善的还是恶的。有一种经常为人们所坚持的特殊类型的形而上学学说毫无疑问与实践伦理学有这种关系：因为，如果唯一的实在是一种永恒的、不变的绝对这一点是真实的，那么紧接着的就是，我们的任何行为都不可能具有现实的效果，因而，没有实践命题可以为真。同样的结论可从伦理学命题“这一永恒的实在也是唯一的善”得出，这一伦理学命题通常与这一形而上学命题混合在一起（第 68 节）。(2)形而上学作者们没有注意到我们注意到了的任一实践命题与“永恒实在是唯一的善”这一主张之

间存在着矛盾，他们似乎还经常混淆“某一特殊的存在物是善的”与“无论在何处发生，那类事物的存在会是善的”这两个不同的主张。对于证明前一命题而言，形而上学可能是相关的，因为它可以表明这个事物已经存在。而对于证明后一个命题而言，形而上学是完全不相干的，它只能通过诉诸心理机能，来暗示某事物可能是 191
有价值的——这类机能如果由纯粹虚构来执行也许会更好（第69－71节）。

不过，形而上学相关于伦理学，这一命题最为重要的来源似乎是这样一个假定：“善”必定指事物的某些真实的属性——这一假定主要地可归咎于两类错误的学说，第一类是**逻辑的**，第二类是**认识论的**。因此（3）我讨论了主张所有的命题都断定了存在者之间的一种关系的**逻辑**学说，并且指出，主张伦理命题要么与自然法则相似要么与命令相似，是这类**逻辑**谬误的不同实例（第72－76节）。最后（4）我讨论了主张“是善的”等同于“以某种特殊的方式被意愿或被感受”的**认识论**学说。这一学说从下边的类似错误中获得支持，这一错误认为，是“真的”或“真实的”等同于“以特殊方式被想到”。这一主张被康德视为其体系的核心观点，并得到了广泛的承认。在这一讨论中，我希望能够引起注意的主要观点是：（a）在所假定的方式上，意志与情感并不类似于认知。因为，就这些语词指涉心灵对于对象的态度而言，它们自己只不过是认知的不同例子而已。它们仅仅在其认知对象的种类，以及在这种认知的心灵伴随物方面，才是不同的。（b）认知对象必定不同于作为对象的认知。因此，在任何情况下，对象是否是真实的问题都不与它是如何被认知的或者它是否完全被认知等同。紧随而来的就

是,即便是“这是善的”这一命题总是某种意愿或情感的对象,这一命题的真也都不可能建立在证明它是它们的对象上,更不可能建立在这一命题自身与“它的主体是意志或情感的对象”这一命题同一的基础上(第 77 - 84 节)。

第五章　与行为有关的伦理学 192

86. 在本章中，我们将在伦理学方法上再迈进一大步。目前为止，我的讨论一直是在两个主要方向上展开。在第一个方向上，我试图表明形容词“善”意味着什么。为使伦理学系统化，这似乎是需要首先加以处理的一点。必然地，在我们能够继续考虑“什么是善”——“什么事物或特质是善的”——之前，我们应该知道“善意味着什么”。我们必需知道这一点，这出于两个理由。第一个理由是，“善”是所有伦理学都要依赖的概念。当我们说“这是善的”或“那是善的”时，除非我们不仅相当清楚地理解了什么是“这个”或什么是“那个”（这是自然科学和哲学可以告诉我们的），而且相当清楚地理解了将它们称之为善意味的是什么（这是一个只为伦理学保留的问题），否则我们就不能够理解我们那样说意味的是什么。除非我们已经相当清楚了这一点，否则我们的伦理论证就总是容易犯错。我们以为我们是在证明某一事物是“善的”，而事实上我们只是在证明它是某种别的东西。因为，除非我们知道“善”意味着什么，除非我们知道这一概念的确切含义，以及它与任何其它概念含义的区别，否则我们在讨论这个问题，以及讨论其它一些问题时，就不能讲清楚哪一个可能与它相似，但是却与它并不一样。我们首先要讨论“善意味着什么”这一问题的第二个理由是方

法论上的理由。这个理由就是，除非我们知道了使得一个命题成为伦理命题的概念的性质，否则我们永远不会知道一个伦理命题
193 依赖于什么样的证据。除非我们已经认识到了下面所说的命题总是具有的性质，否则我们就不能证明说，支持判断“这个或那个是善的”，或反对判断“这个或那个是恶的”的可能是什么。事实上，根据善与恶的意义可以得出，这类命题全都是康德所说的“综合的”命题，它们最终全都依赖于某些一定是被简单地接受或拒绝的命题，而这些命题不能逻辑地从其它命题中得出。这样一个结论，我们的第一个考察所得出的结论，或许可以以另一种方式表达为：伦理学的基本原则必定是自明的。但是我期望这一表达一定不要被误解。“自明”这一表达只是意味着，被这样称呼的命题仅凭其自身就是明显的或者是真实的，它不是从其自身之外的其它命题推导出来的。这一表达并不意味着这一命题就是真的，因为它只是对你对我或对所有人来说是明显的，或者换句话来说，它对于我们来说显得是真实的。一个命题显得为真绝对不是它的确就是真的一个有效论证。说一个命题是自明的，我们只是强调说对于我们来说它显得如此，但这并不是它之为真的理由：因为，我们意味的是：它绝对没有理由。如果我们能够说：“我无法想象还有其它可能，因此它是真的”，那它就不会是一个自明的命题。因为，这样的话，其证据或证明就不在其自身中，而在其它什么东西那里，也就是说在我们对于它的信念那里。它对于我们来说显得为真或许的确是我们对其作出断定的原因，或者说是我们认为并说它是真的理由；但这个意义上的理由完全不同于逻辑意义上的理由，或者说不同于某事物为真的理由。而且很明显，它也不是同一事物的

一个理由。一个命题对于我们来说的**证据**只是我们**主张其**为真的一个理由;而逻辑理由,或自明的命题是没有理由意义上的理由,它是**命题自身**一定为真的理由,而不是我们**主张其**为真的理由。同样,一个命题对于我们来说是明证的这一点,可能不仅不是我们真的认为或主张它的理由,它甚至有可能是我们应当认为或主张它的一个**理由**。然而这个意义上的理由,同样不是命题为真的逻辑理由,尽管它是正当地主张命题的逻辑理由。不过,在我们通常 194
的语言中,每当我们说"我有理由认为那是真的"时,经常会混淆"理由"的三种含义。如果我们想要得到关于伦理学研究,或者的确,关于任何其它学科,尤其是关于哲学研究的清楚概念的话,对其加以区分就是绝对必要的。因此,当我讨论直觉主义的快乐主义时,人们一定不要认为这暗含着,我对"快乐是唯一的善"的否定是建基于我直觉到了其错误之上。我直觉到了错误的确是**我主张**并宣称它是不真实的理由;它的确是这么做的唯一正当理由。但这只是因为它**没有**逻辑理由,因为除了其自身,其错误没有真正意义上的证据或理由。它是不真实的只因为它是不真实的,没有其它原因:但是我**宣称**它是不真实的,因为其不真实对于我来说是明显的,因而我认为我有充分的理由做此断定。我们因而一定不要把直觉看成是论证的一个替换物。对于一个命题的真理性而言,没有什么可以取代**理由**的位置。直觉只能给予**主张**一个命题为真一个理由,但这只有在一个命题是自明的,而且事实上不存在能够证明其真理的理由的情况下,才能如此。

87.因而,到目前为止,这还都是伦理学方法的第一步。这一步确定了:"善"就是"善",而不是其它任何东西,以及,自然主义是

一个错误。在第二步中，我们将考虑提出伦理学的自明原则。第二部分建立在“善意味着善”这一结论基础上，在这一部分中，我们将讨论这样的命题，它们断定“如此这般的某事物或属性或概念是善的”。直觉主义原则或伦理快乐主义的原则，即“快乐本身就是善”的原则就属于这类命题。根据第一步讨论所建立起来的方法，我主张这一命题的非真理性是自明的。我不能做任何事情来证明它是不真实的。我只能尽可能清晰地指出它意味着什么，以及它是如何与其它看起来同等为真的命题相互矛盾的。我所做的所有这一些，唯一的目标必然是说服别人。但是即便我真的说服了别
195 人，也并不证明我们是对的。这只表明我们这样主张是有道理的，然而我们很有可能是错的。不过在一件事上我们也许有理由为我们感到骄傲。这就是，我们可能要比边沁、密尔、西季威克或其他与我们相抵牾者有更好的机会正确地回答问题。因为我们已经证明，这些人甚至根本就没有向自己提出他们声称要加以回答的问题。他们把这一问题与另外一个问题混淆了。因此，如果他们的回答与我们的不同，那也没有什么好奇怪的。在我们劳烦自己讨论给予这一问题的不同回答之前，我们务必要确认所提出的是同一个问题。因为我们都知道，他们一旦能够清楚地理解我们要其进行表决的问题，全世界也都会同意我们。的确，在任何我们发现意见有分歧的地方，我们都发现问题没有能够被清楚地理解。因此，尽管我们不能够证明我们是对的，但是我们却有理由相信，任何人，除非他弄错了他所想的东西，否则会和我们想的一样。这和算术的加总是一样的。如果我们发现计算中存在着显而易见的大错，那么我们对犯下此错误的人得出一个完全不同的结论就不会

感到惊讶或困扰了。如果我们向他指出他所犯下的错误，我们认为他会承认他的计算结果也是错的。比如说，如果一个人计算5+7+9，如果他一开始就得出5+7=25的话，我们就不会奇怪他得出的结果是34了。在伦理学中也一样，如果我们发现，正如我们已经发现的那样，“值得欲求的”与“被欲求的”被混淆了，或者“目的”与“手段”被混淆了，我们就没有必要为那些犯下这种错误的人错误地与我们的意见不一致而感到不安了。唯一的不同在于，在伦理学中，由于其主题的精妙复杂，因而很难说服某个人，让他承认他犯下了一个错误，或者得出了一个错误的结果。

在我所讨论主题的这第二——专门讨论“什么是善自身”问题的——部分中，到目前为止我只试图确立一个确切的结果，这是一个消极的结果，即“快乐不是唯一的善”。这个结果，如果它是对的，将驳斥一半，甚或一多半为人们所坚持的伦理理论，因此，它不是一个不重要的问题。现在，我们有必要来处理积极的问题：什么 196
事物是善的？它在什么程度上是善的？

88.不过，在着手进行这一讨论之前，我建议首先处理第三类伦理问题——这一问题就是：我们应当做什么？

回答这一问题构成了伦理学探究的第三个重要部分，在第一章中我就已经简要阐明了其本性（第15－17节）。正如那里所指出的那样，它为伦理学带来了一个全新的问题：什么事物作为原因同那个其本身为善的事物相关。而这个问题只能够通过一种全新的经验考察的方法来加以解答。那些原因就是通过这种方法在其它科学中被发现的。追问我们应该去做什么样的行动，或者追问什么类型的行为是对的，就是在追问行动或行为会产生什么样的后果。除非通过因果概括，否则实践伦理学中的任何一个问题都不可能得到回答。所有这类问题的确也涉及到一个真正的伦理判断：某些后果就其本身而言要比其它后果更好。但是它们的确断定了这种更好的事物是各种后果——它们因果地关联于所讨论的行动。实践伦理学的每一个判断或许都可以归结为这样一形式：这是那个善的事物的一个原因。

89.“什么是正当的？”“什么是我的责任？”“我应当做什么？”这些问题是专属于伦理学探究的第三个部分的。这是我首先想引起注意的。我希望表明，所有的道德法则只不过是在陈述“某些类型的行动会有好的后果”。而过去，在伦理学中却一直流行着与此正好相反的观点。“正当”与“有益”一直被认为起码会是相互冲突的，而且，在所有情况中，在本质上都是不同的。有一类道德学派，如道德常识学派，其特点是主张目的永远不能够证明手段。我首先希望指出的是，“正当”的确并且能够意味的不过是“善结果的原因”，因而与“有益”同一。目的总是可以证明手段，因而，一个行动
197 如果不能被其结果证明，那它也就不是正当的。我完全承认，“目的不能证明手段”，这一断言所表达的也许可以是一个真命题。但是，在另外一个意义上，在对伦理学来说是更为基础的意义上，它却完全是错的。这一点必须首先要表明。

“我一定要道德地去做这一行动”，这一断言等同于断定“这一行动会在世界上产生最大可能量的善”。第一章已经简要表明了这一点（第 17 节）。重要的是要坚持认为这一基本观点是完全确定的。我们也许可以用下述方式让这一点变得更加明白。很明显，当我们断定一个行为是我们的绝对责任时，我们是在断定那个

时候做出这个行为其价值是独特的。但是没有一种责任行为能够在“它是世界上唯一有价值的事物”意义上具有独特价值；因为，在那种情况下，每一个这样的行为都会是唯一善的事物，而这是一个非常明显的矛盾。出于同样的理由，它的价值也不能是“它比世界上任何其它事物更具内在价值”意义上的独特的；因为，这样的话每一个责任行为都会是世界上最好的事物，这同样也是一个矛盾。因而，它只能是在“如果做了这个行为，整个世界会比采取任何其它可能的行为时要更好”的意义上的独特的。而且，是否会如此，不可能是一个只依赖于其内在价值的问题。由于任何行为所具有的后果都会不同于其它行为所可能产生的后果，如果任何行为的后果都具有内在价值，那么它们的价值就既关联于世界的整体善，又关联于其原因之善。事实上很明显，不管一个行为自身多么有价值，然而由于它的存在，可以想象的是，如果采取了另外一些其自身不那么有价值的行为，那么世界上善的总和就会更小。说情况如此就等于是说不采取一些行为或许会更好；而这又显然等于是说应当不去作为——也就是说，那不是我们必须的责任。“就是天塌下来，也要伸张正义”，这一主张之被证明，只能够基于行使正义的世间所得要大于天塌下来的世间所失。当然，很有可能情况就是如此；而在所有情况下都主张正义是一种责任，无论其后果如何，那就是在主张情况就是如此。

因此，我们的“责任”只能够被定义为，比其它可能行为让世间 198
有更多的善的行为。“正当的”与“道德上许可的”行为与此不同之处只在于，这种行为不会比其它可能行为使善更少。因此，当伦理学认为是在断定某种行为方式是“责任”时，它就认为是在断定，以

这种方式行动总是可能产出最大可能的善总量。如果我们被告知“不可杀人”是一种责任，那就是被告知，这一被称作是“杀人”的行为，不管它是什么样的，在任何情况下在世间引起的善都不可能与它不存在时是一样多的 。

90. 但是，如果认识到了这一点，关于伦理学与行为的关系，就会有几个最为重要的结果随之而来。

(1)很明显，没有一条道德律会像直觉学派的道德哲学家们通常所坚持的那样是自明的。伦理学的直觉主义观点在于假定，某些规则或许应该被看作是自明的前提，这些规则规定某些行为总是需要去做或总是需要避免去做的。我已经表明，在关于“什么是善自身”的判断中，情况就是这样。不可能为这类判断提供任何理由。但是直觉主义的本质就在于假定，行动的规则——不是关于“应该是什么”，而是关于“应该做什么”的陈述——在同一意义上是直觉上确定的。我们的确毫不迟疑地作出判断说某些行动是义务性的或者是错误的，这一事实似乎让这一观点显得有其道理。我们因而经常在心理意义上直觉地确定我们的责任。不过，这些判断并不是自明的，也不能够被用作伦理学的前提。因为，已经表明，通过因果考察，能够确证或驳斥这些判断。的确，我们的有些直觉有可能是真的；但是，由于我们所直觉到的，我们的良心所告诉我们的是，在既定情况下某些行为总是会产出最大可能的善的总量。所以，很明显，可以找出不同理由来表明，基于良心的判决或者是对的，或者是错的。

91. (2)为了表明一种行为是一个责任，有必要同时知道另外
199 两个条件：准确知道这些条件的后果是什么，以及，知道我们的行

为在无限的将来以任何方式对之有影响的所有事件。这两个条件与上述条件一起，决定了行为的后果。我们必须具有所有这些因果知识，并且进而，必须准确知道行为自身及其后果的价值，并且能够判断，它们是如何与世间其它事物一起影响着有机整体的价值。不仅如此，我们还需要拥有与每一种可能的选择后果有关的因果知识，并且进而需要能够通过比较看到，由于所讨论的行为的存在而产生的整体价值，将会大于这些备选行为中的任何一种行为所可能产生的价值。但是很明显，我们的因果知识自身还远不完备，无法让我们确保我们的这一结果。随之而来的就是，我们没有任何理由假定一种行为就是我们的责任：我们永远不能够确定一种行为一定会产生最大可能的价值。

伦理学因而确实还不能够给我们提供一个责任清单。不过，实践伦理学也许还有一个略微谦逊一些的任务。尽管我们不能够期望发现，在既定环境中，在所有可能行为中哪一个是最好的，但是仍然还是有可能表明，在一个人大抵会想到的可能备选中，哪一个行动会产生最大的善总量。这一次等任务当然是伦理学曾能够完成的一切，它无疑也是伦理学曾搜集材料加以证明的一切；因为没有谁尝试在任何特定情况下竭尽所有可能的行动方式。伦理哲学家事实上一直将他们的注意力集中在非常有限的一类行为上，这类行为之所以被选择，是因为它们是在人类可能的方案中最为经常发生的行为。在这些方案中，他们可能表明了，有一种方案是更好的，这就是那种要比其它行为能够产生更大的善总量的行为。不过似乎值得坚持的是，尽管他们将这一结果当作责任判断中决定性的东西，但事实却从来不是这样。因为“责任”一词当然是这

么来用的：如果我们随后被说服，接受说某种可能的行为将会比我
200 们已经采纳的行为产生更多的善，那么我们就会承认我们没有完成我们的责任。不过，如果伦理学可以判断在可以想到的备选方案中哪一种行为会产生最大总量的善，那么，这还将是一件有益的工作。因为，尽管这一备选方案不能够被证明为是最可能好的，但是它可能还是要比我不然的话会选择的行为方案要更好一些。

92.伦理学承担这一任务或许有几分成功的希望。但是，将这一任务与无望地发现责任的任务区分开来却非常困难。这一困难源于“可能的”一词使用上的含混。一个行为可非常合法地被说成是“不可能的”，仅仅是因为我们没有产生做这一行为的想法。因而，在这个意义上，实际发生在人们身上的备选行为将是唯一可能的备选。这些备选中最好的行为，将是在这种情况下最可能好的行为，因而将符合我们的“责任”定义。但是当我们将最可能好的行为说成是我们的责任时，我们就用这个术语表示，只要我们想到了一种行为可能发生，在已知条件下就没有什么其它可以阻碍该行为的了。而且，对于术语的这样一种使用也是符合通行用法的。因为我们承认，一个人有可能由于没有能够想到他或许可以做到的事情，从而没有履行其责任。这样，由于我们说他或许可以做到，他却并没有做到，所以，很明显，我们就并没有将他的可能行为局限于他所想到的那些行为。这或许似乎是在更有道理地主张，我们说一个人的责任，意味的只是他或许可以想到的那些行为中最好的那个。如果一个人没有做一个我们认为“不能期望他想到”的行为，我们的确不会很严厉地责备他。但是即便在这里，我们也很明显地认识到，在他或许应该做到与他或许应该想到要去做的

事情之间，存在着区别；我们对他没有采取另外一种行为感到遗憾。“责任”一词当然是在这个意义上来使用的：说一个人履行了责任是一个遗憾，这是矛盾的。

因此，我们必须区分一个可能的行为与一个可能想到的行为。我们用前者指那种只要我们想到了，就不会有任何可知原因去加以阻碍的行为。这种将会产出最大总善的行为，就是我们所说的 201
责任行为。当然不能期望伦理学去发现，哪一种行为始终是这种意义上的我们的责任。但是我们却可以期望伦理学去判定，在一两个这样的可能行为中，哪一个是最好的。而且，那些被选择来加以考量的行为，事实上就是人们慎重地考虑是否应该去履行的最为重要的行为。关于这种行为之判断因而很容易与关于最可能好的行为之判断混淆。但是需要注意的是，即便是我们把自己限定于考虑在可能想到的备选方案中哪一个是更好的，我们称其为可能的备选方案，却并不包括我们一定会想到它。即便是在任何情况下，都不能说这些行为的观念一定为人们所想到，我们关注的依然是，如果被想到了，哪一个会是最好的行为？如果我们说杀人总是一个坏的行为，我们的意思是断定，即便是在杀人者不可能想到采取任何其它行动的情况下，它仍然是一个坏的行为。

因而，实践伦理学至多期望能够发现，在既定情况下，在有限的可能备选方案中，哪一种行为从整体上看产生最好的结果。它也许可以告诉我们，在我们有可能加以慎重考虑的备选方案中，哪一种行为是这个意义上最好的；同时，由于我们或许还知道，即便我们不选择这些备选方案中的任何一种，在这种情况下，我们所采取的行为也不大可能跟备选行为中的任何一个一样好，因此，它也

许可以告诉我们，在我们所能选择的方案中，哪一种选择是最好的。如果能够做到这一点，实践伦理学就已经足以作为实践指导了。

93.但是(3)很明显，即便这个也是一项非常困难的任务。我们甚至难以明白该如何确立某种可能性，以确定是做某件事情而不是做另外一件事情来获得更好的总体结果。我只是将尽力指出，当我们假定存在着这样的可能性时，我们假定了多少东西，以及沿着什么样的可能路线，这一假定才可以被证明。我们将会明
202 显地看到，这一假定绝对不会得到证明。根本找不到充分的理由来认为一种行为要比另外一种行为更对或更错。

(a)一种行为能比另外一种行为带来更好的总结果，确定这样的可能性所遇到的第一个困难就在于，事实上，我们必须考虑两种行为在整个无限的未来的可能后果。我们并不确定，如果我们现在采取了一种行动，这个世界在整个时间中都会以某种方式不同于如果我们采取另外一种行动可能会是的样子；而且，如果真有这样的恒久差异存在，那它当然就会与我们的计划相关。但是非常明显，除了在一个相对较短的时间内以外，我们的因果知识完全不足以告诉我们两种不同的行为可能会产生什么样不同的后果。我们确实只能考虑不同行为在“最近的”未来时间内的后果。当一个人对他的行为做理性权衡时，他不会让远至几个世纪的预见来指导其选择。而且，一般说来，如果我们认为我们已经保证了数年数月或数天之内的善的盈余，我们就会认为我们已经是在理性地行动了。但是，如果指导这种考量的选择是理性的，我们必定有理由相信，我们的行为在更远将来的后果，一般不会颠倒善在我们可预

见的将来可能的盈余。我们要想断定一种行为的后果有可能要比另外一种行为的后果更好，就必须做这样一个大的设定。我们完全不知道更为遥远的未来的后果这一点，并不足以让我们有理由说在可预见的未来范围内选择更大善的行为可能是正当的。因此，我们的确假定，一般来说，效果在一确定时间后不可能会颠倒在这一时间内备选后果的比较价值。因此，在我们主张有理由采取某种行为而不是采取另外一种行为之前，必须表明这样一种假定是正当的。也许下述这样一些考虑可以证明它是有理由的。随着我们从备选行为向我们开放的那一刻继续前行，行为将会是其 203
部分原因的事件，变得越来越依赖于其它情况，而这样一些其它情况，无论我们采取什么行为都是一样的。经过了充分的时间之后，任何单个行为的后果似乎就只能够在散布于极为广阔范围内的细微改变中才能够被发现，而其直接后果却是在比较狭窄范围内的某些显著改变。不过，由于绝大多数具有善恶重要性的事物都是这种显著类型的事物，也许存在一种可能，即在一定的时间之后，任一特殊行为所有的后果都会变得近乎中立，其价值与其它行为后果的价值之间的差异极不可能超出直接后果在价值上的明显差异。的确，事实上事情似乎就是：在大部分情况中，不管我们现在采取什么行为，就多年后的大善大恶的事物存在而言，“百年之后，莫不类同”；而且，只要考察一下任何特殊事件随着时间的流逝其后果是怎样越来越中性的，或许就会表明这的确就是真实的。而如果没有这样一种证明，我们当然就不会有合理的基础来断定两种备选行为中的一种可能是正确的，另一种则可能是错的。如果我们任何的对错判断都要声称是可能的，我们就必定有理由认为，

我们行为在遥远将来的后果将没有足够的价值盖过最近的未来一组后果对另一组后果的优越性。

94(b)因此，我们必定假定，在我们能够预见到两个行为的后果可能的差异的未来，如果一种行为的后果通常都比另外一种行为的后果要更好，那么，前者对于人类的总体后果通常也就都更好的。除了在有限的将来，我们当然不期望能直接比较其后果；而且伦理学中使用的，以及我们在日常生活中通常以之行为的所有论证——其目的是要表明一种行为要优于另外一种行为时——，它们(除了一些神学学说)都限于指出这种可能的即时效用。剩下的
204 问题就是：我们能够设计出一条普遍规则，来表明在有限的未来时间内，几种备选行为中的哪一种通常可以产生最大善总量吗？

尽管受到了这样的限制，这一问题仍然是实践伦理学可以期望利用我们现有的，或者在相当长一段时间内所拥有的知识加以回答的最大的问题。坚持这一点非常重要。我已经指出，我们不能够指望发现任一给定情况中**最可能好**的行动方案，而只能够发现，在少数一些情况中，哪一种行动要比另外一种行动更好。而且我也已经指出，即便我们能够如此断定说，其即时效果更好的那种行动在整体上也更好，上面的情况确实只不过是一种可能性。因而我们仍然还要坚持，即便是就即时效果来说，我们也只能够期望发现，在少数的几种行动可能中，是哪一种一般来说会在最近的将来产出最大的善盈余。我们的确没有资格断定顺从诸如“汝毋撒谎”甚或“汝毋杀人”这样的命令，**普遍地**要好于撒谎或杀人的行为。为什么只能够获得**一般性**的知识，理由在第一章中已经给出(第16节)。不过在此也许有必要再简要重述一下。首先，伦理学

讨论首要关心的是具有内在价值的效果，但是我们对产生该效果的原因所知如此少，以至于我们几乎不能断言，就任何单个的效果而言，我们已经获得了像自然科学中所获得的那样假然的普遍法则。我们甚至不能说，如果就在这样的一些情况下采取这样一种行为，如果没有它干扰，这一重要的效果起码总是会产生。其次，一个伦理法则不应该仅仅是假然的。如果我们想知道在某些情况下以某种方式行事总是更好的，我们就必须不仅知道，如果没有其它情况的干扰，这种行为将产生什么样的效果，而且必须知道不会有其它情况干扰。但是非常明显，关于这一点，所知不会超过可能性。伦理法则并不具有科学法则的性质，而只具有科学预言的性质。后者永远仅仅是一种可能，尽管这种可能性很大。一位工程师有资格断言，如果用某种方式建造一座桥，它在一定时间内能够 205
承受一定的负荷；但他永远不能绝对确定这座桥就是以所要求的方式建造的，甚至也不能确定这座桥即使以所要求的方式建造，就不会有意外出现，干扰破坏其预言。对任何伦理法则来说，情况同样如此。伦理法则不过是一种概括；而且，在这里，由于预言要以之为基础的准确的假然知识的相对缺乏，可能性也就相对较小。最后，作为一种伦理概括，我们不仅要求知道会产生什么效果，而且要求知道这些效果的比较价值是什么；而且必须承认，考虑到快乐主义已经成为了一种非常流行的见解，在这一问题上，我们同样非常容易犯错。因而，很明显，我们不大可能知道得要比这样一点更多：一种行为一般会比另外一种行为产生更好效果；而且比此更多的东西一直没有得到证实。不存在一种行为在两种情况中后果完全一致的情况，因为，在任何一种情况中，其中的某些条件都会

有异。尽管那些对于善恶来说非常重要的效果一般来说可能会是一样的，但是它们总是会一样，这一点却极为不可能。

95(c)现在，如果把我们自己的目标限定为，探求那些作为手段通常来说要比其它可能备选行为更好的行为，那么，对常识所普遍认可的大部分规则进行辩护，也许就等于建立了这一点。我不打算进入这种辩护的细节，只是想指出能够使得辩护得以进行的主要的确切原则。

因此，第一，我们只能表明，在其它条件既定的情况下，一种行为作为手段一般来说要比另一种行为更好。事实上，我们的确只是在特定条件下才观察到其善效果的；而且也很容易看到，这些条件的充分改变会使得似乎普遍确定的一般规则变得可疑。因而，只有绝大多数的人类确实还要持续存在下去，"不能杀人"这样的一般准则才可以被证明。为了证明杀人（如果采取这条准则，就会

206 导致人类的迅速灭绝）作为手段不是善的，我们就必须反驳悲观主义的主要主张——即人生总体来说是一种恶。然而，悲观主义的观点，无论我们多么强烈地相信它是真的或是错的，都永远不能够被决定性地证明或驳倒。普遍杀人不是一件好事情，这一点在这一刻不能够得到证明。不过，事实上，我们可以并且的确非常确定地假定，即便少数人愿意杀人，大部分人仍是不愿意杀人的。因此，当我们说杀人一般来说应该被避免的，我们的意思只是，就大部分人确实不同意杀人，而是愿意保持生命而言，它是这样的。而在这种情况下，任何单个人杀人一般来说是错的似乎就能够得到证明。因为，既然在任何情况下灭绝人类都是没有希望的，我们要考虑的唯一后果就是那种会增加人生之善，减少人生之恶的行为。

而在最好的行为不可得之时(假定根绝杀人是最好的),一种备选行为似乎仍然比另一种备选行为要更好。而且,即便不考虑杀人一般所产生的即时之恶,如果杀人成为了平常的活动,因之而导致的不安全感会耗去本来可花费在更好目的上的时间,单是这一事实本身就已经可以决定性地反对杀人。只要人们还极其强烈地想要活下去,只要可以肯定他们还会这么做,任何妨碍他们专注精力获得实在善的事情,显然在手段上都是恶的。普遍的杀人活动显然是这样的一种妨碍,因而在所有已知的社会条件下当然就都缺乏普遍性。

对于大部分经由法律制裁加以实施的规则,例如尊重所有权,以及对于某些为常识所最为普遍认可的规则,如勤勉、节制和守信,都有可能做出类似的辩护。在任何社会状态中,只要人们强烈地想要某些财产(这种情况似乎普遍存在),保护财产权的普通法律规则就都必定极大地有利于最大可能的精力支出。类似地,勤
勉是获得必需品的一种手段。没有了它,就不可能获得更大的积 207
极的善。节制不过是严令一个人避免过度,过度会损害健康从而妨碍一个人尽可能去获取这些必需品。守信则极大地便利了在获得这些必需品过程中的合作。

现在,所有这些规则似乎都有两个值得引起关注的特征。(1)它们似乎莫不如此:在任何已知的社会状态中,一般地遵守这些规则将会是手段上为善的。其效用所依赖的条件,即保存与繁衍生命以及欲求财产的倾向,似乎是如此普遍,如此强烈,因而不可能将其加以消除;既然情况是这样,我们就可以说,在任何可实际给予的条件下,一般地遵守这些规则将会是手段上为善的。因

为，既然没有理由认为遵守规则会比不遵守规则让社会更糟，那它显然就有必要作为任一事物状态之手段，以获得最大可能的善。以及(2)既然这些规则本身可被看作那些只是任意最大善存在的必要条件之手段，那么它们就可以独立于“什么本身是善的”这一基本伦理学问题的正确答案而得到辩护。根据通常所持有的见解，这些规则所必然影响的文明社会之自我保存，在很大程度上都必然支持被认为是本身是善的事物的存在。

96.但是这绝对不是说通常认可的所有规则都混合拥有这两个特征。人们用来对常识道德进行辩护的论证经常预设了这样一些条件的存在，但这些条件却不能被恰当地看作像延续生命和欲求财产的倾向那样具有普遍必然性。相应地，这些论证只是证明了在某些可变条件保持不变的情况下规则的效用，而不能主张这些被辩护的规则在任一社会状态中作为手段都是善的。为了建立起这种普遍的一般效用，有必要获得“什么是善自身”、“什么是恶
208 自身”的正确观点。例如，在“贞洁”一词名下所包含的大部分规则似乎就是这种情况。那些功利主义作者以及以维护社会持存为目的的作者在为这些规则辩护时，通常都是以假定存在着夫妻之间的忌妒以及父爱这样的情感为前提进行论证的。这些情感无疑足够强烈与普遍，足以为许多社会条件下的规则的有效性进行辩护。但是不难想象存在着没有这样一类情感的文明社会。在这种情况下，如果还要为贞洁进行辩护，除了假定违犯这条规则会导致社会的分崩离析外，还应假定违犯这条规则会产生其它的恶的后果。毫无疑问，也许可以做出这样的辩护，但是这就要求对何为善恶这一基本的伦理学问题本身做远比任何伦理作者所做的更为透彻的

考察。不管在这一特殊情况中事情是否如此，但是确实需要区分这样两类不同的规则（人们通常没有认识到这一点）：一类是其社会效用依赖于多少会可能改变的环境的存在的那些规则，另一类是其效用似乎在任何可能条件下都是确定的那些规则。

97.非常明显，上面所举出的很可能在几乎所有社会状态下都有益的规则，同样也能够由其在特定条件（这些条件只存在于特定社会状态中）下的导致结果而得到辩护。应当注意，我们有权利把诸如法律的处罚、社会的非难以及个人的自责等惩罚方式（如果它们存在的话）算作这类条件。的确，伦理学通常只是把这些惩罚方式视为做出某种行为的动机，而行为的效用则可被证明是独立于这些惩罚的存在的。也许有人认为，不应当把惩罚与本身不正当的行为联系起来。不过非常明显，只要它们的确存在，它们就不仅是行为的动机，而且也对所涉行为进行了辩护。一种行为在任一特定的社会状态下都不应该做的一个主要原因就在于它会受到惩罚；一般来说因为惩罚与被惩罚的行为之缺乏导致的结果相比是一个更大的恶。因此，惩罚的存在或许就是认为一个行为一般来 209
说就是错的一个充分理由，即便它没有更坏的后果，甚至还有略微好一点的后果。行为会受到惩罚这一事实正是差不多同样持久的其它一些同类行为的一个条件，在讨论特定社会状态下一个行为的总体效用或总体的负效用时必须要将其考虑进去。

98.因而很明显，在我们所生活的社会中通常为常识所认可的，并且通常被认为是同样地和普遍地正当与善的规则，事实上属于非常不同的领域。即便是那些作为手段似乎最普遍地是善的规则，也只能被表明是这样的规则，因为诸条件的存在，尽管有可能

是恶的，却被看作是必要条件；即便是这些规则也是因其它条件的存在而具有比较明显的效用，而这些条件只能在较长或较短的历史时期内被看作是必要的，而且其中许多还是恶。另外一些法则之所以是正当的，似乎只能够通过多少只是有些暂时性的条件的存在来加以证明，除非我们放弃表明它们是保存社会的手段——保存社会本身只是手段——，除非我真的能够确定它们是本身即为善或为恶的事物的直接手段，但是人们通常却认识不到这一点。

因此，如果问在我们所生活的社会中什么规则会被看到是或应该是有益的，那么似乎可以证明，大部分既被承认，又被实践的规则都是具有明确效用的。但是大部分日常道德训诫或社会讨论却提倡一些通常并不被实践的规则，而能否对这些规则的一般效用做出确实的判断，这一点还大为可疑。这样提出的规则通常有三个主要缺陷。首先，(1)它们所提倡的行为通常都是大多数个体凭借任何意志都不能够加以实行的。我们经常发现，我们只凭借意志就可以实行的行为与那些其可能性依赖于具有特殊品性的行为归为一类，而这种品性只有少数人才有能具有，它甚至是不能够
210 获得的。毫无疑问，有必要指出，那些拥有这些必要品性的人一定会遵守这些规则；而且，在许多情况下，人人拥有这种品性是值得欲求的。但是应该认识到，当我们把某一事物视为道德规则或道德法则时，我们的意思是，在规则假定适用的社会状态中，这是一条几乎所有人都可以通过意志的努力加以遵守的规则。(2)在经常被提倡的行为中，有些行为，尽管其本身是可能的，但是它们被认为具有善的效果却是不可能的，因为使得这些善效果存在的必要条件并不总是充分的。有种规则，如果人性在其它一些方面并

不像现在这样，那么遵守它就可以得到善效果，却被当作被一般地遵守就会产生同样的效果来提倡。事实上，在遵守它会有益的必要条件出现之前，很有可能出现其它条件，致使遵守它变得不必要或极为有害。不过，这种状态也有可能好于所讨论的规则将会有益的状态。(3)还有一种情况，规则的益处所依赖的条件很可能会变化，或者，与遵守所提出的规则相比，变化是更便利更值得欲求的。甚至会出现对于所提出规则的一般遵守反而会破坏了规则的效用所依赖的条件的情况。

上述这样或那样的反对意见似乎总体上可用于人们对社会习惯所提出的改变，这些改变被人们当作是比现在实际所遵守的规则更好的规则而提倡的。出于这个原因，伦理学是否能够确立实际实行的规则以外的其它任何规则的效用，这一点颇为可疑。不过伦理学做不到这一点幸而只有微小的重要性。遵守一条通常并未被加以遵守的规则是否值得的问题，并不是特别能够影响到一个人应该怎么做的问题。这是因为，一方面，存在着很大的可能性，他无论如何不能够一般地遵守该规则，另一方面，一般地遵守将会有益这一点在任何情况下都不会使他认为，在缺乏对这条规则的一般遵守的情况下，他自己应当遵守这条规则。

因此，关于伦理学中通常被归为责任、罪行、罪恶的行为，下述 211
几点似乎值得注意。(1)对它们作此归类，我们的意思是，它们是那种一个体如果愿意，就可以做或不做的行为；而且它们是当应做或应避免做的情况出现时，每一个人都应当做或避免做的行为。(2)我们并不是要证明在所有情况下任何这种行为都应被做或避免被做。我们只能够证明做之或避免之通常会比做或避免另外一

些备选行为产生更好的结果。(3)如果我们进一步问哪些行为可尽可能地得到证明，似乎只可能证明那些通常为我们实际所实践的行为。其中某些行为在任何社会状态下实行之都可能有益，而另外一些的效用则依赖于现在存在，但多少是可改变的条件。

99.(d)关于日常意义上的道德规则或法则就谈这么多。这些规则断定在大致相似的情况下，每一个人做或不做特定种类的行为通常都是有益的。下边谈一谈个人据以决定应当怎么办的原则。(α)关于某些规则对之确实为真的行为，以及(β)关于缺失这样一种规则的行为。

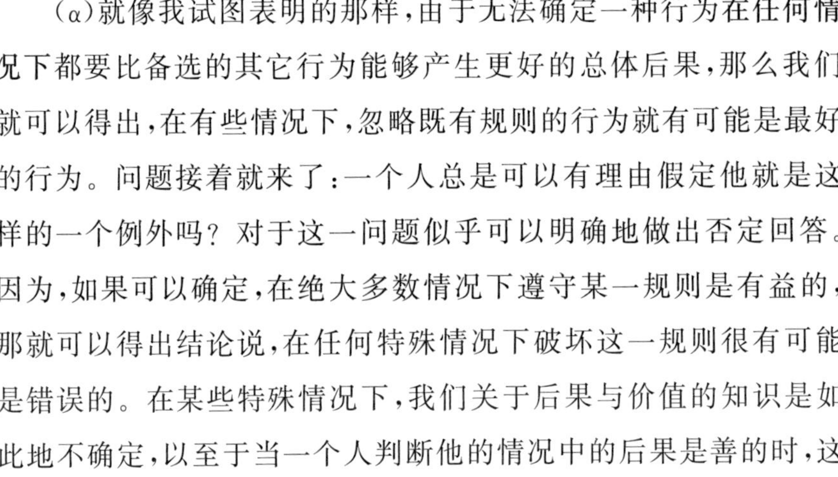

(α)就像我试图表明的那样，由于无法确定一种行为在任何情况下都要比备选的其它行为能够产生更好的总体后果，那么我们就可以得出，在有些情况下，忽略既有规则的行为就有可能是最好的行为。问题接着就来了：一个人总是可以有理由假定他就是这样的一个例外吗？对于这一问题似乎可以明确地做出否定回答。因为，如果可以确定，在绝大多数情况下遵守某一规则是有益的，那就可以得出结论说，在任何特殊情况下破坏这一规则很有可能是错误的。在某些特殊情况下，我们关于后果与价值的知识是如此地不确定，以至于当一个人判断他的情况中的后果是善的时，这
212 一判断是否能同“这类行为是错的”这样一种一般的可能性相抗衡，就颇为可疑。除了这样一种一般性的无知之外，还有一个事实是，如果这种情况发生，我们的判断总是由于我们强烈地欲求我们期望通过打破规则而得到的结果之一而为有偏见的。因而，对于任何总是有益的规则，我们可能不是根据在任一特殊情况下它都是有益的这一点来断定应当总是遵守它，而是根据在任一特殊情

况下它是这样的可能性要大于“我们大概会正确地断定它对我们目前的情况来说是无益的”这一点，来断定应当总是遵守它。简而言之，尽管我们可以断定存在着应该打破规则的情况，但是我们却永远不能知道在什么情况下应当打破规则，而在什么情况下永远不应该打破规则。正是这一事实似乎证明了严格地实施或鼓励道德规则的正当性，并给出了一种意义，我们有可能以之将准则“目的永远不能证明手段”以及“我们绝不可做恶以致善”看作是正确的。这些准则所提到的“手段”与“恶”实际上是对一般地被认可和实践的，因而通常被假定为有益的道德规则的打破。如果这样来理解，那么这些准则就是指出了，在任何特殊情况下，尽管我们不能够清楚地察知遵守规则所带来的善盈余，并且确实能够看到打破该规则所带来的善盈余，但这条规则却仍然应该被遵守。几乎没必要指出，这么做只是因为，可以确定的是，目的一般确实可以为所讨论的手段作出证明，因此，存在着一种可能性，即在这种情况下的确可以如此，尽管我们不能够看到有这种可能性。

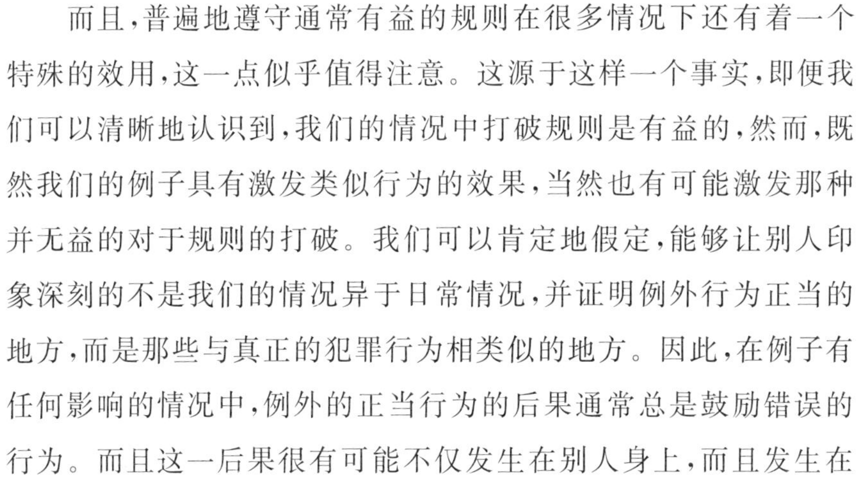

而且，普遍地遵守通常有益的规则在很多情况下还有着一个特殊的效用，这一点似乎值得注意。这源于这样一个事实，即便我们可以清晰地认识到，我们的情况中打破规则是有益的，然而，既然我们的例子具有激发类似行为的效果，当然也有可能激发那种并无益的对于规则的打破。我们可以肯定地假定，能够让别人印象深刻的不是我们的情况异于日常情况，并证明例外行为正当的 213
地方，而是那些与真正的犯罪行为相类似的地方。因此，在例子有任何影响的情况中，例外的正当行为的后果通常总是鼓励错误的行为。而且这一后果很有可能不仅发生在别人身上，而且发生在

行动者自己身上。因为，任何人都不可能一直保持清醒的理智与情感，因而，一旦他认可了一个总体上错误的行为，他很有可能在不同于第一次证明其为正当的环境中同样认可它。当然，由于没有能力去辨别可能的例外情况，因此更有理由主张应该普遍实施通常有益的法律或社会惩罚行为。毫无疑问，惩罚某个做出某种行为的人是好的，而这种行为在他所处的情况下是对的，在通常情况下是错的，尽管他的例子不太可能有危险的后果。因为惩罚总体上要比例子对行为更具影响，因此，如果在例外情况下放松了惩罚，几乎可以肯定就会鼓励非例外情况下类似行为的发生。

因此，可以肯定地建议人们总是去遵守既一般有益又通常为人们所践行的规则。在一般遵守规则会有益但却不存在规则的地方，或者在规则通常被践行但却无益的地方，并不能够普遍地做上述建议。在许多情况下，相关联的惩罚将会决定性地支持既有习惯。但是似乎值得指出的一点是，除了这些情况，行为的一般效用通常大都依赖于其通常被践行。在一个某些种类的偷窃为惯常行为的社会，让单个个人戒除这种偷窃显得极为可疑，即便这种惯常行为是坏的。因此，有很强的可能性支持坚持既有习惯，即便这是一个坏的习惯。不过在这种情况中，我们不能够确信地断定，这种可能性总是要大于个人判断例外有益的能力的可能性，因为我们
214 在这里假定了某一关联事实——也即，如果规则被普遍遵守，这个人主张遵守的规则要好于他主张打破的规则。相应地，其例子的后果，就其倾向于打破既有习惯而言，在这里会是善的。另外一种规则确实比被普遍遵守的规则要好的情况，按照上面所说，当然是极为罕见的。关于经常发生的各种可疑情形，就把我们带到下一

部分的主题了。

100.(β)下一部分将讨论个人应该根据什么方法来决定一般效用不能给予证明的。应该注意到，根据我们前边的结论，这一讨论将涉及我们现有社会状态中通常加以践行的行为之外的所有行为。因为我们一直主张证明总体效用是很困难的，因此，除了在极少数的情况中外，几乎不能消除怀疑。因此当然就不可能涉及所有普遍践行的行为；尽管在这里，如果惩罚足够强，它们自身还是可以充分证明个体遵守习惯的一般效用的。如果能够证明，某些行为的，不是普遍践行的行为的一般效用，那当然不可能用常规的，即力图表明这些行为具有保存社会(其本身只是手段)之倾向的方法做到这一点，而只能通过所主张的，在任何情况下个人都应当以之来引导其判断的方法来做到，也即表明其直接倾向是为了产出本身为善之物，阻止本身为恶之物。

任何涉及行为效用的一般规则都是正确的，这一点极为不可能。正是这种极端的不可能性事实上是讨论个体指导其行为选择时所要考虑的首要原则。如果我们将我们中间既被普遍实践又被强烈认可的规则排除在外，那么几乎没有什么规则不可能找到同样好的论证来支持之或反对之。大部分规则可以说都是一些相互矛盾的原则，它们为不同学派的道德家们视为普遍责任。这些规 215
则一般说来为特殊环境下特殊品格的人们指出了那些能够并且的确带来了善的盈余的行为。毫无疑问，能够导致某些可取行为的特殊品格和环境在某种程度上是可以构想出来的。但是可以肯定，这一点还一直没有做到。重要的是要注意到，即便是真的构想出来了，它也不能够给我们提供为每个人可欲求甚至为大部分人

所遵守的规则，而道德律通常就被假定是这种规则。道德家们通常假定，在通常被认为是责任或德性的行为或行为习惯上面，最好每一个人都是一样的。然而在一些实际的情况下可以肯定的是，并且在事物的一些更为理想的状况中有可能的是，按照职业所认可的依据特殊能力而进行的劳动分工原则同样会产生更好的德性后果。

因此，在存在疑问的情况中，个人与其遵守他并不能够在其特殊情况中预见到其好效果的规则，还不如通过直接考虑其行为可能产生的效果的内在价值或内在恶果来指导其选择。内在价值判断比手段判断具有“一旦正确，就总是正确”这样一种优势。而作为手段的东西，在一种情况下具有好效果，在另外一种情况下则未必。正是出于这个原因，伦理学中对构建实践指导最为有益的部分，就是在讨论什么事物在什么程度上具有内在价值。而这恰好是人们在试图构造行为的各种规则时一直被最为忽视的一个部分。

不过，我们不但要考虑不同后果的相对善性，同时要考虑能够获得它们的相对可能性。更容易获得的不那么善的东西要比不那么可能获得的东西更容易为人们所偏好，如果可能性的差异大到压过了善性的差异的话。这一事实似乎让我们有资格断定容易为日常的道德法则所忽略的三种原则的普遍真理。(1)任何个体对
216 之都有强烈偏好的较小的善(如果它是善而非恶)，要比那个他不能够欣赏的较大的善更容易成为他努力获取的目标。因为自然倾向使他更容易去获得这种倾向喜欢的东西。(2)由于几乎每一个人都更强烈地偏好于与其密切相关的东西，因此一个人会追求那

些影响自己，他也有强烈个人兴趣的东西，而不是追求更为广泛的益处，这一点一般来说是对的。作为一个手段学说，利己主义毫无疑问优于利他主义。在绝大多数情况下，我们能够做的最好的事情就是努力获得我们所关注的那些好处，因为正是基于这个理由我们更容易获得。(3)在非常近的将来可以得到的好处可以被称作“当下的”好处，同较远的未来(因其更为遥远，就更少能够确定获得)的好处相比，它通常是更为人们所偏好的。如果我们从正当性的观点来看待我们所做的事情的话，也就是说仅仅将其看作是获得善的手段，我们就容易忽略一个确定的事实，也即，一个本身真正是善的事物，如果它现在存在的话，它就和可能在未来存在的同类事物具有同样的价值。而且，就像我们已经说过的那样，道德规则一般说来并不直接意味着善品，而是意味着为积极定的善品的存在所必需的东西。因此，我们大部分的劳动在任何情况下都必须是用来确保因而仅仅是作为一种手段的延续，要求勤勉和关注健康支配了我们职业生涯的大部分的时间。也就是说，当选择是开放的时候，某些当下好处的获得通常将成为我们的强烈要求。若非如此，整个生命就可能只是用来保证其延续了。而且，如果在将来仍然是同样的规则在起作用，那么，因其本身的缘故而值得拥有的东西就永远不会存在。

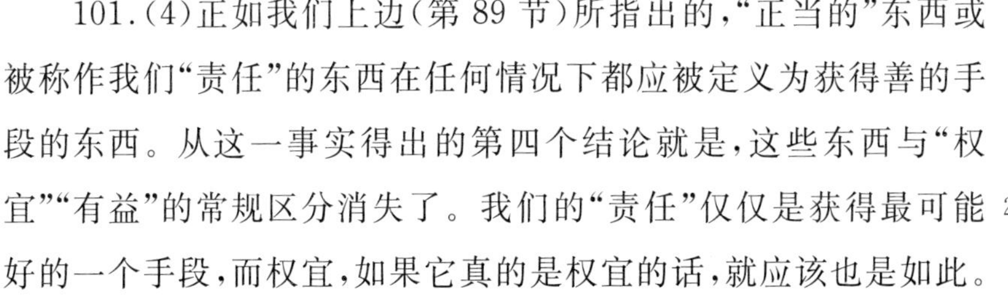

101.(4)正如我们上边(第 89 节)所指出的，“正当的”东西或被称作我们“责任”的东西在任何情况下都应被定义为获得善的手段的东西。从这一事实得出的第四个结论就是，这些东西与“权宜”“有益”的常规区分消失了。我们的“责任”仅仅是获得最可能 217
好的一个手段，而权宜，如果它真的是权宜的话，就应该也是如此。

我们不能够通过说前者是我们应当去做的事情，而后者我们不能说我们“应当”来区分二者。简而言之，两个概念并不像常规所假设的（功利主义道德学家除外）那样是两个非常清晰的简单概念。在伦理学中不存在这样的区分。唯一的基本区分是“因其自身为善”和“作为手段为善”的区分，前者蕴涵了后者。但是我们已经表明，“责任”与“权宜”之间的区分与此并不对应：两者都应该被界定为获得善的手段，尽管两者本身可能也是目的。那么，问题依然存在：什么才是“责任”与“权宜”的区别呢？

这些不同词汇所指的区分非常清楚。某些行为种类通常会激发特殊的道德情感，另外一些种类则不激发。“责任”一词通常只是用在会激发道德赞同的行为种类上，或者是用在某些缺乏之会激发道德不赞同的行为种类上的，尤其是用在后者上。为什么这种道德情感应该与某些行为种类关联而不与另外一些行为种类关联，这个问题当然还没有得到回答。但是我们或许已经注意到，我们没有理由认为与其有关联的行为在所有情况下都是有助于族类生存的，很有可能最初与之有关联的一些宗教礼仪在这方面一点效用都没有。不过，在我们中间，与这种道德情感相伴随的行为种类还有另外两个特征在足够多的情况中影响到了“责任”与“权宜”这两个词的含义。一个特征是，“责任”一般是相当多的个人被强烈引诱着要回避的行为。第二个特征是，回避“责任”通常会引起使另一个人显然不快的后果。和第二个相比，第一个是更为普遍的特征：因为像审慎和节制这样的“自我关注的责任”对别人所产生的不愉快的效果并不像对行为者自身的未来的效果那样引人注
218 目，而不审慎和不节制这种诱惑则会产生强烈的后果。另外，整体

说来，被称作责任的行为种类同时展示了两个特征，它们不仅是反对人们做具有强烈自然倾向的行为的行为，而且是那种其最为明显的效果是（通常被看作是善的）影响他人的后果的行为。另一方面，权宜的行为是强烈的自然倾向极其普遍地促使我们采取的行为，其最为明显的后果（通常被看作是善的）是影响行为者的后果。我们因此就可以大致将“责任”与“权宜行为”区分开来。责任通常都具有一种强烈的道德感，我们通常被引诱着回避某些行为，其最明显的后果是影响他人而不是影响行为者的后果。

不过需要注意到，使得责任区别于权宜行为的这些特征，没有一个能够让我们有理由推导说前一种行为要比后一种行为更有益——即它们可以产出更大的善盈余。当我们问“这是我的责任吗？”的时候，我们的确不是在问所讨论的行为是否具有这些特征。我们只是问它是否在整体上可以产出最可能好的善结果。如果我们用同一问题追问权宜行为，我们会相当经常地对其作出肯定回答，就跟我们就具有“责任”的三个特征的行为进行追问时一样。的确，当我们追问“这是权宜的吗？”时，我们是在追问一个完全不同的问题，即在追问它是否会具有某种效果，与其相关，我们并不追问其善恶。不过，如果在特定情况下怀疑其效果是否为善，那么这种怀疑被理解为是对行动的权宜性提出的怀疑；如果我们被要求证明行动的权宜性，我们恰恰只能够通过追问我们要证明行动为责任的同一个问题来完成，即追问：“整体说来，它可能具有最好的后果吗？”

相应地，一种行为是一种责任还是说仅仅是一种权宜，这一问题就与我们是否应当做这一行为的伦理学问题无关。在责任和权

219 宜被看作是做某种行为的终极理由的意义上，它们完全是在同样的意义上被看待的：如果我问一种行为真正是我的责任还是真正是我的权宜，我追问其能否应用于所讨论的问题的属性是同样的。在两种情况中我都是在问："这是我整体上能导致的最好的事件吗？"而且不管所讨论的事件是影响我的东西的某些后果（在我们论及权宜时，情形往往如此），还是某种别的事件（在我们论及责任时，情形往往如此），这种区别对于我的答案来说，并不比对于我的两种不同后果，或对于别人的两种不同的后果之间的区别具有更重要的关系。责任行为与权宜行为之间的真正区分，并不在于说前者是在任何意义上都是更有益、更具义务性，或更应该实行的行为，而是在于说它们是更值得称赞，更需要通过惩罚来加以实施的行为，因为它们是这样一种行为，总有一种诱惑要人们去回避它。

102. 而关于"有利害关系的"行为，情况会略有不同。当我们问"这真的是为了我的利益吗？"的时候，我们似乎只是在问它对我的效果是否是最可能好的。极有可能，以真的是最可能好的方式影响我的行为，反而不会在整体上看产生最可能好的后果。相应地，我真正的利益或许不同于真的是权宜的和责任的行为。正如第三章（第 59－61 节）所指出的那样，断定一个行为是"为了我的利益"，的确就是断定其后果真的是善的。"我自己的善"只是指某些影响我的是绝对善的和客观善的事件。事物而非善性本身才是我的。任何事物必定要么是"普遍善的一个部分"，要么就完全非善。不存在"对于我来说是善的"这样一种第三种备选概念。然而，"我的利益"尽管必须是某种真正善的事物，却只是可能善后果中的一种。因此，通过影响我的利益，尽管我们必定做了某种善，

但是从整体上看我们却有可能没有比我们换一种方式行动做的善更多。自我牺牲或许是一个真正的责任，正如牺牲任一单个善，不管这种牺牲是影响到我们自己还是影响到别人，有可能是为了获得更好的总体结果所必需的。因此，一个行为的确是我的利益这一事实，绝对不是做这个行为的充分理由：通过表明它不是获得最可能好的手段，我们并没有表明它不是为了我的利益，就像我们确 220
实表明它并不是权宜的一样。不过，在责任与利益之间并不存在必然冲突：是我利益的那种东西也许还是获得最可能好的东西一个手段。"责任"和"利益"这两个词所传递出的主要区别似乎并不是这一冲突的来源，而是与"责任"和"权宜"的对立所传达出的东西同样的东西。"有利害关系的"行为主要意味着这样一种行为，无论该行为是否是达成最可能好的手段，它都会对行动者产生最为明显的后果；行动者通常不会想放弃它；我们对其也无道德感。也就是说，区分首先不是伦理的。同样，在这里，"责任"从整体上看并不比有利害关系的行为是更有益的或更具强制性的。它们只是那种更宜于对其称赞的行为。

103.(5) 与实践伦理学有关的第五个重要结论牵涉到判定"德性"的方式。称一个事物为一种"德性"意味着什么？

毫无疑问，当亚里士多德说德性就是一种做出某些行为的"习惯性的性情"时，他的定义大体是对的。这是我们把德性与其它事物区分开来的标志之一。但是"德性"与"恶"也是伦理学术语，也就是说，当我们严肃地使用这些术语时，我们对某些事物传递一种赞美，而对另外一些事物传递一种批评。而称赞一个事物要么是断定这个事物自身为善，要么是断定它是获得善的一种手段。那么我们在定义德性时，包括了说它自身就是善的吗？

可以肯定的是，德性通常都被认为是自身是善的。道德赞许的情感通常被认为可归结于事物本身具有内在价值。即便是一个快乐主义者，当他对事物具有一种道德情感时，他也会认为事物自身是善的。并且德性一直是与快乐争夺唯一善地位的主要敌手。不过我并不认为我们可以将其自身就应该是善的视为德性定义的一部分。因为这个名称到目前为止具有一个独立的含义，如果在任一特殊情况下通常被看作是德性的一种性情被证明并非自身是善的，我们一定不要认为我们就有充分的理由说它不是德性而只
221 是被认为是德性。对德性的伦理含义的测试与对责任的测试是一样的：为了说明这个名称错用到了一特殊例子上，我们需要就一特殊例子证明什么呢？既适用于德性又适用于责任，并被认为是最终检验的是这样一个问题：德性是获得善的一个手段吗？如果能够表明，任何通常被认为是德性的特殊性情一般是有害的，我们可能立刻就会说：它并不真的是一种德性。相应地，一种德性也许会被定义为做出某些行为的“习惯性的性情”，而这些行为通常会导致最可能好的结果。我们也不用怀疑，这种行为是“有德性的”习惯性地做出的。总体说来，如果它们能够让人们通常总是做出某种行为，这种行为往往就是责任。尽管有此修正，我们仍然包括那些可以算是责任的事情。相应地，关于责任的结论也适用于德性。如果它们是真的德性，它们一定通常手段为善。我不希望对下一点进行争论：绝大多数通常被认为是德性的德性以及绝大多数责任的确是获得善的手段。但是这并不能够得出结论说，它们要比那些引导我们去做有利害关系行为的性情与倾向更有益。就像区

别于权宜行为的责任那样，德性之所以区别于其它有益性情，不是由于任何优越的效用，而是由于它们是这样一些性情，对其进行赞扬或惩罚是特别有益的，因为存在着各种强烈而常见的诱惑，使得人们去回避它们所引导的行为。

因此，德性是习惯性地做出某些行为的性情，这些行为是责任，或者说它们可以算是责任，如果这在大部分人那里都有足够的意愿去确保它们被做出的话。而且，责任是这样一些行为的一个特殊种类，履行这种责任起码通常来说要比不履行有更好的总体结果。也就是说，它们是通常作为手段的善行为，但是并不是说所有的这类行为都是责任：被限定在这一特殊种类的事物经常难以实施，因为有强烈的诱惑促使人们做出相反的行为。随之而来的就是，为了确定一种特殊的性情或行为是一种德性还是一种责任， 222
我们必定会遇到本章第三部分所列举的所有困难。除非经过考察，得出那里所说的结果，我们没有资格断定说哪个性情或行为是德性或责任。我们必须能够证明所讨论的性情或行为作为手段通常要好于任何可能的备选或易于发生的行为，而我们只能够在特定的社会状态下证明这一点：因为在一种社会状态下是德性或责任的东西，在另一种社会状态下也许就不是了。

104．关于德性和责任，还有一个问题，这一问题必须单纯通过直觉，通过运用前面讨论快乐主义时已经加以说明的，需要恰当谨慎地加以运用的方法来加以解决。这一问题就是，通常被认为（无论其是对是错）是德性或责任的性情和行为，是否是自身就是善的，它们是否具有内在价值。德性或德性的实践常常被道德学家们断定为或者是唯一的善，或者，起码是诸善中最好的。的确，在

道德学家们经常讨论什么自身就是善的这个问题时，他们经常假定这个东西要么是德性，要么是快乐。如果清楚地把握了问题的含义，那么几乎不可能存在这么大的意见分歧，也几乎不可能假定讨论一定被限定在这样两个备选答案上。而且我们也已经看到，所讨论的问题的含义几乎没有被清楚地把握。几乎所有的伦理作者都犯下了自然主义的谬误——他们都没有能够察觉到内在价值的概念是简单的与独特的，因而，几乎都没有能够清楚地区分手段与目的——他们把"我们应当做什么"和"什么应当现在存在"当作是简单的没有歧义的问题来加以讨论，而没有区分一个事物应当被做或应当现在存在是因为其自身就具有内在价值，还是因为它是那种具有内在价值的东西的一个手段。因此，我们要准备去发现，德性和快乐一样几乎没有权利被认为是唯一的和主要的善，尤其要看到，就像定义所表示的那样，称一事物是德性，仅仅是主张它是获得善的一个手段。我们将看到，德性的鼓吹者具有这样一
223 种胜过快乐主义者的优越性：德性由于是非常复杂的心理事实，因而其中一定包含着许多其自身为善的事物以及许多在比快乐更高的程度为善的事物。另一方面，快乐主义的鼓吹者也有其优越性：他们的方法强调了手段和目的的区分，尽管他们一直没有能足够清楚地把握这一区分，没有能够认识到特殊的伦理属性（他们将其赋予不只是作为手段的快乐）必定也可以应用于许多其它事物。

105.因此，关于德性的内在价值，可概括说明如下：(1)以此名字命名，并且的确遵守此定义的大部分的性情，就其通常作为手段而有价值而言，至少在我们的社会中，是没有什么内在价值的；而且(2)认为少数的某一个要素，甚或许多不同的要素放在一起的要

素，是唯一的善的，必定陷入极大的荒谬。关于第二点也许可以注意到，即便是那些主张应在德性中发现唯一善的人，也几乎毫无例外地抱有其它与此相矛盾的观点。这主要是由于他们没有能够分析伦理概念的含义。这种不一致的最为明显的例子可见于基督徒的德性观念，尽管他们认为德性是唯一的善，但是却又认为可以拿德性以外的其它东西来奖赏德性。天国通常会被认为是对德性的一种奖赏。不过他们通常还会认为，为了成为这样一种奖赏，天国还应该包括被称作幸福的某些要素，后者当然不完全等同于它所奖赏的单纯的德性践行。然而，如果是这样的话，那么某种不是德性的东西就得要么自身就是善的，要么是那种最有内在价值的东西的一个要素。但是我们通常却并没有看到，如果一个事物真的是一种奖赏，它必定是某种自身为善的东西。说是要奖赏某个人，但是给他的却是某种与他所拥有的相比不那么有价值的，甚至完全没有价值的东西，这当然是很荒谬的。这样，康德主张德性配享有幸福的看法，与他所隐含着的，并与他的名字相关联的善良意志是唯一具有内在价值的事物的主张明显矛盾。当然，这并没有使我们有资格提出人们有时提出的那种指控：作为一个幸福主义者 224
或快乐主义者，康德是自相矛盾的：因为这一指控并没有隐含幸福是唯一的善。但这一指控的确隐含着善良意志不是唯一的善：我们既有德性又幸福的状态，其自身要比幸福缺失的状态要更好。

106. 不过，为了能够公正地考虑德性具有内价值的主张，有必要区分几种非常不同的心灵状态，这几种心灵状态都完全符合它们是履行责任的习惯性性情这一定义。我们因而可以区分出三种非常不同的状态，这三种状态彼此容易混淆，不同的道德体系特别

强调其中的某种状态，且每一种都主张其自身就构成德性，因而隐含着，只有它才是唯一的善。我们首先要区分(a)履行责任就跟许多人穿衣一样已经成了严格意义上的习惯这样一种恒久的心灵特征，与(b)作为习惯性地帮助我们履行责任的善良动机的恒久的心灵特征。在第二类别中，我们还可以区分一种动机所推动的习惯倾向，即想为责任的缘故而承担责任的动机，以及诸如爱、仁慈等所有其它动机所推动的习惯倾向。我们因而得到三种不同的德性，下面我们就来考量它们的内在价值。

(a)毫无疑问，一个人可以具有习惯性地履行某些责任的性格，当他意愿履行它们时，他既没有想到它们是责任，也没有想到它们是任何源于责任的善良意志。对于这样一个人，我们当然不能也不会拒绝说他具有在于履行责任性情的德性。比如说，我在这样一种意义上是诚实的，我习惯性地避免法律所禁止的任何偷窃行为，即便是在别人强烈地倾向于偷窃的场合。因此，否定我真正具有诚实的德性，将会与通常的用法产生很大矛盾。可以非常

225 肯定，我拥有一种履行责任的习惯性性情。尽可能多的人拥有类似性情毫无疑问是有很大的效用的，因为它作为手段是善的。不过我可以很有把握地断定，不管是我对这一责任的各种履行，还是我履行这些责任的性情，都没有丝毫的内在价值。由于大部分的德性都具有这样一种性质，我敢大胆断言，德性一般没有内在价值。而且我们似乎有充分的理由认为，德性越是一般地具有这样一种性质，它们就越是有益；因为当一种有益的行为变成习惯或本能的时候，就会大大地节约劳动。但是主张一种含义只是如此的德性本身是善的，那就非常荒谬了。也许可以看到，亚里士多德伦

理学就犯下了这样一种极大的荒谬。因为他的德性定义并没有排除以这种方式完成行为的性情，然而他对特殊德性的描述却明显地包括这种行为。一个行为，为了展示其为德性，必须通过做高贵之事（τοῦ καλοῦ ἕνεκα）来完成，而这个条件，他却经常加以忽视。另一方面，他似乎确定地认为所有德性的实践都是自身为目的的。他对伦理学的处理在一些最为重要的观点上的确都是不系统的与混乱的，原因就在于他试图将其建立在一种自然主义的谬误的基础上。因为，严格地来说，我们应该遵从他的表述，把理论（θεωρία）视作唯一自身为善的东西，在这种情况下，他归之于实践德性的善性不可能具有内在价值。另一方面，他又似乎并不认为它只是一种效用，因为他并没有试图表明实践德性是理论的手段。不过似乎毫无疑问，整体说来，他把实践德性的活动当作是与理论同类的（即具有内在价值），只是程度稍低的一种善。因此他无法避免这样的指控，他把我们目前所讨论的德性活动之实例主张为具有内在价值，这些实例是做出某些行为之性情之实例，而这些行为用现代术语来说仅仅具有“外在的正当性”。他将“德性”一词应用于这样一种性情是正确的，这是没有一点疑问的。但是人们反对“外在的正当性”足以构成“责任”或“德性”这样一种主张（这种反对通常有几分道理地被认为是基督教道德的一个优点）。226
这种反对大体以一种错误的方式指出了一个重要的真理，也即，在只有“外在正当性”的地方，当然不存在内在价值。人们通常（尽管是错误地）认为，称一个事物是有德性的就是意味着它是有内在价值的。根据这一假定，认为德性并不仅仅是一种履行外在正当行为的性情的观点，的确是伦理真理上的一个超越了亚里士多德伦

理学的进步。如果德性包含了“其本身为善”这一含义，那么亚里士多德对于德性的定义就是不充分的，其所表达的是一个错误的伦理判断。这样一种推理完全正确。只是其前提，即认为德性的确包括了上述含义，这一点是错误的。

107.(b)一个人的性格可能是这样的，当他习惯性地履行某一特殊责任时，每次他的心灵中都出现对他所期望通过其行为产生的某些具有内在善的后果的爱，和他期望通过其行为阻止的某些具有内在恶的后果的憎恨。在这种情况中，爱与恨通常会成为其行为的部分原因，我们因而或许可以将之称为其动机之一。在履行责任时这样一种性情习惯性地出现的地方，无可否认，这个人在履行这个责任时的心灵状态包括了某种内在善。也不能否认，在履行责任的性情在于这一性情被这种感情推向责任的地方，我们称这种性情为一种德性。因而，在这里，我们就有了德性的例子，这种德性的活动的确包括了某种自身为善的东西。总体来说，我们可以说，在德性在于性情具有某种动机的地方，德性的活动也许就具有内在善——尽管其善性程度会根据动机和对象的具体属性不确定地发生变化。因而，就基督教倾向于强调做出正当行为的动机，以及“内在”性情的重要性而言，我们或许可以说它对伦理学已经做出了贡献。但是一定要注意到，当以《新约》为代表的基督教伦理因此而受到赞扬时，他们却忽略了两个最为重要的区别，
227 这种区别通常也为人们所忽视。首先，《新约》主要关注希伯来先知传统的延续，宣扬“正义”、“怜悯”这样的德性，反对单纯地遵守礼仪。而当它这么做时，它就恰恰与亚里士多德伦理学一样，是在提倡仅仅是手段为善的德性。它的这一教义特征因而必须与它所

主张的“无由犯怒无疑与谋杀一样为恶”这样的教义特征区别开来。第二，尽管《新约》的确赞扬了某些只是手段为善的东西，以及另外一些自身是善的东西，但是它却完全没有能够认识到这一区别。尽管一个愤怒的人的状态可能确实是自身坏的，就像谋杀者的状态是自身坏的那样，而且在这一点基督教是正确的，然而，其语言会引导我们假定，该状态在每一种方式上都也是坏的，它也会引起非常多的恶，而这是完全错误的。简而言之，当基督教伦理表示赞同时，它并没有区分这种赞同是在断定“这是获得善的手段”，还是在断定“这是自身就是善的”。因而它既赞扬只是作为手段为善的事物，就好像它们是自身为善的，又赞扬自身为善的事物，就好像它们也是作为手段为善的。另外，应该注意到，尽管基督教伦理确实唤起了我们对于自身为善的东西的关注，但这绝对不是说只有它是这样的。柏拉图伦理学远比其它任何体系都要更为清晰和一贯地主张，内在价值只是属于那种爱善憎恶的心灵状态。

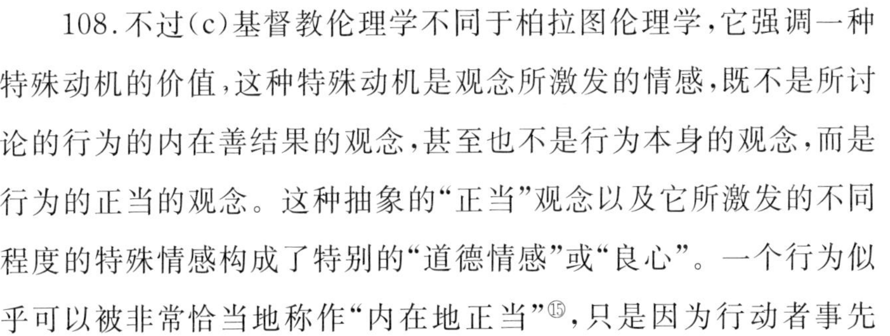

108.不过(c)基督教伦理学不同于柏拉图伦理学，它强调一种特殊动机的价值，这种特殊动机是观念所激发的情感，既不是所讨论的行为的内在善结果的观念，甚至也不是行为本身的观念，而是行为的正当的观念。这种抽象的“正当”观念以及它所激发的不同程度的特殊情感构成了特别的“道德情感”或“良心”。一个行为似乎可以被非常恰当地称作“内在地正当”[15]，只是因为行动者事先 228
就已经认为它是正当的了：“正当”观念必然会出现在他的心中，但

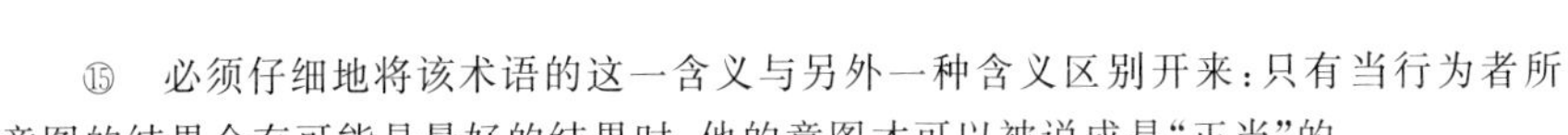

⑮　必须仔细地将该术语的这一含义与另外一种含义区别开来：只有当行为者所意图的结果会有可能是最好的结果时，他的意图才可以被说成是“正当”的。

却并不必然出现在他的动机中。我们说一个人“有良心”，就是指当他思虑时，他的心中总有这一观念，而且他只有在认为他的行为是正当的时候才会去行动。

这一观念的出现及其作为动机的行为似乎确实常常已经成为被关注和被推荐的对象，这要归结于基督教的影响。但是重要的是要注意，主张这是《新约》认为唯一具有内在价值的动机的观点（康德也隐含地这样认为）是没有根据的。似乎无需怀疑，当基督告诉我们要“爱邻如爱己”时，他意味的并不仅仅是康德所说的“实践之爱”——慈爱，其唯一动机是正当观念，或者是由该观念引起的情感。在《新约》极力主张的价值“内在性情”中，当然也包括了康德所说的“内在倾向”，如怜悯等。

但是，当德性是德性观念推动其去履行责任的性情时，我们谈论的是什么呢？似乎很难否认，由正当观念激发的情感具有某种内在价值。更不好否认的是，它的出现可能会提升它进入其中的某类整体的价值。但是，另一方面，它确实并不比我们上一部分所讨论的许多动机更具价值——爱事物的情感真的自身就是善的。至于说康德的观点所隐含的它是唯一的善[16]，与他自己的其它观点不一致。因为他确实认为去履行某种行为——即履行实质责任——要比回避那种行为更好。但是，如果它是更好的，这些行为
229 就要么自身更好，要么作为手段更好。前一种假定当然直接与这种动机是唯一的善的主张相冲突，而后者则被康德自己排除在外，

---

[16] 据我所知，康德从来没有表达过这种观点，但是比如说在他反对他律的论证中，确实蕴涵了这样一种观点。

因为他主张没有行为可以引起这一动机的存在。而且还能看到，他的另外一种主张，即它总是作为手段为善也是不能成立的。可以完全确定的是，基于良心动机却可能做出有害的行为；良心并不总是告诉我们什么是正当的。甚至也不能主张良心动机要比其它任何动机更有益。唯一可以承认的就是它是总体有益的事情之一。

关于德性中自身为善的要素，关于其相对卓越的程度，以及证明它们全部加起来也不能是唯一的善，这些问题都留待下一章来考察。

109. 本章中我想直接关注的主要之点可概述如下：(1)我首先指出所处理的主题，即关于行为的判断是如何涉及到一个与此前讨论到的两个问题截然不同的一个问题的，前面的两个问题是(a)伦理学所专门研究的属性之本性是什么？以及(b)什么样的事物本身具有这一属性？实践伦理学问的不是“应当是什么”而是“应当做什么”。它追问什么行为是责任，什么行为是正当的，什么行为是错误的。所有这些问题都只能通过表明所讨论的行为——作为原因和必要条件的——与“是自身是善的”这个问题的关系而得到回答。实践伦理学的追问因而就完全属于第三类的伦理问题，它追问“什么是作为手段是善的?”这等于是追问“什么是获得善的手段——什么是事物自身为善的原因或必要条件?”(第 86－88 节)。然而(2)它几乎是仅仅相关于这样一些行为来追问这一问题，而这些行为，大部分人都有可能做的，只要他愿意做；而且相关于这些行为，它不仅追问这些行为中，何者会有某种善或恶的结果，而且追问，在任何时刻的所有可能意愿的行为中，何者会产生 230

最好的总结果。断定一个行为是一种责任，就等于是断定，它是这样一种可能的行为，在某种可知的情况下，它总是会比其它行为产生更好的结果。随之而来的就是，责任为其谓词的普遍命题，由于远不是自明的，所以总是要求一个我们目前的认识手段所无法提供的证明(第 89 - 92 节)。但是(3)所有的伦理学一直尝试或能够尝试表明的就是，某些可意愿的行为通常会比其它任何可能备选的行为要产出更好或更坏的总结果。非常明显，关于总体结果，即便是在相对较近的将来，要表明这一点也是非常困难的。在这样一个相对较近的将来会有最好结果的行为，从整体上看是否也会有最好结果，这仍需考察，人们却一直没有认识到这一点。如果这是对的，并且相应地，如果我们称之为“责任”的行为在最近的将来一般会比其它任何行为产出更好的总体结果，或许就可能证明，有一些最为常见的责任规则是对的，但是仅仅是在历史上多少普遍地出现过的特定的社会条件下是对的；而且这样一个证明只有在某些情况下才是可能的，这些情况中没有对事物是自身善恶的正确判断——这种判断还未被伦理作者提出。至于其一般效用被如此证明的行为，个人应该总是会实行之。但是在其它情况下，尽管规则通常已被提出，他还是应该根据什么事物是内在地善恶的正确观念的指导来判断其特殊情形的可能结果(第 93 - 100 节)。(4)任何行为要想被表明是一种责任，就必须表明它满足上述条件。但是通常被称作“责任”的行为并不比“权宜的”行为或“利害相关的”行为更能满足上述条件：称其为“责任”我们意味的只是除此之外它还有某种非伦理属性。同样的，我们称其为“德性”，意味的主要是，在此严格意义下的一种履行“责任”的恒久性情。相应地，一种德性如果真的是德性的话，就必定在它满足上述条件意义上手段为善。但是作为一种手段，它并不比非德性性情更好。它通常没有自身价值，即便是有，它也远非唯一的善或最好的善。相 231
应地，"德性"也并不像通常所暗示的那样是一个独特的伦理属性（第 101－109 节）。

232 # 第六章　理想之物

110.本章标题的含义有些含混。当我们称一个事物的状态为“理想的”时，我们或许意味着三种不同的事物，这些事物只在一点上是共同的：我们确实总是意味着要去断定，所讨论的事物状态不仅自身是善的，而且它自身要比其它事物有更高程度的善。“理想的”一词的第一个含义是，(1)由“理想”这一词最为恰当地限定的东西。其含义是可以想象的事物的最好状态，即最高善或绝对善。正是在这个意义上，正确的天堂观念就是正确的理想观念。我们用“理想”来指一个事物绝对完美的状态。不过这个观念也许需要非常清晰地与第二个含义区别开来，第二个含义就是，(2)尘世中的事物最可能好的状态。这第二个观念或许等同于哲学上常常提到的“人类的善”，或我们行为应该指向的终极目的。正是在这个意义上，各种乌托邦被认为是一种理想。乌托邦的构建者会假定许多事实上不可能的事情是可能的。他总是认为，某些事情至少因自然法则为不可能的，因而他的构建本质上区别于那些藐视一切既定的自然法则的构想。在所有的事情中，“什么是我们可能带来的事物的最好状态”，这一问题完全不同于“什么是我们可想象的事物的最好状态”。第三，我们称一种事物的最好状态是“理想的”，意味的可能仅仅是(3)该事物自身就是非常善的。很明显，这

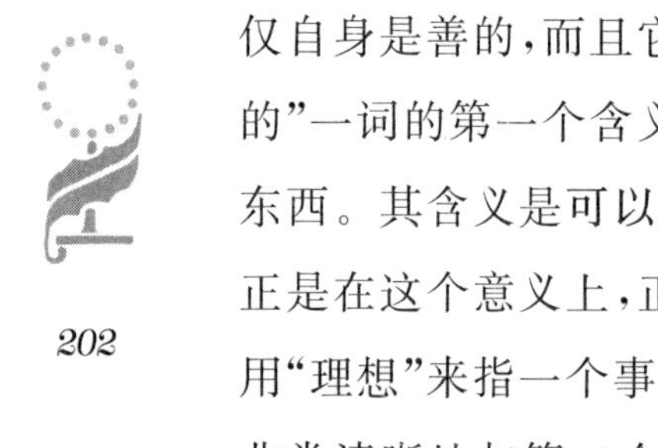

233

个意义上什么事物是"理想的"问题，是我们能够宣称去解决绝对善或人类善之前必须回答的问题。本章首要关注的正是第三种意义上的理想。其主要目的就是要对伦理学的基本问题给出一个肯定回答。这个问题就是："什么事物自身就是善的或自身就是目的？"目前为止我们只是给出了对于这个问题的一个消极的回答，即快乐确实不是唯一的善。

111. 我已经说过，对"什么是绝对的善"和"什么是人类的善"这两个问题的正确回答依赖于对这一问题的正确回答。在展开讨论之前，有必要指出它与这两个问题之间的关系。

(1)很有可能，绝对善或许完全是由我们甚至无法想象的特性所构成。这是可能的，因为，尽管我们确实知道许多事情是自身为善的，并且是在很高程度上为善的，但是最善的事物却不必然包含所有善的事物。这一结论遵从的是第一章(第 18－22 节)解释过的原则，在那里，我们建议称其为"有机统一体原则"。这一原则就是，整体的内在价值既不等同于也不相称于其部分的价值总和。随之而来的就是，尽管为了获得其各部分最大可能的价值总和，理想必然会包括所有不同程度地具有内在价值的事物，然而，包括所有这些部分的总体未必会像其它一些整体一样具有价值，因为其中某些积极的善被忽略掉了。但是如果一个不包括所有积极的善的总体可能还是要比包括了这些积极善的总体要好，结论就将是，至善**可能**是一个可能根本不包含我们所熟悉的**任何**积极的善的一个总体。

因此，有可能我们不能发现什么是理想的。但是很明显，尽管这一可能性不能够被否认，谁也没有权利断定说它是实现了

234 的——没有权利断定理想是某种不可想象的东西。除非我们所判断的事物出现在我们的心里，否则我们是不能够判断它们的比较价值的。因而我们不能断定任何我们不能够想象到的事物要比另外一种我们能够想象到的事物更好，尽管我们同样不能否认出现这种情况的可能性。相应地，我们对于理想的探求必须被限定在探求那种在所有整体中其构成要素已知的整体，它似乎要比其它所有的都更好。我们绝对不能去断定这一整体就是完美，但是我们可以断定它要比其它任何可能作为其对手而出现的要更好。

但是，由于任何我们有任何理由想象它是理想物的东西都必定是由我们已知的事物构成的，很明显，对于这些已知事物的比较评价就一定是我们确定什么是理想的首要手段。我们能够构造的最佳理想将会是这样一种事物状态，这种状态包含了最大数量的具有积极价值的事物，却不包括任何恶的或无足轻重的事物——如果这些善都不出现，或者没有恶的与无足轻重的事物会减损整体之价值的话。而且事实上，哲学家们构造理想——它被称作“天国”——的努力的主要缺陷似乎在于他们忽略了许多具有非常积极价值的事物，尽管很明显这种忽略并没有提高整体的价值。如果情况是这样，那就可以很确定地断定他们所提出的理想并非理想。我希望，通过对我将提出的积极善的考察，我将能够表明已提出的任何理想都不是令人满意的。将会表明，积极的大善如此之多，任何将其全部囊括的整体必将是一个巨大的复合体。尽管这一事实使得很难，甚至可以说不可能确定什么是理想，什么是可以想象的事物的绝对最佳状态，但我们也有充分理由指责上述以忽略积极善的方式构造的理想，由于这种忽略，它们将不会有任何看

得见的结果收获。哲学家似乎总是只寻求最好的单一事物，忽略了，由两个最大的善构成的整体，即使其中一个明显低于另外一 235
个，有可能经常被看作决定性地优于任何一个。

（2）另一方面，试图描画尘世天堂的乌托邦的作者常常不仅受害于上述这一点，而且受害于与其相反的缺陷。他们经常只是基于忽略目前确实存在的恶这一原则来构造乌托邦，而对于他们所持有的善性却抱有完全不恰当的信心。他们所认为的善，大多数来说，至多只是获得善物如自由的手段，如果没有这些，也许有可能没有善物可存在于世，但是它们自身却没有价值，甚至绝对不能够产出任何有价值之物。对于目的只是为了构造这个世界上可能的至善的作者们来说，他们一定会把许多本身是无足轻重的，而按照自然法则来说对于任何善的事物的存在来说却是绝对必要的东西包含在他们所描绘的事物状态中。但是，事实上，他们却易于把许多其必要性绝非明显的事物包括进来，错误地认为这些事物是自身就是善的，而不仅仅是此时此地获得善的手段；另一方面，他们的描述也忽略了许多确实的大善，而这些大善，同他们所提倡的许多变革一样，是完全有可能获得的。也就是说，人类的善的观念通常所犯的错误，不仅在于像绝对善的观念一样忽略了许多大善，而且在于它把许多无足轻重的事物包括了进来。这种忽略或包括是在自然的必然性的限制不足以构成其这么做的理由的情况下做出的，而人类的善的观念之所以能够正当地区别于绝对善的观念，恰好在于它考虑到了这样一种限制。事实上，很明显，为了能够正确地判别我们应该追求什么样一种事物状态，我们不仅要考虑我们能获得什么样的结果，而且要考虑，在各种可能结果中，哪一种

具有最大价值。要想追问第二个问题，对已知善进行比较评价和对其与绝对善的关系进行探讨一样重要。

236 112. 判别“什么事物，在什么程度上具有内在价值”这一问题所需的方法在第三章（第 55－57 节）中已经解释了。为了对这个问题的第一个部分做出正确的判别，有必要考虑哪些事物是这样的，它们如果是自身地存在着，就是绝对孤立地存在着，然而我们仍然要判别其存在是善的。而且，相似地，为了判别不同事物的相对价值等级，我们必须考虑什么样的比较价值看来关联于每一个孤立存在的事物。在使用这一方法时，我们要警惕两类错误。这两类错误可能正是损害此前关于该主题的结论的主要原因。第一类错误是（1）认为，对于任何善的存在来说此时此地绝对必然——没有它们就不成——的东西，因此也就是自身是善的东西。如果我们把这种仅仅作为获得善的手段的东西孤立出来，并且假定一个没有其它任何事物只有它们才存在的世界，那么其内在的无价值性就会一目了然。第二，还有一个更为微妙的错误（2），那就是忽略了有机统一体原则。当假定，一个整体的某个部分没有内在价值，那么该整体的价值就必定完全属于其余部分，这时就犯下了这种错误。人们通常以这样的方式假定，如果所有有价值的整体都可被看作有一个并且只有一个共同的属性，那么各整体之所以有价值，就必定是因为它们具有这一属性。而且，如果所讨论的共同属性自身具有的价值，看起来大于这个整体其它部分具有的价值，那么这种错误主张就会被大大强化。但是，如果我们孤立地考量所讨论的属性，然后将它与所属于的整体加以比较，那就很容易看出，自身存在的属性远没有它所属的整体的价值大。因此，如果

我们将一定数量的绝对自身存在的快乐的价值，与一些包括了同
等快乐的“享受”的价值进行比较，那可能就很明显，“享受”远比快 237
乐要好，在某些情况下，它又远比快乐要糟。在这种情况下，非常明显“享受”的价值并不仅仅归于它所包含的快乐的价值，尽管在我们只是考虑享受的其它成分，并且似乎发现，如果没有快乐，那些成分就没有价值的时候，我们可能很容易这么认为。与此相反，现在明显的是，整个“享受”的价值完全可归于这些其它成分的存在，即使快乐真的是唯一因自身而有价值的成分。同样地，如果我们被告知说所有事物的价值只是被归结为它们是“真实自我的实现”这一事实，我们会通过这样的追问很容易驳斥这一主张：“实现真实自我”所蕴涵的属性，假如能够单独存在的话，真的会有任何价值吗？“实现真实自我”所做的事情要么具有在价值，要么没有。如果它具有内在价值，那么它当然不能将其价值仅仅归结为它实现了真实的自我。

113.现在，如果我们运用这一绝对孤立的方法，并且警惕上述这些错误，那么，我们要回答的这些问题的难度，看来就远没有伦理学的既有纷争所让我们所以为的那么大了。的确，一旦问题的意义得到清晰的理解，那么回答这一问题的要点似乎就显而易见了，这听起来颇似老生常谈。我们所知道或能够想象的最为有价值的事物，是某些意识状态，可以大致将其描述为人类交往之快乐或美的对象之享受。任何一个向自己提出该问题的人，或许都不会怀疑个人情感和对艺术与自然之美的欣赏是自身是善的。如果我们严格地思考一下哪些事物纯粹因其自身的缘故而值得拥有，那么任何人似乎也都不大可能认为，除了包括在这两个名目之下

的事物之外，其它任何事物还会**几乎**具有如此巨大的价值。我自己已经在第三章（第 50 节）中主张，美的事物的单纯存在就具有某些内在价值。不过，就那里所讨论的观点而言，我认为西季威克教授无疑还是正确的：与那种和美的意识关联在一起的事物的价值
238 相比较，美的事物的单纯存在具有的价值可以小到忽略不计。这一简单的真理可能的确可被认为是被普遍认识到的。而尚未被认识到的则是，它是道德哲学的一个终极的与基本的真理。只是为了这些事物，为了让它们在某些时间内尽可能多地存在，一个人履行公私责任因而才是有理由的。它们是德性的**理由**。也正是它们，这些复合的整体自身，而非其任何的构成要素或特征，构成了人类行为合理的终极目的与社会进步的唯一标准。这些显然是真理，但是迄今为止一直被忽视。

个人情感和审美享受包括了到目前为止我们能够想象到的所有最伟大的善，这是真理。我期望通过即将开始的分析让这一点变得更加明显。我认为包括在上述描述下的所有事物都是高度复杂的**有机统一体**。通过讨论紧随这一事实而来的结果，以及构成它们的要素，我希望同时确证并明确我的立场。

114. 一，我想先来考察一下人们所说的审美享受，因为个人情感的情况格外复杂。我认为，通常大家都承认，对于审美对象的恰当欣赏本身就是一件善的事情。我的问题是：这一欣赏中的主要要素是什么？

（1）很明显，在我们认为最有价值的审美欣赏的情况中，不仅包括了对于何为对象之美的认识，而且也包括了某种感情或情绪。一个人只是看到了一幅画中美的特质并且知道它们是美的，这还

不足以让我们对其心灵状态给予最高的赞美。我们期望他还欣赏他所看到的和他所知道的美的事物之美——他必须能够感受并且看出其美来。我们这么表达当然是说他应该对他所认识到的美的特质有一种合适的情感。也许所有审美情感都具有某些共同属 239
性。但可以肯定，情感差异相称于所察觉到的美的差异。而且，说不同的情感相称于不同的美的类型，我们的意思是，由对那种美的意识以及与其相称的情感所形成的整体，要比在欣赏特殊的美的对象时所感受到的其它情感要好。相应地，我们拥有许多不同的情感，每一种都是我们认为其为善的某些意识状态的必要构成部分。所有这些情感都是大的积极善的实质要素，它们是具有大的内在价值的有机整体的不同部分。但是重要的是要注意，这些整体是有机的，不过并不能因此得出结论说，情感由于自身而具有无论什么样的价值，也不能因此得出结论说，如果情感指向不同的对象，由此形成的整体就不可能是坏的。事实上，情况可能是，如果我们在任何一个审美欣赏中区别情感的要素与认知的要素（后者与前者相伴并且通常被认为是前者的一部分），并且如果我们考虑这一自身存在的情感要素的价值会是什么，即便它确实具有某些价值，我们也很难认为它具有任何大的价值。另一方面，如果同一情感指向一不同的对象，比如说，如果它感受到一个非常丑陋的对象，那么整个意识状态确实常常在很大程度上变成是恶的。

115.（2）在上一段中，我指出了两个事实：要给予某种审美状态以很高的价值，某些情感的出现是必须的，但是，另一方面，这同一情感自身则可能具有很小的价值，或者根本没有价值；随之而来的结论就是，这些情感为由它们所形成的整体带来了高于它们自

身所具有的价值。对于那些必定与这些情感混合以形成更高价值的整体的认知要素来说，这一点也显然同样为真。本段将试图厘清这一认知要素的含义，以防止可能的误解。当我们谈论对一个
240 美的对象的看，或者，更为一般地说，谈论对一个美的对象的认识或意识时，我们有可能通过这种表达意指某个并不构成任何有价值整体的部分的东西。在使用术语“对象”时存在着一种模糊性，这种模糊性跟任何其它单一的原因一样，可能要为哲学和心理学中诸多重大错误负责。只要考虑一下这样一个尽管用语矛盾，但是却显然为真的命题，就不难发现这样一种模糊性：“一个人看到了一幅美的图画，但是却没有看到任何美的东西。”这句话的模糊性在于，视觉的（或认知的）对象也许既指任何实际看到的特质，也指任何被看到的东西所拥有的所有特质。在我们的例子这里，当我们说图画是美的时，我们的意思是这幅画包含着一些美的特质；当我们说一个人看到这幅画时，我们的意思是他看到了包括在画中的大量的特质；然而，当我们说他没有看到任何美的东西时，我们的意思是说，他并没有看到画中的那些美的特质。因而，当我谈论对一美的对象（这一对象是有价值的审美的根本要素）的认识时，我一定会被理解为只是意味着对那个对象具有的美的特质的认识，而不是对具有这些特质的对象的其它特质的认识。这一差别一定要仔细地与上述“看到了事物的美”和“看到了其美的特质”之间的差别小心地区分开来。说“看到了事物的美”，我们通常意味着对其美的特质有一种情感，而在说“看到了其美的特质”时，我们并不包含任何情感。认知要素与情感都是有价值的欣赏的存在所必需的。我说认知要素时，指的只是对一个对象的美的特质（即

肯定是美的对象的部分或全部要素）的任一或所有要素的实际认
知或意识。这样一种认知要素对于有价值的整体来说非常关键，
通过追问下述问题或许会很容易看到这一点：我们应该把什么样
的价值归于由听贝多芬第五交响曲所引发的那种情感呢，如果这
一情感的出现完全没有伴随对于音符或是对于音符之间的美妙和 241
谐关系的意识的话？如果一个人听到了所有的音符，但是却没有
能够意识到音符之间的美妙和谐关系（这是组成交响乐最小的美
的要素的必要构成部分），我们想一想这个人会处于什么样的状
态？我们会非常容易地看到，只是听到了交响乐，甚至也伴随着相
应的情感，这是非常不够的。

116.（3）与实际出现在心里的特质意义上的“对象”的区分和实际出现在心里的具有不同特质的整体事物意义上的“对象”之间的区分相关联的另一种区分，对于正确地分析有价值整体的必要成分也是非常重要的。人们通常正确地认为，看到了并不美的事物中的美，在某种方式上低于看到了实际上美的事物中的美。但是在“看到了并不美的事物中的美”这一单纯的描述中，却有可能包含两个价值非常不同的事实。我们或者意味着把一个对象并不具有的真正的美的特质归于这一对象，或者意味着对这些对象并不具有，在现实中也不美的各种特质的感受，意味着仅仅与美的特质相称的情感。这两种情况在现实中都经常发生，在大部分情况下，两种情感毫无疑问都一起发生，但是它们显然完全不同，而且这种区别对于正确地估量价值非常重要。前者可被称作“判断错误”，后者可被称作“趣味错误”。重要的是要注意，“趣味错误”通常包括了一个错误的价值判断，而“判断错误”则仅仅是一个错误

的事实判断。

在我称作“趣味错误”的情况中，我们所赞赏的实际的特质（不管对象是否具有）是丑的，除了因其自身属于情感，它们在任何情况下都不可能有价值；而且在大部分情况下，即便不是在所有情况下，它都是一个相当确实的恶。因而，在这个意义上，看到了并不美的事物中的美，在价值上低于看到了实际上美的事物中的美，这
242 一看法毫无疑问是正确的。不过另外一些情况却要困难得多。在此情形下，我迄今为止提到的构成重大的积极善的所必须的东西全都出现了：存在着对于真正美的特质的认知，以及与这些特质相应的情感。因而我们毫不怀疑，这里有一个重大的积极的善。但是同时也出现了另外的东西，也即认为这些美的特质存在，而且这些特质与其它事物处在一定关系中——处在我们将这些特质归之于对象的某些属性的关系中——，而且，这一信念的对象是假的。对于这样构成的整体，我们可能会问，这一信念的出现，以及被认为存在的事物是假的这一事实，是否使其价值产生了差异。我们因而得到了对于决定相关价值非常重要的三种不同情况。在对美的特质的认知与合适的情感都出现的地方，我们要么，(1)拥有一个这些特质存在的信念，而且这一信念的对象，即这些特质存在这一点是对的；要么，(2)只有一个认知而无信念，当信念(a)为真(b)为假时，认知的对象即美的特质存在；或者，(3)在美的特质并不存在时，拥有它们存在的信念。这些情况的重要性源于这样一个事实：第二种情况解释了想象的快乐，包括了大部分对象征的艺术品的欣赏；与此相对的第一种情况则解释了对于自然和人类情感中美的事物的欣赏。另一方面，与此二者相对的第三种情况则

主要表现为被误导的情感。对于一个信徒而言，爱上帝很有可能就是这样一种情况。

117. 我已经说过，所有这三种情况现在都有某种共同的东西。也就是说，在所有三种情况中，我们都有对于真实的美的特质的认知，和对于这些特质的合适的情感。因而我认为，不能怀疑（通常也并不怀疑）所有这三种情况都包括着极大的积极的善；它们都是我们认为因其本身而值得拥有的东西。而且我认为，第二种的价值，在其两种细分的任何一种中，都与三者共同拥有的东西的价值 243
完全一样。换句话说，在纯粹想象性的欣赏中，我们仅仅有对于真实的美的特质以及相应的情感的认知；而被认知的对象是否存在的问题，似乎并不会绝对地使整个趣味的价值有所不同，因为这里并没有关于其存在与否的信念。但是在我看来，其它两种情况在内在价值上既不同于这一情况也彼此不同的，尽管被认知的对象以及相应的情感在三种情况中都一样。我认为，如果信念是真的，对对象实在的信念的出现使得整个状况变得更好；如果它是假的，则会使得整个状况更糟。简而言之，在有信念的地方，在我们的确相信自然和马存在，而不相信理想风景和独角兽存在的意义上，被相信存在的事物的真对于有机整体的价值的确会产生极大的差异。如果情况是这样，我们就可以确证这样一个信念：日常意义上的知识，一方面区别于对于一个虚假东西的信念，另一方面区别于对于一个真实的东西的单纯意识，的确与内在价值有关联。也就是说，起码在某些情况中，这一信念作为一个部分出现要比它没有出现能够使得整体具有更大的价值。

现在，我认为，如我已经表明的那样，毫无疑问我们可以判断，

所讨论的三种情况存在着价值上的差异。我们的确认为，对于自然风景有情感的欣赏，假定其特质同样是美的，在某种方式上要比单纯地欣赏风景画更好。如果我们可以用同样美的真实对象来代替最好的象征艺术，那我们认为这个世界会因此而有所改进。同样地，我们认为一种被误导的情感或赞美，即便是错误只涉及判断而不涉及趣味，在某种程度上也总是让人遗憾的。而且，起码那些对于真理具有强烈敬意的人，会倾向于认为对于天国的诗意欣赏要高于宗教信仰者的信念，假如天国没有也永远不会实际存在的话。在经过了严肃的反思判断后，大部分人会在这一点上感到踌
244 躇：偏好一个深信这个世界是理想的疯子的幸福，而不是一个诗人想象的理想世界，或者他们自己喜欢或欣赏的真实存在的，但没有那么善的事物。不过，为了确保这些是关于我们所讨论的内在价值的真实判断，并且为了确保它们是正确的，就必须将我们的问题与另外两个问题清楚地加以区分。后者与我们对所讨论的不同情况的总体判断有着非常重要的关系。

118.第一，(a)很明显，在我们有所相信的地方，我们所相信的东西是对是错，通常会与作为手段的信念的价值有着极为重要的关系。在我们有所信的地方，我们通常会按照信念去行动，而不会按照对于小说中的事件的认识去行动。所信之真因而对于避免失望之痛苦及其它更严重的后果显得非常重要。可以认为，错误的信赖之所以不幸，其原因端在于，它使我们期望所信赖对象的真实本性根本不会保证我们的结果。对于上帝之爱也是如此。因为，这种信念通常包括相信他会在此世或来世获得某些行为结果，而自然过程给不出任何理由可以期望这种结果的发生。这种信念会

引导信徒去履行某些行为，而这些行为的后果也许比他采取其它行为要更糟，假如并不存在这样的上帝的话。这也就是在没有任何证据证明上帝存在时，我们对是否要鼓励爱上帝应感到踌躇所可想到的唯一理由(也是一个非常充分的理由)。同样地，对认为自然美要比同等漂亮的风景画或想象更高所可想到的唯一理由就在于，自然美的存在可以确保我们对于那种美的情感欣赏有更强的恒常性。的确，可以确定，大部分知识在这个世界上——我们所相信的大部分事物的真理——首要的重要性的确就在于其外在益处：其作为手段是非常地有价值的。

第二，(b)很有可能，我们所沉思的事物的存在本身就是极大的积极的善。因此，单凭这个理由，我们说我们的情感对象真实存在的事物状态就要内在地优于情感对象不真实存在的事物状态。优越的这一理由在人类的情感中毫无疑问具有极大的重要性，在人类情感中，我们敬慕的对象是可敬之人的精神特质。由于这一原因，有两个这样可敬之人存在大大地优于只有一个可敬之人存在。同时，我们也要区分对于无生机的自然的敬慕与对其艺术象征的敬慕，除了对于美的对象的沉思，我们还会认为美的对象的存在还有那么一点内在价值。但是要注意，这一理由并不能够用来说明下述两种情况的价值差异：一种情况是真理被人相信，另一种情况是真理仅仅被认识，没有信或不信的事情。换句话来说，就此理由而言，第二种情况(也即想象之欣赏的情况)中的细分之别，会与第一种情况和第二种情况中的第二种情形之间的差别一样大。当美的对象碰巧存在时，对于它的单纯认识要优于当美的对象不存在时对于它的认识，如此解释的优越性同样显著地体现在对于

美的对象的知识优于只是对于美的对象的想象的情况中。

119.区别我们讨论的三种情况之价值的两种理由，在我看来，一定要仔细地与我即将追问其有效性的另一个问题区别开来，如果我们要正确地回答后一个问题的话。我要提出的这个问题就是：由对美的对象(这个对象既被相信是真实的又的确是真实的)富有感情的欣赏这一事实构成的整体，其某些价值是否并不来源于“该对象是真实的”这一点？我是在问，这一整体作为整体的价值，是否并不大于那些与其不同——这种不同或是由于没有某种信念(无论其是否为真)，或是由于虽具有某种信念，但信念缺乏真实性——的整体的价值？我们问的既不是，这一整体是否作为手段并不优于其它整体(作为手段它的确优于它们)，也不是，这一整体是否可能并不包括一个更有价值的部分，也即所讨论的对象的存在。我的问题仅仅是，其对象的存在是否并不使该整体的价值
246 有所增加，而这种增加根本不同于由于该整体确实包含了一个有价值的部分而产生的增加。

如果我们现在抛出这个问题，我不可避免地会认为该问题会有一个确定的回答。我们可以通过孤立法明确地提出这个问题。而这个问题被这样明确地提出，我们必须基于对它的反思判断来得出对它的唯一判定。通过设想这个世界上的一切幻想都不能够达到的彻底恒久的幻想，我们能够防止因考虑作为手段的价值而产生的偏见。我们可以尽情地想象一个人恒久地享受着对于美景的欣赏，与他所倾慕之人的交往，然而其认知的所有对象却都绝对是不真实的。我认为我们应该明确地宣称，仅仅是由这么一个人构成的宇宙的存在，在价值上会大大低于他相信其对象存在，而且

他所相信的对象确实存在的宇宙；而且这样一种低于并不仅仅是因为这一宇宙缺乏那种其存在就在于所讨论的对象的存在的善，而且也是因为他的信念就是错的。如果我们承认，单单是由于这个原因而低，那么，在我看来下一点也是确定的：一个人对于所讨论的美的对象只有想象而没有信念的情况，尽管这些对象确实存在，低于这个人也同时相信其存在的情况。因为，在这里，所有附加的善（这种善在于对象的存在）都出现了的，然而，在这样一种情况与相信其存在的情况之间，在价值上似乎仍然存在着巨大的差异。不过我认为，经过下述的考量，我的结论也许会显得更加令人信服。(1)我并不认为，我们可以给予美的无生命对象的小的价值在量上几乎等于我所感受到的这两种情况的差异：那种当对象真实存在时，（伴随着信念的）对于这种对象的欣赏，与那种当对象并不真实存在时，纯粹出于想象而对它们的欣赏。当对象是一个令人敬慕之人时，这种不对等性就更难确证，因为必定可以赋给他的存在以更大的价值。但是我认为，坚持交互情感（两个对象都有价 247
值，并且也都存在）优于非交互情感（两个对象都有价值，但是其中一个对象并不存在）并不矛盾；这并不仅仅是因为在前者中我们有两个好的事物而不是只有一个好的事物，而且是因为每一个都是另外一个所相信的那个样子。(2)在我看来，在下述情况中可以非常清楚地看到真信念对于价值的贡献。假定一个有价值的被钟爱对象的确存在，并且也被相信的确存在，但这种情况中存在着一个事实错误：被钟爱的特质，尽管非常相似，仍然不同于真实存在的特质。这一事物状态是很容易被想象的，而且我们认为我们不可避免地要宣称，尽管两个人在这里都存在，但是这一状态还是远不

如被钟爱和被相信存在的那个人恰好就是实际存在的那个人那样让人更满意。

120.如果一切皆如是，那么在此第三部分中，我们会在前边两个结论的基础上再增加一个结论：对于对象实在的真信念会大大地增加很多有价值整体的价值。正如我们在(1)和(2)部分中所主张的那样，离开了对于相应对象的认知，审美情感与钟爱的情感只有很小的价值或根本没有价值，而离开了相应情感，对于对象的认识也只有很小的价值或根本没有价值。因此，二者合一的整体所具有的价值要远远大于其部分的价值之和。而根据目前这一部分，如果这一整体加上了对于对象实在的真信念，那么形成的新的整体所具有的价值就要远远大于该信念被单独考虑时所具有的价值加上原来的有机整体之价值的总和。这一新的情况不同于前者的就在于，真信念本身具有的价值，同其它两个因素中任何一个被单独考虑时一样小，而一旦它们三者结合在一起，就似乎形成了一个具有极大价值的整体。但是，其中任何一个加上真信念所形成的两种不同的整体，其情况却并不是这样。

这一部分结论的重要性看来主要在于其两个后果。(1)该结论为巨大内在价值提供了辩护，人们通常是赋予具有真理性的单
248 纯知识以这样的巨大内在价值，而且柏拉图和亚里士多德则明确地将其赋予了某些种类的知识。完美知识与完美之爱的确一直在竞争“理想”之位置。如果这一部分的结论是正确的，那么知识看来的确是最高善的绝对根本性的构成要素，并且极大地增加其价值，尽管知识本身只有很小的价值或并没有价值。而且，看来可以起这种作用的，不仅只有我们所重点考量过的关于被认识到的美

的对象的实在的知识，还有关于真实存在的这一对象的数量的知识，以及关于该对象的存在真正是善的知识。的确，所有这些直接牵涉到美的对象的构成要素的性质的知识，似乎都有能够极大地增加对对象的欣赏的价值，尽管这种知识自身可能根本没有价值。而且(2)这一部分的第二个重要结果就是，真信念的存在尽管在价值上大大低于对其对象的情感和审美，仍有可能同这二者构成一个整体，这个整体的价值相当于或高于那种其情感和审美的价值较高，但是缺少真信念或者只有一个错误信念的整体的价值。以此方式，与那种对于纯属虚构或想象的更高对象的欣赏相比，我们或许可以赋予对于较低的真实对象之欣赏以同等或更高的价值。因而，对于自然和真实的人的恰当的欣赏与那种对于艺术想象物同样恰当的欣赏具有同等性，尽管后者更美。同样地，尽管上帝被认为是比任何实际的人类更完美的对象，但是如果上帝不存在的话，对于上帝之爱可能仍然低于对于人类之爱。

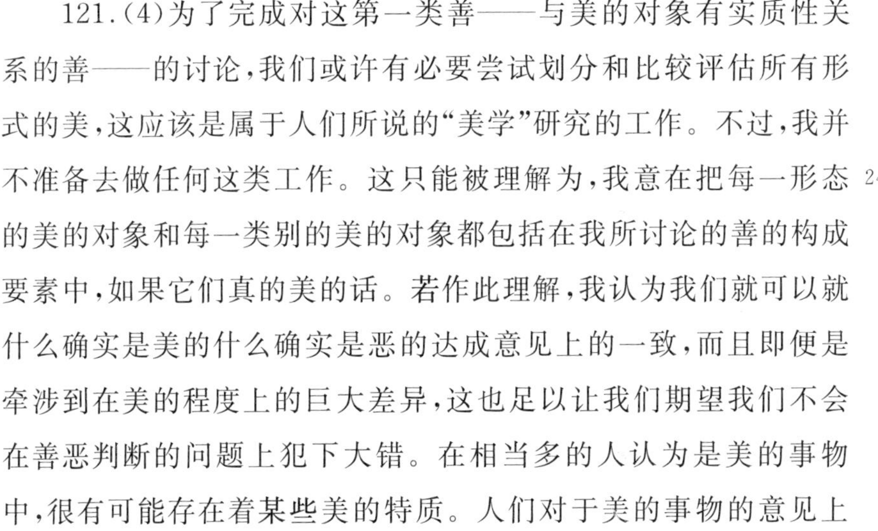

121.(4)为了完成对这第一类善——与美的对象有实质性关系的善——的讨论，我们或许有必要尝试划分和比较评估所有形式的美，这应该是属于人们所说的“美学”研究的工作。不过，我并不准备去做任何这类工作。这只能被理解为，我意在把每一形态 249
的美的对象和每一类别的美的对象都包括在我所讨论的善的构成要素中，如果它们真的美的话。若作此理解，我认为我们就可以就什么确实是美的什么确实是恶的达成意见上的一致，而且即便是牵涉到在美的程度上的巨大差异，这也足以让我们期望我们不会在善恶判断的问题上犯下大错。在相当多的人认为是美的事物中，很有可能存在着某些美的特质。人们对于美的事物的意见上

的分歧可能更多地经常是由于，对于同一对象的不同特质，不同的人会有其特有的不同关注，而不是由于犯下了把一个恶的特质看成是美的特质这样的实际的错误。当某些人认为一个对象是美的而另外一些人否认时，实际情况往往是，该对象缺少某些美的特质，或者它被某些丑的特质损坏了，而这恰好是其批评者所格外关注的。

不过，我可能需要表达两条一般原则。这两个原则与本章的结论密切相关，认识这两个原则对于研究什么是真正美的事物异常重要。第一条原则就是(1)美的定义，说一个事物是真正美的意味着什么。和涉及善时一样，在涉及美时人们通常也会犯下自然主义的谬误：自然主义在美学中所引起的错误和其在伦理学中所引起的错误一样多。人们甚至更经常地认为美或许可以被定义为对我们的情感产生某种效果的东西。随此而来的结论经常被引出：趣味判断仅仅是主观的，同一事物可根据环境的不同既可以是美的，也可以是不美的。本章的诸结论则建议这样一个美的定义，这个定义可以部分地解释并且完全地消除导致这一错误的困难。很有可能美应该被定义为这样的事物，对它的赞美欣赏本身就是善的。也就是说，断定一个事物是美的，也就是断定对这一事物的
250 认识是我们所讨论的具有内在价值的整体的一个实质要素；因此，它是否真正美的问题依赖于所讨论的整体是否真正善这一客观问题，而不依赖于它是否在特定的人身上激起了特定的情感的问题。这一定义有双重的推荐理由：它既说明了善与美之间的显明联系，又说明了这两个概念之间不那么显明的差异。乍看起来，这似乎是一个不可思议的巧合：价值存在着两种不同的客观属性，“善”和

“美”，但它们又相互关联着，美的事物同时也是善的。但是，如果我们的定义是正确的，那么这种不可思议就会消失。因为它只留下了一个不可分析的价值的属性，即“善”，而“美”尽管不能等同于“善”，却是参照“善”而被定义。因是之故，它既区别于又关联于“善”。简而言之，依照这个观点，说一个事物是美的，是说它确实不是自身是善的，而是构成一个善的事物的必要要素。要证明一个事物真的是美的，就是要证明，这个事物作为部分与之有一种特殊关系的整体是真正善的。按照这样一种方法，我们就可以解释，在通常被认为是美的事物中，外感官的物质对象何以具有巨大的优势。因为这些对象尽管如我们所说只具有很小的内在价值或者完全没有内在价值，但却是具有内在价值的最大的整体的一个实质构成要素。这些整体自身也可能并且的确也是美的，但是我们将其当作欣赏对象的时候却相对稀有，这似乎足以充分解释为什么美与外在对象相关联。

第二条原则是(2)可以看到，大多数美的对象本身都是有机统一体。在这个意义上，它们是极为复杂的整体，因此，对其任何一个部分的欣赏其自身可能并没有价值，不过，除非对于整体的欣赏同时也包括了对于那些部分的欣赏，否则同样会没有价值。基于这一点，可以得出结论说，不可能有单一的美的标准。说“这个对 251
象是美的，仅仅是因为这个特征出现了”，或者说“在这个特征出现的地方，该对象就一定是美的”，这样的说法永远都不可能是对的。真实情况只能是，某些对象是美的，是因为这些对象在下述意义上具有某些特征：除非它们具有这些特征，否则它们就是不美的。也许可能会发现，某些特征多多少少普遍存在于所有美的对象中，并

且在这个意义上，多多少少成为美的重要条件。但是重要的是要注意，正是那些使得一个美的对象区别于所有其它美的对象的特质，一如那些它与其它对象共同的特质一样，对于其美是必不可少的——如果该对象是真正美的话。一个对象丧失其特有的特质，要比其丧失共有的特质更会丧失其美；而共有的特质凭其自身不能完全地提供美，就像特有的特质不能那样。

122.二，应当还记得，在我开始考察这种纯粹的大善时，我们把所有我们所知道的最大善区分成两类，一类是审美享受，另一类是与他人交往的快乐和对个人的钟爱的快乐。我推迟了对后者的考察，因为后者显得格外复杂。至于这种格外的复杂是什么，现在就会明了了。在讨论真信念对于价值的贡献时，我已经不得不考虑它了。这一复杂在于，在个人的钟爱这种情况中，对象本身不仅仅是美的(同时只具有很小的内在价值或没有内在价值)，而且其本身起码部分地具有巨大的内在价值。我们已经发现的对于最有价值的审美享受来说所必需的所有构成要素，即合适的情感、对于真正的美的特质的认识，以及真信念，在这里是同等必要的；但是在这里，我们有了另外一个事实，即对象不仅要真的是美的，还要在很大程度上真的是善的。

很明显，只有当个人钟爱的对象包括了所钟爱的人的某些精神特质的时候，才会出现这种格外的复杂。而且我认为，或许我们
252 可以承认，在这种钟爱最有价值的地方，对这种精神特质的欣赏就必定构成钟爱的很大的一个部分，这一部分的出现使得整体要比它没有出现时更有价值。但是这一欣赏凭其自身是否能够具有的它在其中与对所讨论的精神特质的恰当的有形表达的欣赏结合在

一起的整体所具有的价值,这一点非常可疑。可以确定,在所有实际的有价值的钟爱情形中,身体对特征的表达,无论是见之于仪表,见之于言辞,还是见之于行为,的确都构成了所钟爱的对象的一部分,而且包含了这些表达的事实看来增加了整体状态的价值。的确,如果不伴之以任何有形的表达,很难想象单是精神特质本身会是什么样子;而且,就我们所能够成功地做出的这种抽象而言,所考虑的整体当然没有什么价值。我因而得出结论说,可赞美的精神特质的可赞美性主要是由于这种赞美所属的整体胜过不具有这种赞美的整体,而不在于这种精神特质本身所具有的任何巨大的内在价值。这种精神价值所具有的价值是否与仅对有形美的鉴赏确实具有的价值一样大,也即对具有极大内在价值的东西的欣赏是否与对纯粹的美的东西的鉴赏一样有价值,这一点甚至都是可疑的。

不过,如果我们进一步考量可赞美的精神特质本身的性质,就可以看出,对其恰当的鉴赏就会以另外一种方式涉及到对于纯粹物质之美的参照。如果我们前边的结论是正确的,那么,可赞美的精神特质确实很大程度上在于对于美的对象的有情感的欣赏。因此,对于它们的鉴赏根本上会在于对于这种欣赏之欣赏。对于人的大部分有价值的鉴赏似乎就在于对他们对别人的鉴赏之鉴赏,这一点是对的。但是即便是在这里,也涉及对物质之美的参照,这不但是就上一例子中被欣赏的东西也许是对纯粹美的东西的欣赏
而言,而且是就对人的大部分有价值的欣赏似乎包括对其有形表 253
达的欣赏而言。因此,尽管我们承认,欣赏一个人对另一个人的态度,或者比如说对于爱之爱,是我们所知道的最有价值的善,不过,

只有在把前者首先理解为在不同程度上直接**包括**后者时，我们才可以承认这一点。

对于精神特质的认识对人类交往的价值是必不可少的。精神特质是什么？很明显，它们首先包括所有形式的审美欣赏，这些审美欣赏构成了我们第一类的善。因而，它们包括了分别适用于各种不同美的各种各样不同的情感。不过我们马上还要加上适用于不同人的整个情感，它不同于适用于单纯的有形之美的情感。同时还需要记住，这类情感自身没有什么价值，而且它们处于其中的心理状态的价值有可能大大增加，或完全丧失并在很大程度上完全变成恶，端视伴随着这种情感的认识的恰当与否而定；同样，尽管对于这类情感的欣赏本身具有某些价值，但这一欣赏仍然有可能构成具有更大价值或者根本没有价值的整体的一个部分，端视它是否伴随着知觉到了情感与对象是相应的而定。因此很明显，对于什么是人类交往价值的研究是一种具有巨大复杂性的研究。许多的人类交往可能只有很小的价值或者完全没有价值，甚或者彻底为恶。不过在这里，和讨论什么是美的问题一样，似乎没有理由怀疑反思判断会主要正确地判定什么是积极的善，甚至判定这些不同的善在价值上存在着什么巨大的差异。特别地，或许应该指出，对于情感的欣赏对于极大价值来说是必不可少的，而情感本身也适切地由这样一种欣赏所激发，因而，情感在钟爱的名义下似乎通常也都获得了极高的评价。

254 123. 目前为止我完成了对于巨大积极善的性质的考察，在其构成要素中似乎并不包括任何积极地恶或积极地丑的东西，尽管它们包括了一些其本身无关紧要的东西。关于至善的本性，或者

说关于我们能够想象到的最为完美的事物状态的本性，我希望能够指出一些随之而来的结论。那些理想主义的哲学家，他们的观点与这里所主张的大部分观点是相近的，他们也不认为快乐是唯一的善，并且也认为彻底的善具有某种复杂性，他们通常主张纯粹的精神状态的存在才是"理想"。他们认为，物质即便不是积极的恶，那也起码是本质上不完美的，因而得出结论说，完全没有任何物质属性是成为完美状态的一个必要条件。按照这里所说，就其断定任何大善都必须是**精神的**，以及断定纯粹的物质存在自身只有很小的价值或者完全没有价值而言，他们可能是正确的。精神之于物质的优越性，在一定意义上已经得到了充分的证明。但是也并不能够由此得出结论说，基于这样一种优越性，事物的完美状态就只能够有一种，所有的物质属性都应该从其中彻底剔除出去。相反，如果我们的结论是正确的，情况似乎应该是，包括了物质属性的事物的状态应该大大地优越于可想象的任何缺失这些属性的状态。要想知道何以如此，必须考虑的重要的事情是，当我们宣称对于艺术和自然中的美的欣赏是善时，我们称之为善的究竟是什么？这种欣赏就是善的，讨论该问题的哲学家大都不否认这一点。但是，如果我们承认了这一点，那我们就应该记住巴特勒的格言：万物皆是其所是，非其所非。我一直试图表明，并且认为如下一点非常明显，毋须争议：这种欣赏是一种有机统一体，是一个复杂的整体。就其最无疑义的情况而言，包含在这一整体中的部分是对**于物质属性的认识**，而且特别地是对大量的我们称作**第二性质**的认识。因此，如果我们知道是善的是这一整体，不是另外一个事物，那么我们就知道，物质属性，尽管其本身完全没有价值，却仍然 255

225

是远不是没有价值的东西的构成成分。我们所知道的有价值的东西恰是对这些属性的把握，而不是对其它任何东西的把握。而且，如果我们想要将其从中抽离，那么我们所留下的就不是我们所知道的有价值的那个东西，而是别的什么东西。而且一定要注意到，这一结论主张，关于这些属性存在的真信念增加了它所包含于其中的整体的价值，尽管我个人同意这一主张，不过该主张还是有争议的。的确，我们因而能够断定，物质世界的**存在**对于完美来说完全是无关紧要的；但是我们所知为善的东西是对于**物质属性**（尽管纯粹是想象）的认识，这一事实依然有效。因而，为避免自相矛盾计，为避免主张事物非其所是，而是其所非计，我们必须承认，完全排除了物质属性的世界，将是一个缺少了许多（如果不是全部）我们所知道的绝对肯定是大善的事物的世界。我已经承认，这样一个世界**有可能**远比保有这些善的世界要好（第 111 节（1））。但是为了表明任何一个这样的世界会因而是更好的，就有必要表明，这些事物（尽管它们本身是善的）的保留，在不同程度上损害了它们可能所属于的整体的价值。然而一直没有人来尝试进行这样一种证明。只有做到了这一点，我们才能够断定，物质属性是理想的一个必要构成成分，才能够断定，尽管某种完全不知道的东西**或许**要比任何或者包括了它们或者包括了我们知道的任何其它善的世界要更好，我们也没有理由假定无论任何一种事物都一定要比包括了这些属性的事物状态更好。否定和排除物质，就是否定和排除我们所知道的最好的东西。一个事物失去了其某些属性，却可能仍保留其价值，这完全是不正确的。完全正确的是，改变后的事物也许比失去了这些属性的事物价值更高或价值相当。我所主张的是，我们所知道的是善的并且不包括物质属性的事物，没有一个具有如此巨大的价值，我们能够宣称它凭自身就优于由其自身加上 256
对于物质特质的欣赏所构成的整体。纯粹精神的善也许是单一事物中最好的，对于这一点我并无争议，尽管在谈论钟爱的性质时，我已经给出了怀疑这一点的理由。不过将对某些物质特质的欣赏——这种欣赏尽管自身也是较低的，但却肯定是巨大的积极的善——加到精神的善上，我们一定会获得一个更大的价值总量，这一总量不会相应地减少总体的价值，它作为总体是可以平衡的。对于这一点，我认为，我们当然没有理由去怀疑。

124. 为了完成涉及判定内在价值的主要原则的讨论，仍需加以处理的主要话题有二。第一个是大的内在恶（包括我所说的混合的恶）的性质，也就是说，这样一些作为整体的恶，其根本成分还包括了一些确定地是善的或确定地是美的东西。第二个是我相仿地将之称为混合的善的性质，也就是说，这样一些善，它们尽管作为整体内在地是善的，但其根本成分还包括了一些确定地是恶的或确定地是丑陋的东西。如果我始终用术语“美的”和“丑的”，并不必然地去指那种最自然地在什么是美的和什么是丑的事例中所发生的事物，而只对应于我自己所提出的美的定义，那么这样一种理解将会极大地有利于我们的讨论。因此，我将用“美的”一词来指涉对其赞美地欣赏本身为善的东西，用“丑的”一词来指涉对其赞美地欣赏本身为恶的东西。

Ⅰ. 那么，关于积极的大恶，我认为很明显，如果我们采取了所有恰当的措施发现了这类事物到底是什么，而且，如果它们是绝对自身存在的话，我们就会判定这种存在是一个大恶，我们将会发

现，其大部分都是一个有机的整体，其性质与最大的积极的善是一样的。也就是说，它们被认为是对伴有某种情感的某些对象的认识。正如认知和情感自身都不能够是极大的善一样，认知和情感
257 自身(有一例外)同样也不能够成为大恶。正如由二者形成的整体，即便是未附加任何其它因素，毫无疑问能够成为大善一样，这样形成的整体**自身**也能够成为大恶。至于所讨论到的能够大大增加善的价值的**第三种**因素即**真信念**，它看来与不同种类的恶有不同的关系。在有些情况中，将真信念加诸于一个积极的恶似乎构成了一个更为糟糕的恶，但是在另外一些情况中却没有任何明显的差异。

最大的积极的恶也许可以被划分为如下三类。

125.(1)第一类是这样一种恶，它似乎总是包括了对本身是恶的或丑的事物的享受或赞美地欣赏。也就是说，这些恶恰恰包括了对于最大的非混合的善来说也是根本的**那种情感**，它们的区别只是在于这一情感被指向不合适的对象。由于这种情感自身是微小的善或微小的美的对象，因而这些恶就是我所说的“混合的”恶。不过我已经说过，一种完全与对象孤立开来的情感，其本身是否有价值或美，这一点还非常可疑，因此它自身肯定不会具有很大的价值或美。不过，重要的是要注意，正是通常被宽泛地谈及的作为最大的或唯一的善的情感，可能恰好成为这一最坏的整体的根本构成成分。也就是说，按照与之伴随的认知的性质，这种情感可能或者成为最大善的条件，或者成为最大恶的条件。

为了说明这类恶的性质，我可以举两个例子——残忍与淫乱。这二者都是大的内在的恶。我想通过想象一个满脑子都是这类最

坏形式的情感的人，我们可以很容易地确定这一点。如果存在一个只有关注它们的心灵所组成的世界，其中除了对于这两种情感的对象的意识之外，绝对不能够期望还存在着对于任何其它对象的可能意识，或者对于其它对象的任何情感，那么我们考虑一下我 258
们会对这样一个世界发表什么样的判断，我想我们会不可避免地得出结论说，这样一个世界的存在远比它不存在还要坏。不过，如果真的是这样，随之而来的结论就是，这两种邪恶的状态就会像通常所认为的那样不仅作为手段是恶的，而且自身也是恶的。而且，在它们的本性中也涉及到要素的复杂性，我将这些要素称之为对恶的或丑的事物的爱，我认为，这一点也是很清楚的。至于肉体欲望之快乐，对其认识的性质（它们要由这一认识的出现而被定义）分析起来有些困难。不过，看起来这一认识包括了对器官感觉的认识和对身体状态的知觉，其中的享受确实自身就是恶的。就这些而言，淫乱本质上毫无疑问包括对于丑的事物的赞美地欣赏。当然其最常见的一种成分，就其最坏的形式而言，是对他人同样的心灵状态的享受，在这种情况下，它也包括了对恶的东西的爱。至于残忍，不难看出，欣赏他人之痛苦是其根本的要素；而且就像我们要看到的那样，当我们考虑痛苦的时候，残忍确实是对恶的爱；就像它也包括了对身体痛苦的迹象的享受那样，它无疑也包括了对于丑的东西的热爱。在这两种情况中，都应该注意到，事态的恶不仅随着对象的恶或丑的增强，而且随着欣赏的增强而增加。

也许有人会反对说，在残忍的情况中，即使是在设想的孤立的情况下，即没有考虑其作为手段的恶会影响到我们的情况下，我们对于这种行为的不赞成可能仍还是真的指向人们的痛苦，残忍将

其当作快乐来加以欣赏的别人的痛苦。首先，需要指出，这种反对完全不能够解释，我认为任何人经过反思都不可避免地会做出一个判断：即便是被欣赏的痛苦的量相当，仍然是欣赏中快乐的成分越大，事物的状态就越坏。对于上述反对意见，我认为还可以通过注意到这样一个事实来加以反对，这一事实我们不能够通过考虑
259 与善有关的类似可能性来主张的，这种可能性就是，我们之所以给对于一个真实的人的钟爱以更多价值，是因为我们考虑到了因这个人的存在而增加的善。在残忍的例子中，我认为我们应该主张，不管对于痛苦的欣赏是真的存在还是纯粹是想象性的，其内在的恶性都是一样地大。在这个例子中，起码我不能够区分真信念的存在是否真的能够使所考虑的整体的内在价值有所差异，尽管其作为手段毫无疑问可能会使其价值产生巨大的差异。这个结论也适用于这一类的其它恶：我看不出关于这些恶的对象存在的真信念使这些恶的确定的缺点有什么程度的差异。另一方面，其它信念类别的存在似乎倒是造成了巨大的差异。当我们享受恶或丑的事物时，尽管我们知道它是这个样子的，但与我们对于对象的价值不做任何判断相比，事情的状态要坏得多。非常奇怪的是，在我们对于事物的价值做出了一个错误判断的情况中，事情似乎依然是这样。当我们赞赏一个恶的或丑的事物，相信它是善的或美的事物时，这种信念似乎同样增加了我们所处情况的内在恶性。当然，必须明白，在这两种情况中，所讨论到的判断都仅仅是我所说的趣味判断。也就是说，它关注的是实际认识到的特质的价值，而不是对象的价值，不管人们对于这些特质的归属是正确的还是错误的。

最后还要提一下，除了与大的非混合的善共享的情感要素(即

欣赏与赞美)外,这一类的恶似乎总是还包括某种特殊的情感,这种特殊情感并不以同样的方式进入到任何善的构成中。这种特殊情感的出现似乎确实增加了整体的恶性,尽管其本身并不明显地就是恶或丑。

126.(2)第二类的大恶毫无疑问是混合的恶。不过我会随后再处理它们,因为,从某一个方面看,它们似乎是前边所考虑到的那类恶的反面。正如前面的一类必需包括一种情感,这种情感与对于善或美的事物的认知是相合的,只不过指向了一不合适的对象;同样,这第二类则必需包括对于善或美的事物的认知,不过是 260
伴随着一种不合适的情感。简而言之,正像前面一类可能会被描述为对于恶或丑的事物的爱的情况那样,这一类可能会被描述为对于善或美的事物恨的情况。

关于这些恶,应该注意到:第一,憎恨、忌妒、蔑视这些恶,在它们自身就是恶的地方,显得就是前面一类的恶的不同例子;它们经常被第一类的恶所伴随。例如,以一个好人的痛苦为快乐。在有这样的伴随的地方,因此而形成的整体毫无疑问要比其单个存在更坏。

第二,在上述情况中,对于善或美的对象(它是被仇恨的)存在的真信念,似乎确实增加了它处于其中的整体的恶性。毫无疑问,就像在第一类恶中那样,在第二类恶中,对于被欣赏的对象的价值的真信念的出现,同样增加了恶。但是与第一类的情况相反,对于价值的错误判断似乎会减轻恶。

127.(3)第三类大的积极的恶似乎是各种痛苦。

关于这一类,首先要强调,就像快乐的情形那样,我们的价值判断不是针对痛苦本身，而只是针对痛苦的意识做出的。就像第三章中所说，不管快乐本身多么强烈，只要没有人感受到它，它就完全不是善的。同样，不管痛苦多么强烈，只要没有人意识到它，它就完全不是恶的。

因而，只有对于强烈痛苦的意识，才能够被认为是一个大恶。但是我不可避免地会认为，其自身也可能是大恶。痛苦的情形因而似乎不同于快乐的情形，因为对于快乐的意识，不管多么强烈，其自身似乎不可能就是大善，即便它有那么一丁点儿内在价值。简而言之，相比快乐是善，痛苦（如果我们将其理解为对于痛苦的意
261 识）似乎是恶的程度更大。不过，如果情况是这样，那么就应该承认，痛苦是一条规则的一个例外，这条规则似乎对所有其它大恶和所有大善都是有效的。也就是说，它们全都是有机统一体，对于这个有机统一体来说，对于一个对象的认识和对于这一对象的某种情感都是必不可少的。在痛苦的情况中，而且也仅仅就痛苦而言，如下这一点似乎是对的：单单是认识本身就可能是大恶。痛苦的确是一个有机统一体，因为它既包括了认知也包括了对象，这二者任何一个都既非优点也非缺陷。但是与任何其它大恶和任何大善相比，它是一个不那么复杂的有机统一体。一方面，除了认知，它不包括一个指向对象的情感，另一方面，对象在这里可能也是绝对简单的，而在大部分，如果不是所有其它情况中，对象本身是高度复杂的。

痛苦与内在恶的关系和快乐与内在善的关系在类比上的这种不对等似乎也体现在第二个方面。情况不仅是，对于强烈痛苦的意识本身就是一个大恶，而对于强烈快乐的意识本身不是一个大

善，而且是，当它们分别与另一个大恶或另一个大善混合时，它们对于所构成的整体的价值的贡献也呈现出相反的差异。也就是说，快乐的出现的确显得（尽管不是相称于其强度地）增加了它在其中与我们已经考察过的任何非混合的大善结合在一起的整体的价值。甚至可以主张，它是唯一的具有极大价值的包含了某些快乐的整体。可以肯定的是，在所有情况中，快乐的出现都以大大超出其自身内在价值的方式对善总体的价值做出了贡献。另一方面，如果一个痛苦的感受与我们已经考察过的任何恶的心理状态结合在一起，因其出现而使整体作为整体的价值产生的差异似乎是更好而不是更糟。无论如何，只有它所引入的增加的恶才是它自身内在地构成的恶。因而，尽管痛苦本身是一个大恶，但是除了它自身内在的恶，它并没有增加它在其中与其它恶的事物结合在一起的整体的恶。快乐则相反，尽管其本身不是一个大善，但却大 262
大增加了它在其中与其它善的事物结合一起的整体的善——除了其自身的内在价值。

128. 不过最后，我们会主张快乐和痛苦在这样一点上是完全类似的：我们既不能认为快乐的出现总是使事物的状态从整体上看更好，也不能主张痛苦的出现总是使事物状态从整体上看更糟。这是关于快乐与痛苦的一条极易为人们所忽略的真理。而且由于这是真的，因此认为快乐是唯一的善而痛苦是唯一的恶，这样一种常见的理论会导致极大的误判价值的后果。对于某种状态的快乐不仅不相称于其内在价值，甚至还确实地增加了其恶性。我们并不认为一个恶棍的恨成功了，由于他从中获得了真正的快乐，所以卑劣与可憎会减少。而且，除了对快乐抱有不明智的偏见性支持

外，我们在逻辑上也完全没有理由这样认为。事实上，情况可能是，每当快乐被加诸我们上面说两类恶的任意一种的状态上时，由此而形成的整体就总是要比没有快乐出现时的情况更坏。同样地，痛苦也是这样。如果痛苦被加诸我们上面说的两类恶的任意一种的状态上，那么，由此而形成的总体作为总体就总是要比没有痛苦出现时更好；尽管在这里，如果痛苦过于强烈的话，事物的状态从整体上看或许没有变得更好，因为过于强烈的痛苦是极大的恶。报复性惩罚的理论因此而得到证明。对一个心理状态为恶的人施加痛苦，如果痛苦并不那么强烈，那么由此而创造的事物状态从整体上卡要好于恶的心理状态不受惩罚地存在的状态。至于这样一种事物状态是否构成了一种积极的善，这则是另外一个问题。

129. Ⅱ. 对于这一另外问题的考察正好属于第二个主题，即前边保留着没有讨论的“混合”善的主题。前边将“混合的”善定义为这样一种事物，尽管其作为整体是确定的善，不过其根本要素却包含了某些内在恶或内在丑。毫无疑问，显然存在这样的善。但是为了能够对之进行确切的考察，有必要考虑一种新的区分，这种
263 区分被表达为一个事物“作为一个整体”所具有的价值，和一个事物“从整体上看”具有的价值。

当“混合”善被定义为事物作为整体具有的价值时，这一表达是含混不清的。它意味着事物整体上确定是善的；但是这里需要注意，一个事物整体上具有的价值可能相当于它作为一个整体具有的价值，加上也许属于其不同部分的内在价值的总和。事实上，“一个事物作为一个整体拥有的价值”，这一表达可能意味着两个完全不同的事物。它可能意味着(1)只是从两个或更多的事物的

结合中产生的价值；或者(2)是通过将某些可能属于被结合事物的某些内在价值加诸于(1)而形成的总价值。只要考察一下我们所说的报复性惩罚的例子，也许就能容易看出这种区分的意义来。如果两种恶的结合存在要比恶的单一的存在构成的恶更小这一点是真的，那就很明显，这只能是因为，从这样的结合中产生了一种积极的善，而这种善要大于两种恶的总和与任意单独一种恶之差。这样，这种积极的善就是第一种意义上的**作为一个整体**的整体的价值。可是，如果这一价值之善没有大到与仍是恶的两恶之和，那么很明显，整体事物状态的价值就是一个积极的恶；而这个价值也就是第二种意义上的**作为一个整体**的整体的价值。不管对报复性惩罚的特定情况采取什么观点，很明显我们这里有**两种不同的事物**，而对其中任何一个事物都可以就其有机统一的情况分别提出一个问题。这两种事物的前一个也许可以被表达为**整个事物**的价值与其部分的价值之和之间的**差异**。非常明显，当其各个部分具有很小的内在价值或者完全没有内在价值的时候(就像我们在第114 节，第 115 节所讨论到的第一类善)，这一差异就几乎或绝对地等同于整个事物的价值。因此，只有在整体或者整体的一个或多个部分具有巨大的(不管是积极的还是消极的)内在价值时，这种区别才显得重要。第一种情况，即一整体的一个部分具有巨大的积极的价值的情况，可以以第二类和第三类大的非混合善为例 264
(第 120 节，第 122 节)；与此相似，最高善是其**诸多**部分具有巨大的积极价值的一个整体。可以注意到，这样一些情况也是审美判断最常见的最为重要的对象；因为“古典派”风格和“浪漫派”风格的根本不同，就在于前者致力于获得第一种意义上的作为一个整

体的整体的最大可能的价值，而后者则牺牲这一点以获得某些部分的最大可能的价值，而该部分本身就是一个有机统一体。因而我们不能宣称哪一风格必定要好一些，因为以其中任何一种方法都可能获得从整体上看的，或第二种意义上的“作为一个整体”的同等的善结果；然而特殊的审美气质的特征则似乎是倾向通过古典派方法获得的善结果，而不是通过浪漫派方法获得的同等的善结果。

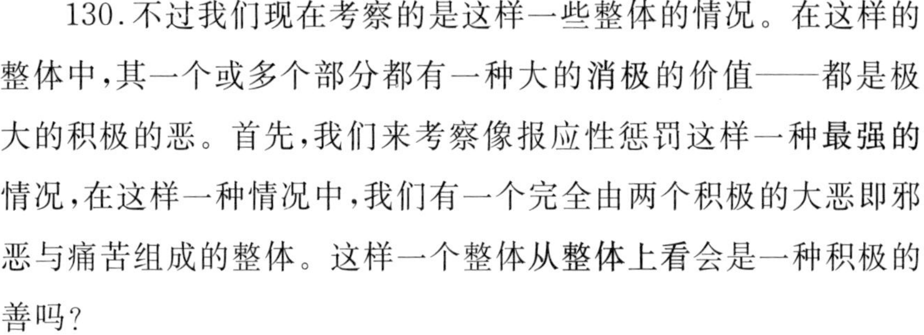

130.不过我们现在考察的是这样一些整体的情况。在这样的整体中，其一个或多个部分都有一种大的消极的价值——都是极大的积极的恶。首先，我们来考察像报应性惩罚这样一种最强的情况，在这样一种情况中，我们有一个完全由两个积极的大恶即邪恶与痛苦组成的整体。这样一个整体从整体上看会是一种积极的善吗？

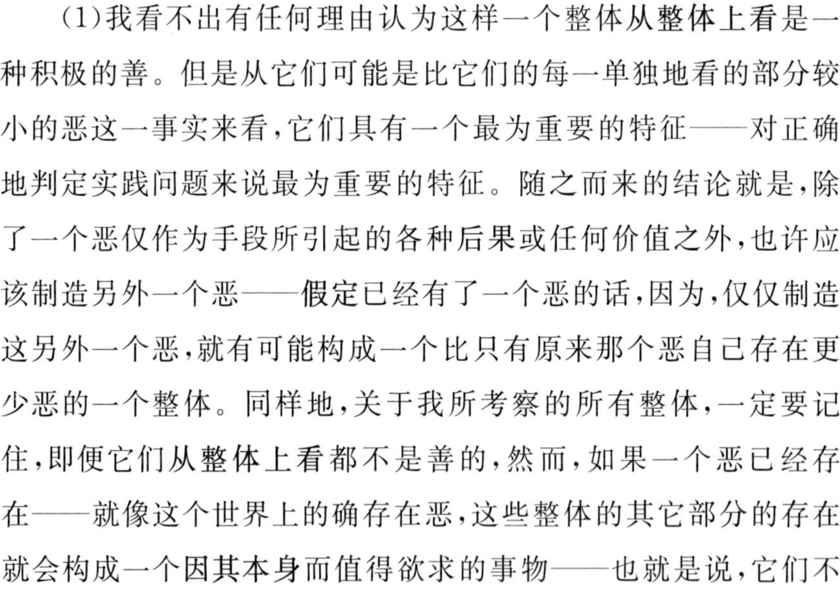

(1)我看不出有任何理由认为这样一个整体从整体上看是一种积极的善。但是从它们可能是比它们的每一单独地看的部分较小的恶这一事实来看，它们具有一个最为重要的特征——对正确地判定实践问题来说最为重要的特征。随之而来的结论就是，除了一个恶仅作为手段所引起的各种后果或任何价值之外，也许应该制造另外一个恶——假定已经有了一个恶的话，因为，仅仅制造这另外一个恶，就有可能构成一个比只有原来那个恶自己存在更少恶的一个整体。同样地，关于我所考察的所有整体，一定要记住，即便它们从整体上看都不是善的，然而，如果一个恶已经存在——就像这个世界上的确存在恶，这些整体的其它部分的存在就会构成一个因其本身而值得欲求的事物——也就是说，它们不

仅仅是未来善的一个手段，而且是一个目的，在评价什么是最可能好的事物的状态的时候必须将其考虑进去的目的，相对于它们而 265 言，每一个正当的行为都一定是一个手段。

131.(2)不过，事实上，我不可避免地认为，存在着这样一些整体，它们包括了一些确定是恶与丑的事物，而其在整体上却又是极大的积极的善。的确，那些包含了内在善的事物的德性的情况看来就主要属于这一类。当然，无须否认，在德性性情中，有时会多多少少包含一些我们最先讨论过的纯粹的善——也就是说，对善或美的事物的真正的爱。不过最具典型特征的德性性情，就其并不仅仅是手段而言，其更好的例子似乎是混合善。我们可以举两个例子：(a)勇气和同情。它们似乎属于我们在上一章(第107节)中所区分的二类德性中的第二类；(b)特殊的“道德”情感。参照这一类道德情感我们定义了上述三类德性中的第三类(第108节)。

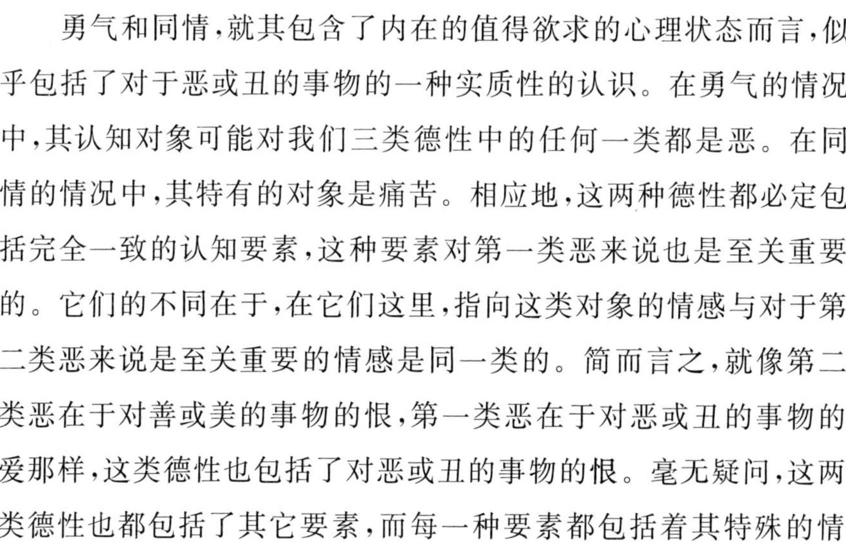

勇气和同情，就其包含了内在的值得欲求的心理状态而言，似乎包括了对于恶或丑的事物的一种实质性的认识。在勇气的情况中，其认知对象可能对我们三类德性中的任何一类都是恶。在同情的情况中，其特有的对象是痛苦。相应地，这两种德性都必定包括完全一致的认知要素，这种要素对第一类恶来说也是至关重要的。它们的不同在于，在它们这里，指向这类对象的情感与对于第二类恶来说是至关重要的情感是同一类的。简而言之，就像第二类恶在于对善或美的事物的恨，第一类恶在于对恶或丑的事物的爱那样，这类德性也包括了对恶或丑的事物的恨。毫无疑问，这两类德性也都包括了其它要素，而每一种要素都包括着其特殊的情

感；不过，通过考虑我们会怎样评价对内在是善或美的对象的忍耐态度或蔑视态度，以及会怎样评价一个心中充满了对值得赞美的幸福心的怜悯的人的状态，就能很自然地就可以确定它们的价值并不仅仅依赖于这些其它要素。但是对于他人不该遭受的痛苦所
266 表示的怜悯，对于我们自己痛苦的忍耐，以及对于我们自己或他人的邪恶性情的蔑视性憎恨，看起来毫无疑问本身就是值得赞美的。这样一来，如果缺乏对于恶的认知的话，有一些值得赞美的事物就可能会失去。

同样地，对于特殊的"道德"情感来说，在所有它具有很多内在价值的情况中，似乎也都包含了对第一类和第二类恶的一种恨。在这里，情感是由行为对错的观念所激发，这是正确的。因而，激发它的观念对象一般来说并不是一种内在恶。不过，就我所能注意到的情况而言，一个有良心的人在观察真实或想象的正当行为时所具有的感情，包含了他在观察或想象错误行为时也有的同样的情感，而这是观察正当行为时的情感的根本性要素。的确，这一要素是其情感成为特殊的**道德**的情感所必需的。而且由一种错误的行为的观念所激发的特别的道德情感，在我看来，从根本上多多少少包括了对某种内在恶的模糊认识，而这种内在恶通常都是由错误的行为引起的，无论它们是否是由所讨论的特殊的行为引起的。事实上，就其主要特征而言，我并不能够区别那种由正当观念或错误的观念所激发的强烈的道德情感，和由对某种内在恶的东西的认知和指向这种恶的憎恨情绪一起构成的总体状态。毋需吃惊，如果我们对通常被视为责任的那类行为的本性进行反思，那么，这一心理状态一定会主要是与正当观念关联在一起的。我们

通常视为责任的绝大部分行为通常都是**消极的**：我们感到是责任的，就是要**避免**强烈的自然冲动诱使我们去做的行为。而且这些错误行为——责任就在于避免它们——通常是立刻会对他人产生坏的痛苦结果的行为；而在许多突出的事例中，促使我们去做这些行为的倾向自身就是一种内在恶，这种恶（例如好色与残忍的冲动）包括着对于享受某些恶或丑的事物的预期。正当的行为因而经常包括了对某些恶的冲动的抑制，而这是解释人们认为德性就 267
在于理性对欲望的控制的观点之所以合理所必需的。相应地，真实的似乎是，每当一种强烈的道德情感是由正当观念激发的时候，这种情感总是伴随着对于恶的模糊认识，而那些通常使我们想起的作为责任的行为，常常就是对于这样一种恶的抑制或回避；而且这种道德情感指向的就是这一恶的特质。我们因而可以得出结论说，特殊的道德情感所有的内在价值就在于，它包括了一种伴随着对于恶的憎恨的对于恶的认知。单纯的正当性，无论是真实地还是不真实地归于某种行为，似乎都不足以构成将成为某种大善的情感的欣赏对象。

132.如果情况是这样的话，那么在许多突出的德性事例中，我们就会看到一个整体的一些情形，尽管这个整体自身是极大的善，但是其中还是包含了对于某些事物的认知，而这些事物的存在必定是一大恶。大善的价值绝对地依赖于它所包含的某些恶的或丑的事物，尽管其价值并不**单一地**依赖于包含于其中的这一要素。而且，在德性的事例中，这一恶的对象通常确实存在。但是似乎没有理由认为，当它确实存在时，因此构成的事物的整体状态从整体上看就是更好的。看起来无可置疑的仅仅是，对于对象的欣赏感

受，如果对象的存在是大恶或大丑时，对于有价值的整体来说是至关重要的。关于这一点，我们还有另外一个无可置疑的例子，那就是悲剧欣赏。但是在悲剧中，李尔王的遭遇和伊阿古的邪恶可能纯粹是想象。似乎可以确定的是，如果它们真的存在，因此而存在的恶一定会损害那种在于恰当地感受它们的善，所以，它们给那个善增加的积极的价值将不会大到足以抵消恶导致的这种损失。的确，似乎认为这种混合善的对象存在的真信念的存在确实会给它在其中与这些善结合的整体增加一些价值。对于真实苦难的有意识的同情**作为一个整体**，似乎要比同情单纯想象的苦难更好。情况可能就是这样的，尽管包括在实际苦难中的恶使事物的整体状态**从整体上看**是坏的。而且毫无疑问，认为其对象实际存在的错误信念会导致一个比我们的心灵状态是通常被认为的纯粹虚构时

268 更糟的混合善。相应地，我们可以得出结论说，只有**从整体上看**确定是善的混合善才是那种其对象如果存在，那它一定是一种大恶或丑的东西。

133. 这类混合善就在于心灵对恶或丑的事物的恰当态度，它的大部分德性具有不管是什么样的一种内在价值。关于这类混合善，首先需要强调下述三个结论。

(1)似乎没有理由认为，如果对象是一个**实际存在**的自身是恶的事物，其总体状态**从整体上看**竟然是积极的善的。恰当地对待一个真实存在的恶的心理态度当然包括这么一种要素，当它纯粹是想象的时，它就绝对等同于对于同一恶的同样的态度。而这一在两种情况中都是一样的要素，**从整体上看**可能是一个极大的积极的善。但是似乎没有理由怀疑，当恶是**真实**的时，这一真实恶的

量总是足以能够使价值的总和成为负量的。相应地，我们也没有理由主张这样一种悖谬的看法：一个理想的世界必定要存在恶与苦难，以使它能够包括一种善，这种善就是对于它们的合适情感。为了使我们能够同情苦难，苦难就应该存在，为了使我们能够憎恨邪恶，邪恶就应该存在，这并不是一个积极的善。没有理由认为不管是什么样的实际的恶将会被包括在理想中。随之而来的就是，我们不能认为通常为神正论所使用的那种论证是有效的；任何这样的论证都没有能够成功地为这样一个事实做出辩护：现世所包含的许多恶之中，甚至最小的恶也是的确存在的。对于这样的论证，我们至多能够说，当它们诉诸有机统一原则时，它们的诉求原则上是有效的。情况也许是：对于最大善的存在，恶的存在不仅仅作为手段，而且是分析地必需的。但是我们没有理由认为在不管什么样的情况中事情都是这样。

但是(2)却有理由认为，对于纯粹想象的恶或丑的事物的认 269
知，对于理想来说是至关重要的。在这一情况中，证明的责任在其它的方式那里。不能怀疑对于悲剧的欣赏是一个极大的积极的善；而且几乎同样确定的是，同情、勇气和自制的德性包含了这样的善。而且，对于所有这些来说，对可能会是恶的事物的认知，如果这些事物存在，是分析地必需的。在这里，我们有了这样一些事物，它们的存在必定会为任何包含它们的整体添加价值。我们不可能保证，任何整体，它们在其中被忽略掉的整体，作为一个整体将会获得比因忽略它们而失去的价值还大的价值。我们没有理由认为，任何一个不包含它们的整体，从整体上看会和包含它们的整体一样善。它们包含在理想中的情形与包含了物质特质的情形是

一样强的。(上述第123节)除了空洞的可能性,没有什么能够反对在理想中包括这些善。

最后(3)如前所述,除了它们本身具有的,或者仅仅作为手段具有的价值外,这些混合德性还具有很大的实践价值,坚持这一点非常重要。在恶确实存在的地方,就像在这个世界上,它们被认识并被恰当地评价这一事实,构成了这样一个事物状态,这一事物状态**作为一个整体**,甚至拥有比对纯粹想象的恶的所做的同样的评价更大的价值。前边已经说过,**从整体上看**这一事物状态永远不会是确定的善;但是在使其总的价值成为一个负量的恶已经不可避免地存在的地方,获得**作为一个整体**的内在价值,显然会造成一个比恶单独存在要好的事物状态,这个恶完全不同于其中等同于对想象的恶的欣赏的善的要素,也不同于这个恶的存在可能带来的后果。这里的情况与报应性惩罚一样。如果恶已经存在,就应该依其性质,要么怜悯,要么憎恨,要么忍受,就跟某些恶应受惩罚一样。当然,就像在所有实际情况中那样,这一善的获得常常与另
270 外的更大的善的获得不相容。但是重要的是要坚持,我们这里拥有一个真实的内在价值,它是在计算内在价值的最大可能的盈余时是一定要被考虑的,而制造这样的盈余始终是我们的责任。

134.我已经完成了关于内在价值最需要做的几点说明。非常明显,为了真正地回答这一伦理学的基本问题,仍有一些广阔而又困难的领域需要考察,这也是我在上一章中指派给实践伦理学的任务。关于什么样的结果在什么程度上是内在善,以及我们能导致什么样的后果,这些问题都有很多可说的地方。两者都需要,并且也都值得做出同等耐心的考察。我在本章中所做的许多判断毫

无疑问都显得有些过于武断。我们必须承认，内在价值的某些属性在我看来是真实的，但却没有表现出哲学家习惯要求的那种对称性和系统性。不过，如果将这当作一种反对主张提出来，我会郑重地指出它不是这样一种反对。我们没有一丁点儿的权利假定关于任何主题的真理将会表现出我们希望看到的那种对称性，或者（用常用的模糊表达来说）会拥有特殊的“统一”形式。以牺牲真理为代价来寻求“统一性”和“系统性”，不管哲学家在实践中多么经常地这么做，我都认为这并非哲学的真正任务。对于下面的看法，关于世界的所有真理彼此都拥有各种不同的关系，这可能是“统一性”所意谓的，但我们只有在细致地区分了不同的关系，发现了这些真理是什么之后，才可以合法地做出断定。尤其是，除非根据我力图加以遵循和说明的方法进行考察，我们没有任何权利去断定各种伦理真理已经以某种特别的方式“统一起来了”。如果比如说，痛苦作为恶与快乐作为善恰好是一样大的，那么伦理学研究毫无疑问就要远为简单，其结果也会远为“系统”；但是我们没有任何理由假定，世界是这样的，以至于伦理学真理一定会表现出这样的对称性。没有任何反驳我的结论“快乐和痛苦并不是这样对应的” 271
的论证。如果没有对引导我得出这一结论的实例进行细致的考察，那么其反驳就不会有任何分量。本章的结论更应该被看作是对回答伦理学基本问题所应该遵循的方法的一个说明，以及对一些应被注意到的原则的一个说明，而不应该看作是对于该问题的一个正确答案。我满足于这样来看。内在善或内在恶的事物多种多样，其中大部分（在我给该术语所规定的特定的意义上）都是“有机统一体”。我们判定其内在价值和价值程度的唯一方法，就是细

致准确地区分所探究的事物是什么，然后再看一看它在其各种程度上是否具有独特的“善”属性。这就是我们得出的结论，对于这些结论的真理性，我愿意坚持。同样，在最后一章，在“我们应该做什么”这一问题上，我一直努力确切地展示这一问题的意义是什么，在回答这一问题时必定会面临什么样的困难，而不是要去证明任何特定的答案是正确的。如果这两个问题恰恰具有我所指派给它们的这种性质，那么伦理学的目的就在于回答这个问题，这也可以被看作是以前各章的主要结果。这些是伦理哲学家一直想要回答的主要问题，尽管他们还没有认识到他们的问题是——他们断定要附加给事物以什么属性。追问什么样的事物是美德或责任，而不辨析这些术语的含义；追问此时此地应该做什么，而不区别是作为手段还是作为目的——是为了其自身还是为了其结果；追寻关于正确与错误的单一标准，而没有认识到，要想发现一条标准，我们首先应该知道，什么样的事物是对的，什么样的事物是错的；以及忽视“有机统一体”原则——这些错误迄今为止在伦理学中一直普遍存在。有意识地努力避免这些错误，以及对伦理判断的日常对象总是追问并且仅仅追问这样两个问题：它具有内在价值吗？
272 它是达成最可能好的一个手段吗？这样一种尝试，就我所知，是彻底全新的。而且，与那些传统的道德哲学家的结果相比，这种尝试的结果肯定是非常让人惊讶的。但我敢期望并且相信，对于常识来说，这些结果不会是那么奇怪的。人们通常致力于回答某些“目的”是否多少是“全面的”或者是否多少是“一致的”这样的问题，这些问题，即便给出了其准确含义，也与我们要证明的伦理学结论完全不相干，因此，我们还不如转而分别考察这两个清晰的问题，我认为这也是更值得期望的。

135.本章的主要目的被大致界定为划分事物的种类，我们期望在它们之中发现大的内在的善或大的内在的恶。我们还特别指出，有很多这样的事物，其中最为简单的，除了一个例外外，都是高度复杂的整体，构成这个整体的各个部分自身只有很小的价值或者根本没有价值。所有这些事物都包括了对于对象的意识，这种意识自身通常是高度复杂的，而且几乎所有这些事物都包括了对于对象的一种情感态度。尽管它们因而具有某些共同特征，但是使得它们彼此有别的大量特质对于它们的价值来说也是至关重要的。无论是其全体的共同特征，还是它们各自的特殊特征，自身都既不是大善也不是大恶。在每一情况下，它们是一种价值还是一种缺点，也都因为两种特征的出现。我的讨论集中在三个主要部分，分别处理了(1)纯粹善，(2)恶，以及(3)混合善。(1)纯粹善完全可以说就是对美的事物或善的人的热爱，这一类不同善品的数量与美的对象一样多，而且依据与不同对象相应的不同的情感，它们彼此也有所差异。这些善品毫无疑问是善的，即便被爱的事物或者人是想象出来的。但是需要主张的是，在事物或人是真实的并且被认为是真实的地方，当这两个事实与只是对所讨论的特质的爱结合在一起时，就构成了一个比仅仅爱好得多的整体，而这个 273
整体具有一完全不同于属于对象存在的额外价值——在这个对象是一个好人的地方。最后我们指出，对于精神特质的热爱自身似乎没有精神特质与物质特质结合在一起更好。而且，在任何情况下，绝大多数最好的事物是对物质特质的热爱，或者包括了对于物质特质的爱(第 113－123 节)。(2)大恶可以说或者是(a)对恶或

丑的事物的爱,或者是(b)对善或美的事物的恨,或者是(c)对痛苦的意识。因而,对痛苦的意识,如果它是一个大恶,那它可能就是这样一个规则的唯一一个例外,这个规则就是:所有的善和所有的恶都既包括了对其对象的认知,也包括了对其对象的情感(第124－128节)。(3)混合善是那种包括了某些坏因素或丑因素的善。可以说,混合善或者是对(a)或(b)类别中的丑或恶的事物的恨,或者是对于痛苦的同情。但是在它们包括了一个实际存在着的恶的地方,其负价值似乎总是大得足以超过它们所拥有的积极价值(129－133)。

索 引

（本索引所注页码为原书页码，即本书边码）

图书在版编目(CIP)数据

伦理学原理/(英)G. E. 摩尔著;陈德中译. —北京:商务印书馆,2017

(汉译世界学术名著丛书:120 年纪念版:珍藏本)

ISBN 978-7-100-14696-8

Ⅰ. ①伦… Ⅱ. ①G… ②陈… Ⅲ. ①伦理学 Ⅳ. ①B82

中国版本图书馆 CIP 数据核字(2017)第 156306 号

汉译世界学术名著丛书
(120 年纪念版·珍藏本)

伦理学原理

〔英〕G. E. 摩尔 著
陈德中 译

商 务 印 书 馆 出 版
(北京王府井大街 36 号 邮政编码 100710)
商 务 印 书 馆 发 行
北 京 冠 中 印 刷 厂 印 刷
ISBN 978-7-100-14696-8

2017 年 12 月第 1 版　　开本 710×1000 1/16
2017 年 12 月北京第 1 次印刷　　印张 17¾

定价:88.00 元